# Ausgewählte Initiativen zur Rentengerechtigkeit in Deutschland

OKV e.V.

Stand 20.4.2019

**Inhalt**

## 1.
## Rechtssatzbeschwerde vor dem Bundesverfassungsgericht vom Juni 2018 gegen das Rentenüberleitungsabschlussgesetz

Anliegen, Anträge und Antworten, Hinweise, Erklärungen inkl. aktueller politischer rentenrechtlicher Vorstöße 2018/2019

Das Anliegen der Rechtssatzbeschwerde kommt in der nachfolgenden Mail zu Ausdruck.

**Mail vom 6.3.2019 an Frau Seifert, SPD,**
Rechtssatzbeschwerde zum Rentenüberleitungs-Abschlussgesetz

Sehr geehrte Frau Karin Seifert,

herzlichen Dank für Ihre sachkundige Wortmeldung (**Anlage 1**).

Mit dem Rentenüberleitungsabschlussgesetz (RÜAG) entledigt sich die Regierung einer großen Anzahl von dringlich zu lösender und bisher ungelöster Fragen in der Überleitung der Anwartschaften/Ansprüchen bei der Überleitung der Renten OST in das bundesdeutsche Rentenrecht. Sie löst auch für die Arbeitnehmer heute und morgen keine Ungerechtigkeiten, sondern bringt damit neue hervor.

Das Ostdeutsche Kuratorium von Verbänden, dem 25 Vereine und Verbände angehören, einige davon als Sozialverbände, hat die Klagebegehren von vier Klägern unterstützt, indem es erklärte, die Kläger von den Kosten freizustellen.
Die Kläger haben entsprechend ihrer Vita jeweils nur einen konkreten Aspekt der zu lösenden Rentenungerechtigkeiten abgedeckt. Ziel war es, mit diesen konkreten Fällen die Gesetzgebung verfassungsgerichtlich darauf aufmerksam zu machen, dass dieses RÜAG bestehende Fragen nicht löst.

Das Bundesverfassungsgericht hat sich im IV. Quartal 2018 durch NICHTANNAHME der Rechtssatzbeschwerden (der besonderen Form der Verfassungsbeschwerden) um eine Entscheidung gedrückt. Schon davor in der üblichen Sommerpause der Politik hat sich der Minister Hubertus Heil mit den offenen zu lösenden Rentenfragen beschäftigt.

Das war ungewöhnlich. Die ab 2019 rentenwirksame Mütterrente ist ein beredtes Zeugnis. Sie macht jedoch noch immer einen Unterschied zwischen den Müttern mit Kindern, die vor und nach 1992 geboren wurden.

Gut sein Vorstoß im Mindestlohn, der künftigen Rentnern aus heutiger Sicht eine Rente sichert, die keiner weiteren Zuzahlung oder Unterstützung bedarf. Gut, dass Minister Hubertus Heil Mindestrenten sichern möchte, die im Alter ein würdevolles Leben ermöglichen und das ohne den Beamtenapparat weiter aufzublähen.
Gut, dass er darauf drängt dies alsbald zu lösen und so die lange Frist der Angleichung der Renten möglicherweise verkürzt bzw. der Abstand der Rentenhöhe OST-WEST beträchtlich vermindert wird. Oder ist es nur Propaganda vor der Wahl?
Die Problematik „Umbewertung", landläufig Höherwertung genannt, wurde durch Minister Hubertus Heil nicht angefasst. Sie wird rentenmäßig gravierend für die noch länger in Beschäftigung Stehenden im Osten Wirkungen zeigen. Diejenigen, die wegen der "Treuhandaktivitäten" millionenfach im Osten ihren Job verloren hatten und sich neu orientieren mussten, hatten weitestgehend allesamt Lohneinbußen hinzunehmen. Die Löhne vor 1990 wurden umbewertet. Nach 1990 erhielten die Arbeitnehmer OST deutlich geringere Löhne als die Arbeitnehmer WEST.

Die "Scheinbegründung Produktivität OST - WEST", die noch heute auch von Wissenschaftlern missbraucht wird, geht nicht auf die Tatsache ein, dass die erworbenen Rentenpunkte im OSTEN des Landes durchschnittlich gesunken sind. Deshalb gab es eine Binnenwanderung von Millionen Bürgern OST!
Im Westen verdienten und verdienen Beschäftigte mehr. Nicht, weil sie produktiver sind, sondern weil sie in den Stammbetrieben arbeiten. Im Osten sind, wenn überhaupt, nur Filialen der Westunternehmen oder Zulieferer tätig. Diese müssen zu Dumpingpreisen verkaufen und danach wird die Produktivität berechnet. Der im Osten Beschäftigte arbeitet zeitlich länger, zugleich auf einem unsichereren Arbeitsplatz und hört sich Vorwürfe an, er sein unproduktiver. Im Osten sind die Erwerbsbiografien nach 1990 deutlich gebrochener als im Westen! Dabei wirkt statistisch entgegen, dass es im Westen den praktizierten Grundsatz gibt, die Mutter bleibt zur Kindererziehung daheim. Im Osten war die Mehrheit der Mütter interessiert, sich im Beruf zu bestätigen. Auf einen dieser

Aspekte dieser Generation haben Sie, Frau Seifert, dankenswerterweise hingewiesen.

So erscheint es im Westen auch Brüche in der Erwerbsbiografie zu geben. Diese sind jedoch nicht vergleichbar mit dem hundertfach „Bewerbungen Schreiben" und Vorsprechen sowie immer wieder (zum Teil extrem beleidigend und widersprüchlich) abgewiesen zu werden. Das ist demütigend!

Eines der anderen ungelösten Fragen beim RÜAG:
Nach §7 des AAÜG (ab 1999 nur noch die Mitarbeiter des Ministeriums für Staatssicherheit der DDR, bis dahin alle Angehörigen der bewaffneten Organe der DDR) erhalten, trotz individueller Einzahlungen von 10% ihrer gesamten Bezüge in die Rentenkasse, nur maximal einen Rentenpunkt je Jahr angerechnet. Durchschnittlich hatten diese 90.000 Mitarbeiter im Jahr 1989 15 Dienstjahre. Danach waren sie weitestgehend vom Arbeitsmarkt ausgegrenzt. Bis heute bestehen Stasi-Überprüfungen, auch für Putzkräfte bei Dienstleistern! Im medizinischen Bereich, im Verpflegungsbereich, in Reinigungsdiensten, in DAX-Konzernen, in Staatsdiensten aller Art bis hin zum Straßenkehrer usw. finden diese Personen staatlich organisiert keinen Job. Erst recht haben diese in politischen Ämtern keine Chance. Deshalb haben diese Personen häufig eine stark unterbrochene Erwerbsbiografie nach 1990. Natürlich geht es den Angestellten in Staatsdiensten, aber auch u.a. aus den Bereich Kunst und Kultur der DDR bezogen auf Erwerbsbiografien nach 1990 nicht viel anders. D.h. im Schnitt haben diese Personen maximal 15 Rentenpunkte sicher.

§6 AAÜG betreffen rund 10.000 Führungskräfte der DDR, die in DDR-Zeiten **Jahresgehälter** hatten, für welche schon 1990 Abteilungsleiter in DAX-Konzernen **als Monatseinkommen** nicht zum Job gegangen wären.
Einen Unterschied zwischen einem Chef eines großen DDR-Kombinates und eines Abteilungsleiters (AL) im DAX-Konzern mit rd. 20-30 Mitarbeitern in der Abteilung sollte man schon erkennen können. Das mehr als 12-fache im Gehalt und damit für den AL als höhere Rente (zuzüglich Betriebsrente) steht nun einer Strafrente, einer politisch gekürzten Rente trotz Einzahlung in die Rentenkassen gegenüber.

Einer der Kläger war Eisenbahner in der DDR, also Reichsbahner. Hier zahlte die Reichsbahn (die Bahn der DDR) nachweislich in die Rentenkassen für diese Beschäftigten in die

Rentenkasse ein. Die Zusatzeinzahlungen bei den relativ niedrigen Löhnen sollte ein Ausgleich für die Rente schaffen, um im Alter auskömmlich zu leben. Die Politik erneuerte fast im Jahrestakt nach 1990 die Rechtmäßigkeit dieser Ansprüche und ignoriert diesen mit dem RÜAG.

Sportler der DDR, die zugleich studierten, brauchten beim Studium länger als ihre Mitkommilitonen. Einer der Kläger, ein Dr. der Physik erhält heute 650.- Euro Rente, weil er sein Diplom und seine Doktorarbeit neben dem Sport erwarb. Er war drei Jahre hintereinander auf dem Siegertreppchen des Bahnradsportes in den frühen 60-ern. Er hatte wie seine Mitsportler die Zusage, für die Zeit Rentenansprüche zu erwerben (wie es heute die Sportler bei der Bundeswehr auch erhalten). Das wurde ignoriert. 1990, als etablierter Physiker an einer DDR-Bildungseinrichtung war er zu alt, um zu bleiben. Da spielten Qualifikation und Können keine Rolle.

Für Krankenschwestern, Postangestellten usw., die heute auch zu den Benachteiligten gehören, waren keine Kläger zu finden. Wir haben bei Weitem nicht alle uns bekannten Ungerechtigkeiten ansprechen können. Aber wir werden auch nach der Nichtannahme nicht aufhören, diese Ungerechtigkeiten anzusprechen, anzuprangern und den Menschen vor Augen zu führen.

Wenn eingezahlte Beiträge in die Rentenkasse von Mitarbeitern der Staatsicherheit der DDR willkürlich und über große Massen hinweg (Sekretärin, Kraftfahrer, Hausmeister, Entsorgungsdienstleister, Arzt, Krankenschwester, Koch, Küchenhilfe, Haushandwerker, Archivkraft, Reinigungskraft, IT-Experte, Grenzer, operativer Mitarbeiter in der Aufklärung, operativer Mitarbeiter in der Spionageabwehr, ...) ignoriert werden, was spricht dagegen, dies künftig nicht auch gegenüber anderen Personen zu tun?

Jedoch, um damit nicht aufzuhören, 1998 wurde im Bundesdeutschen Parlament beschlossen, **SS-Angehörigen in Lettland zusätzliche deutsche Renten** zu zahlen. Sicher ist Ihnen auch diesbezügliche Empörung von Journalisten über die bis heute währende Zahlung an belgische SS-Leute bekannt. Noch immer gibt es dort mehr als zwei Dutzend lebende SS-Leute. Es wird kein Unterschied gemacht zu denen, die als SS-Mörder inhaftiert worden waren.

Die aufgezählten Fakten zeigen die Politik-Lastigkeit dieser Entscheidungen.
Siehe: https://www.okv-ev.de/ unter Aktivitäten/Reports (Spalte links) 3.10.2018 sehen Sie weitere Ausführungen zu dem Thema.

Es wurden im Juni 2018 vor dem Einreichen der Rechtssatzbeschwerden Broschüren veröffentlicht (noch erhältlich), zwischenzeitlich ab 7/2018 bis 3/2019 in beispielhafter Solidarität von rund 10.000 Personen im Durchschnitt etwas mehr als 3.- Euro eingesammelt und damit die Kosten der Beschwerdeführung, wie versprochen, beglichen.

Gern mehr zu dem Thema. Sie können sich gern in einem unserer Verbände, der auch bei Ihnen vor Ort existiert, engagieren.

Wir haben im Zusammenhang mit der Rechtssatzbeschwerde eine Reihe von Verbündeten gefunden. Umso mehr wir sind, umso mehr wir unsere Stimme gemeinsam für Gerechtigkeit, Gleichbehandlung, Schutz des Eigentums, also Grundwerten, wie sie das Grundgesetz gebietet, erheben. Dies ungeachtet, dass es vom Bundesverfassungsgericht nicht angenommen wird, also sich das Bundesverfassungsgericht um eine Positionierung drückt, weil eine solche Entscheidung entweder mit dem Grundgesetz oder mit der Politik in Konflikt geraten würde.

beste Grüße
Joachim Bonatz

Mail von Frau Seifert sowie Standpunkt des RA Dr. Bernfried Helmers dazu in **Anlage 1**.

Zu dem Thema **„Die Würde des Menschen ist unantastbar"** fand am **3.10.2018 die Alternative Einheitsfeier des OKV** statt. Sie hatte mit den Reden einer Beschwerdeführerin zur Rechtssatzbeschwerde und der Grundsatzrede von RA Hans Bauer die Fragen der Rechtssatzbeschwerde in brillanter Form zum Inhalt (**Anlage 2**). In der Anlage 2 zu Beginn eine der vielen Mails zur Einladung von Gästen.

Im Juni/Juli 2018, unmittelbar mit dem Einreichen der **Rechtssatzbeschwerden** (RSB) durch die vier Beschwerdeführer über den RA Dr. Helmers, wurden vier Broschüren gleichen Inhalts zu verschiedenen Aspekten der Rentenungerechtig-keiten veröffentlicht (Anlage 2). Darin wurde auch um Solidarität für die Finanzierung der Klagen gebeten.

In **Anlage 3** sind die anwaltlichen Zusammenfassungen dazu und der Spendenaufruf nachzulesen.

**Dem Spendenaufruf der Verbände des OKV sind Bürger und Verbände gefolgt. Das Spendenergebnis für die Finanzierung der Rechtssatzbeschwerde beträgt per 30.3.2019 38.796,20 Euro.**

Die Kosten der Rechtssatzbeschwerde ohne Mehrwertsteueraufschlag betrugen 30.000.- Euro.

Durch die beispiellose Solidarität wurde **das Anliegen der Politik eindringlich nahe gebracht**, wurden Verbündete im Kampf um Rentengerechtigkeit gewonnen, wurden die Kosten gedeckt und ein Überschuss erzielt, der für die politische Arbeit eingesetzt wird.

Das hervorragende Spendenergebnis und die breite Unterstützung unseres sozialen Anliegens hatte weder das Präsidium des OKV noch der Vorstand von ISOR erwartet. Ein tolles Ergebnis, dass in den TIG von ISOR aus meiner Sicht **positiv** vermittelt werden sollte. Im Internetauftritt des OKV wurde und wird monatlich dazu Bericht erstattet. Am 31.3.2019 wird die Berichterstattung eingestellt.

In der **Anlage 4** sind Wertungen der Rechtssatzbeschwerde aufgeführt.
**Anlage 5** ist das Schreiben des BVerfG zur Nichtannahme der Rechtssatzbeschwerden.

In **Anlage 6** sind Schriftwechsel der Kontaktaufnahme und des gemeinsamen Handelns der Verbände des OKV mit der EVG, der Volkssolidarität und anderen Partnern aufgeführt. Zudem ist hier eine Antwort des Bundeskanzleramtes auf einen offenen Brief zur RSB aufgeführt.
**Anlage 7** ist der Entschließungsantrag der Fraktion der Partei DIE LINKE im Bundestag zum Abschluss der Rentenüberleitung vom 30. Mai 2018.

Die Aktivitäten um Rentengerechtigkeit für die vielen Benachteiligten sind seit langem Inhalt unserer Arbeit. Unter Ziffern 3 und 4 sind weitere Beispiele dazu aufgeführt. Schwerpunkt der Arbeit des Sozialvereins ISOR im Verbund mit den Verbänden des OKV und weiterer Unterstützer war und bleibt das Wehren gegen die in den §§ 6 und 7 des AAÜG formulierten Eingriffe in das Rentenrecht, welche durch die willkürliche Kürzung von Renten großer Gruppen von Personen mit sehr unterschiedlichen Aufgaben politisch motivierte lebenslängliche Rentenstrafen darstellen.

Nicht der Nachweis einer Tat oder Individualverantwortung, nicht Amnestie für ggf. nach-gewiesene (nicht zu findende) Täter nach 30 Jahren, nein lebenslanges Strafen und Beugen völlig unabhängig vom früheren und heutigen Verhalten ist der politische Inhalt dieser in „Recht" gegossenen Willkür. Es ist das Handeln gegen LINKS! Es ist das Handeln gegen diejenigen, die es gewagt hatten, der Gesellschaftsordnung des Kapitals eine Gesellschaftsordnung gegenüberzustellen, die 40 Jahre allen Widerständen zum Trotz erfolgreich gezeigt hat, die sozialen Fragen sind lösbar und die während ihrer Existenz den Frieden gesichert hatten. Dieses Handeln ist unverzeihlich. Deshalb wurde und wird das Exempel der Rentenkürzung als Warnung weiter durchgezogen und wurde nach Polen und Tschechien „exportiert".

Gegen nachgewiesene Mörder, Terroristen, SS-Schergen, KZ-Aufseher und Schlächter, Kriegsverbrecher (egal ob es Altfaschisten oder Neonazis sind) sieht das politische Verhalten auch im Rentenrecht anders aus. Hier stand und steht auch juristisch begleitet Förderung, Zahlung von Zusatzrenten als politische Aufgabe. Inzwischen heben diese rechten Kräfte so das Haupt, das auch linke Verbände schrittweise u.a. finanziell mundtot gemacht werden. Deshalb ist mehr denn je gemeinsames Handeln bzw. #Aufstehen erforderlich.
In Anlage 7 sind auch die Bewertungen des Rentenpakts der Koalition durch Matthias Birkwald aufgeführt.

## 2.
## Verfahren zu den §§ 6 und 7 AAÜG vor dem Bundesverfassungsgericht und dem Europäischen Gerichtshof für Menschenrechte

**Anliegen, Anträge und Ergebnisse bis 2017**

Systemnähe zu einem Staat, in dem das Kapital nicht Profite schöpfen kann, in dem die Spannen zwischen den niedrigsten und höchsten Einkommen lächerlich gering waren, in dem keiner Not leiden musste, Wohnung, Essen, Arbeit, Gesundheitsvorsorge, Rente und Betreuung hatte, musste bestraft werden. Dafür wurde der Begriff „Systemnähe" erfunden.
Mit den „Rentenüberleitungsgesetzen" wurde die eine Rentenform erfunden, die als Strafrente wirkt und empfunden wird.

Die Inhalte hierzu sind weitestgehend bekannt. Deshalb steht stellvertretend für alle Fragen hier die abschließende Erklärung der ostdeutschen Vereine und Verbände. Die anderen ausgewählten Schriftstücke sind in den Anlagen nachlesbar.

**Erklärung**
**ostdeutscher Vereine und Verbände zur Nichtannahme von Verfassungsbeschwerden zum § 6 sowie § 7 AAÜG**

Am 13.12.2017 veröffentlichte das Bundesverfassungsgericht (BVerfG) eine Pressemitteilung, in der die Nichtannahme von Verfassungsbeschwerden verkündet wurde. In den Begründungen der Nichtannahme wird die vom DDR-Durchschnittseinkommen abgeleitete Rentenkürzung für neun Personengruppen entsprechend § 6 (2) des Gesetzes zur Überführung der Ansprüche und Anwartschaften aus Zusatz- und Sonderversorgungssystemen des Beitrittsgebietes (Anspruchs- und Anwartschaftsüberführungsgesetz -AAÜG) als verfassungsgemäß bezeichnet.

Dem Gesetzgeber komme bei der notwendigen Neuordnung sozialrechtlicher Rechtsverhältnisse im Zusammenhang mit der Wiedervereinigung ein besonders großer Gestaltungsspielraum zu. Er habe zu berücksichtigen, dass Empfänger von Zusatz- und Sonderversorgungen grundsätzlich weniger schutzbedürftig seien als sonstige Rentner. Er müsse bei der Begrenzung der überführten Entgelte nicht zwingend an der allgemeinen Beitragsbemessungsgrenze haltmachen, da ungerechtfertigte Privilegien auch im normalen Streubereich der Gehälter unterhalb dieser Grenze vorkommen können.

Weiterhin sei zu bejahen, dass der im § 6 (2) AAÜG erfasste Personenkreis „Förderer" des Systems der DDR war und durch seine besondere Stellung zur Aufrechterhaltung des Staats- und Gesellschaftssystems der DDR beigetragen hätte. Die Anknüpfung an „eng begrenzte Führungspositionen des Staatsapparates der DDR" werde als allein ausreichende Rechtfertigung für die Entgeltbegrenzung angesehen.
Mit dem Verweis auf die Forderung des Einigungsvertrages nach Abschaffung ungerechtfertigter und Abbau überhöhter Leistungen und die Weiterführung von Differenzierungen der letzten Volkskammer der DDR wird zusätzlich der Anschein von Rechtmäßigkeit erweckt. Es ist jedoch mittlerweile belegt, dass die von westdeutschen Politikern erdachten Rentenkürzungen keineswegs dem Willen der letzten Volkskammer der DDR entsprachen. Danach wären z.B. selbst den Angehörigen des MfS 1,47 Entgeltpunkte zugestanden worden.
Ausdrücklich gesteht das BVerfG ein, dass den gesetzgeberischen Entscheidungen zur Rentenhöhe keine tatsächlichen Erhebungen zu Lohn- und Gehaltsstrukturen zugrunde liegen. Auch wird eingeräumt, dass sich der Gesetzgeber in einem höchst komplexen und unübersichtlichen Regelungsbereich bewege, in dem Härten nur unter großen Schwierigkeiten vermeidbar seien.

Wie schon Ende 2016, als das BVerfG Verfassungsbeschwerden gegen die Rentenkürzungen für ehemalige MfS-Mitarbeiter nach § 7 AAÜG nicht zur Verhandlung annahm, sind die erneut nicht angenommenen Verfassungs-beschwerden ein Beleg für die weitere Aushöhlung der Rechtsstaatlichkeit in Deutschland.

Rechtsstaatliche Grundsätze, wie die Achtung der Menschenwürde, das Gleichheitsgebot, der Schutz des persönlichen Eigentums (auch bei durch persönliche Beitragszahlungen erworbenen Rentenansprüchen), die Verhältnismäßigkeit, der Vertrauensschutz, die Prüfung der individuellen Verantwortung u. a. werden erneut mit Füßen getreten.
Unverhohlen wird für rechtens anerkannt, Personen wegen ihrer Tätigkeit in und für die DDR mit Strafrenten zu belegen. **Das ist politisch motivierte Willkür!** Selbst verurteilten

Mördern werden erworbene Rentenansprüche nicht gekürzt, ausländischen SS-Schergen sogar Zusatzrenten gewährt.

Den von der Rentenstrafe Betroffenen, wird u.a. zum Vorwurf gemacht, die sozialistische Staats- und Gesellschaftsordnung, das sozialistische Eigentum und die Volkswirtschaft, die gesetzlich garantierten Rechte und Interessen der Bürger geschützt, gewahrt und durchgesetzt und das sozialistische Staats- und Rechtsbewusstsein der Bürger gefestigt zu haben sowie auf ihre gesellschaftliche Aktivität, Wachsamkeit und Unduldsamkeit gegen jede Rechtsverletzung und deren Vorbeugung Einfluss genommen zu haben.

Dem Grundgesetz nach sind alle Menschen vor dem Gesetz gleich und zwar auch unabhängig von ihrer Herkunft und ihren politischen Anschauungen. Für ehemalige DDR-Bürger gilt das offenbar nicht. Dabei ging es bei den vorgebrachten Verfassungsbeschwerden um keine privilegierte Altersversorgung, wie irreführende Pressemeldungen glauben machen wollen, sondern um Gleichbehandlung mit allen anderen DDR-Bürgern, um Rentenzahlungen nach eingezahlten Beiträgen bis zur Beitragsbemessungsgrenze.
Seit der Wiederherstellung der staatlichen Einheit Deutschlands sind mehr als 27 Jahre vergangen. Das scheint eine ausreichende Zeit zu sein, um die Abrechnung mit der DDR und den Kalten Krieg endlich zu beenden und von Rachsucht und Hass geprägte Entscheidungen zu korrigieren. Es ist höchste Zeit, zu einer Politik des Ausgleichs und der Vernunft zurückzukehren, wie sie schon vor mehr als 60 Jahren in einem Memorandum der Bundesregierung zur Frage der Wiederherstellung der Deutschen Einheit formuliert wurde, das am 7. September 1956 durch die Botschafter der Bundesrepublik in Moskau, Washington, Paris und London übergeben wurde. Darin heißt es u.a.:
*„Die Bundesregierung ist der Überzeugung, dass freie Wahlen in ganz Deutschland, wie sie auch immer ausfallen mögen, nur den Sinn haben dürfen, das ganze deutsche Volk zu einen und nicht zu entzweien. Die Errichtung eines neuen Regierungssystems darf daher in keinem Teil Deutschlands zu einer politischen Verfolgung der Anhänger des anderen führen. Aus diesem Grund sollte nach Auffassung der Bundesregierung dafür Sorge getragen werden, dass niemand wegen seiner politischen Gesinnung oder nur weil er in Behörden oder politischen Organisationen eines Teils Deutschlands tätig gewesen ist, verfolgt wird."*

Das Gegenteil wird seit 1990 praktiziert. Auch 27 Jahre nach dem Anschluss der DDR an die BRD bestimmen Hass und Hetze den Umgang mit Personen, die Kunst, Kultur, Bildung, Sport, Wissenschaft, Politik, Friedenserhalt, Justiz und Sicherheit der DDR repräsentieren. Ihre Lebensleistung, wie auch die aller engagierten DDR-Bürger, wird weiter diffamiert.
Besonders die Angehörigen aller bewaffneten Kräfte der DDR haben in der Zeit des Kalten Krieges sowie in der Zeit des politischen Umbruchs 1989 einen wichtigen Beitrag geleistet, damit Waffen nicht zum Einsatz kamen und ein neuer Weltkrieg verhindert wurde. Unsere Menschenwürde gebietet, den Kampf für eine gerechte Bewertung unserer Lebensleistung, gegen Ausgrenzung und Diskriminierung fortzusetzen.
Unsere Organisationen und Vereine, Initiativen und Verbände verfügen über das notwendige politische Gewicht, um sich Gehör zu verschaffen. Ihr Erhalt und ihre Festigung sind notwendig angesichts wachsender Kriegsgefahr, bei der selbst ein Atomkrieg nicht mehr ausgeschlossen werden kann angesichts des Vormarsches faschistoider Kräfte in Deutschland und in Europa, des wachsenden Einflusses neoliberaler Kräfte und der weiteren Vertiefung sozialer Verwerfungen.

Darüber hinaus **stehen wir als kompetente Zeitzeugen in der Verantwortung, gegen Lügen und Verleumdungen zur Verteidigung der historischen Wahrheit über die DDR beizutragen**. Wir werden solange um die sozialen und demokratischen Rechte kämpfen, bis der soziale Frieden in unserem Land hergestellt ist.

Der Drang zur weiteren Erhöhung der Rüstungsausgaben sowie die Eskalation der Kriegshysterie behindern zugleich die Lösung sozialer Fragen. Deshalb unterstützen wir vorbehaltlos alle Initiativen für Frieden und Abrüstung.

Denken wir immer an die mahnenden Worte von Bertolt Brecht:
**„Wenn Unrecht zu Recht wird, wird Widerstand zur Pflicht!"**

**Wir fordern:**

- Statt deutlicher Erhöhung der Rüstungsausgaben eine verstärkte Friedenspolitik nach dem Motto „Frieden schaffen ohne Waffen". Alle friedliebenden Kräfte rufen wir dazu auf, alles zu tun, damit der gemeinsame Schwur der Deutschen und der Siegermächte nach der bedingungslosen Kapitulation von

Nazi-Deutschland Wirklichkeit bleibt. Nie wieder darf der Faschismus in Deutschland sein Haupt erheben;

- alles ist zu tun, dass faschistische Parteien verboten werden und solche mit faschistoiden Programmen keinen Zulauf erhalten;

- den Einsatz freiwerdender Mittel aus der Abrüstung und dem „Nicht-Hochrüsten" für die Beseitigung aller sozialen Benachteiligungen und Ungerechtigkeiten zu verwenden, darunter auch zur Beendigung der rentenrechtlichen Willkür des Missbrauchs des Rentenrechts als Strafrecht, wie es in der deutschen Geschichte nur in Nazi-Deutschland praktiziert wurde;

- dass die Bundesrepublik endlich die von der UNO kritisierte Diskriminierung Ostdeutscher beendet und mit der Ratifizierung des Fakultativprotokolls zum Wirtschafts- und Sozialpakt individuelle Beschwerden in sozialen Fragen bei der UNO ermöglicht.

**Präsident** des Ostdeutschen Kuratoriums von Verbänden (**OKV e.V.**)

**Vorsitzender** der Initiativgemeinschaft zum Schutz sozialer Rechte ehemaliger Angehöriger der bewaffneten Organe und der Zollverwaltung der DDR (**ISOR e.V.)**

**Vorsitzender** der Gesellschaft für rechtliche und humanitäre Unterstützung **(GRH e.V.)**

**Bundesvorsitzende** der Gesellschaft für Bürgerrecht und Menschenwürde **(GBM e.V.)**

**Vorsitzender** des Verbandes zur Pflege der Traditionen der NVA und der Grenztruppen der DDR **(VT NVA GT)**

**Vorsitzender** des Bündnisses für Soziale Gerechtigkeit und Menschenwürde **(BÜSGM e.V.)**

In der **Anlage 8** ist die umfängliche Begründung der Nichtannahme zu den Verfassungsbeschwerden zu § 7 AAÜG nachzulesen. Für mich persönlich wirken diese Begründungen wie folgt: *Die Rentenstrafe ist politisch erteilt worden. Aus Verfassungssicht haben die Kläger Recht, jedoch werden wir uns nicht daran die Finger verbrennen. Nur politisch oder durch eine biologische Lösung kann die Rentenstrafe beendet werden.*

Des Weiteren ist in dieser Anlage die Nichtannahme der Verfassungsbeschwerden zu § 6 AAÜG aufgeführt.

Die Individualbeschwerden vor dem Europäischen Gerichtshof für Menschenrechte unterstützte ISOR, um nichts unversucht gelassen zu haben mit den vorgeblich ohne Ansehen der Person einzusetzenden Mitteln des Rechts in dieser Gesellschaft Recht zugesprochen zu bekommen. Die Chancen wurden übereinstimmend als sehr gering gewertet.

In der **Anlage 9** sind die Handreichung des Rechtsanwaltes sowie die zugehörige Erklärung zur Nichtannahme des Europäischen Gerichtshofes aufgeführt.

In **Anlage 10** wird durch ein ISOR-Mitglied nachgewiesen, wie die Kläger belogen worden sind. Obwohl schon lange die Nichtannahme im BVerfG beschlossen worden war, hat man den Anfragenden in dem Glauben gelassen, man beschäftige sich noch mit dem Gegenstand der Klage. Man hatte Hoffnung verbreitet statt die Wahrheit zu sagen oder zumindest die Veröffentlichung der Nichtannahme abzuwarten.
In Anlage 10 ist auch ein ironischer Vergleich zwischen dem Rechtsstaat Bundesrepublik und dem „Unrechtsstaat" DDR im Zusammenhang mit dem Urteil des BVerfG zu § 7 AAÜG aufgeführt.

Als Entgegnung zu den einseitigen fehlerhaften Begründungen der rentenrechtlichen Bestrafung dieser Personenkreise nach §§ 6 und 7 AAÜG wurden viele Dokumentationen erarbeitet. Diese sind auszugsweise als Bilder der **Anlage 10** zugefügt. Das betrifft u.a.

- das **sozialwissenschaftliche Gutachten** (Prof. Dr. Weißbach/Dr. Miethe) mit dem Titel „Einkommensentwicklung und Einkommensstrukturen der hauptamtlichen Mitarbeiter des Ministeriums für Staatssicherheit der DDR im Vergleich zu Segmenten des so genannten X-Bereiches (NVA und MdI) und zur Volkswirtschaft" vom Juli 2009,

- das **juristische Gutachten** (Prof. Dr. Dr. Detlef Merten) mit dem Titel „Probleme gruppengerechter Versorgungsüberleitung - § 7 AAÜG im Lichte des Grundgesetzes",

- „Kommentierung des Rahmenkataloges über **Dienststellungen**, Tätigkeitsbezeichnungen und **deren Bewertung** im Ministerium für Staatssicherheit" von Dr. Lothar Wellschmied (IGA), aus 2003,

- „Die **gesetzlichen Rahmenbedingungen für den Finanzhaushalt** des Ministeriums für Staatssicherheit und dessen Kontrolle", 2007, Dr. Lothar Wellschmied,

- „**Vergleich der Rentenzahlungen** von Anspruchsberechtigten aus den Sonderversorgungssystemen des Ministeriums für Nationale Verteidigung (MfNV) und des Ministeriums für Staatssicherheit (MfS/AfNS), Dr. Lothar Wellschmied, 2007 und 2008,

- „**Vergleich der Versorgungssysteme der Schutz- und Sicherheitsorgane** der Deutschen Demokratischen Republik (Ministerium für Staatssicherheit und Ministerium des Inneren) für die Zeit von 1954 bis 1990", Dr. Lothar Wellschmied, 2007,

- „**Sachbewertung** veröffentlichter Personendaten und versicherungspflichtiger Dienstbezüge der ehemaligen Mitarbeiter des MfS der DDR, Herbert Kranz und Dr. Lothar Wellschmied, 2003,

## 3.
## Politische Aktivitäten von Parteien, Verbänden und Personen zur Rentengerechtigkeit

Rentenungerechtigkeiten und deren Beginn sind in **Anlage 11** beispielhaft aufgeführt. Einige der in den letzten beiden Jahren geschriebenen Briefe an Spitzenpolitiker unseres Landes zeigen unseren aktuellen Widerstand gegen die fortwährenden rentenrechtlichen Benachteiligungen der Bürger im Osten, so im Brief an den Bundespräsidenten.

**Anlage 12** stellt die rentenrechtliche Benachteiligung der Bergleute der Braunkohlenveredlung und der Beschäftigten im DDR-Gesundheits- und Sozialwesen vor und macht Vorschläge zu deren Beseitigung.

**Anlage 13** zeigt eine Veröffentlichung zum Rentenunrecht gegenüber den in der DDR geschiedenen Frauen. Das Ostdeutsche Kuratorium von Verbänden hat 2008 ein Sozialforum zum Rentenunrecht im Beitrittsgebiet durchgeführt. Dazu in

**Anlage 14** eine Zusammenstellung von Eberhard Rehling. Diese 2008 getroffenen Feststellungen haben nach mehr als 10 Jahren nichts an Gültigkeit verloren. 2015 eröffnete der Vorsitzende von ver.di, Frank Bsirske, als Einladender den Ostrentengipfel. Neben den in Anlage 14 genannten Ungerechtigkeiten wurden bei diesem Kongress die Armutsauswirkungen dieser Politik aus verschiedenen Richtungen sowie von verschiedenen Organisationen sichtbar gemacht und konkrete Forderungen gegenüber der Politik gestellt. Insbesondere die Korrektur der Rentenüberleitung, die Anrechnung von Zeiten des Mutterschutzes, die sofortige Angleichung der Werte des Rentenpunktes OST an den Rentenpunktwert WEST sowie das Beibehalten der Umbewertung der Einkommen OST, das Schaffen einer einheitlichen gerechten „Rentenwelt" waren Gegenstand der Vorschläge. Beteiligte des Kongresses, siehe auch Anlage 14.

Matthias Birkwald, rentenpolitischer Sprecher der Partei DIE LINKE, stellte bei dem Kongress das Rentenkonzept seiner Partei vor, zeigte Vergleiche zur Beitragssatzbelastung zwischen Deutschland und Österreich, machte detaillierte

Vorschläge zur Finanzierung und zeigte eine Auswahl der bisherigen rentenpolitischen Initiativen der Partei DIE LINKE auf **(siehe Anlage 15).** Der Koalitionsvertrag zwischen SPD und CDU betont das Erfordernis, das Vertrauen in die Stabilität der gesetzlichen Rentenversicherung sicherzustellen. Dazu als Auszug zu Rentenfragen aus dem Koalitionsvertrag **„Ergebnisse der Sondierungsgespräche von CDU, CSU und SPD Finale Fassung - 12.01.2018"**

*„Die Rente muss für alle Generationen gerecht und zuverlässig sein. Dazu gehören die Anerkennung der Lebensleistung und ein wirksamer Schutz vor Altersarmut.*
*Vertrauen in die langfristige Stabilität der gesetzlichen Rentenversicherung ist ein hohes Gut in unserem Sozialstaat. Deshalb werden wir die gesetzliche Rente auf heutigem Niveau von 48 % bis zum Jahr 2025 gesetzlich absichern.*
*Die Lebensleistung von Menschen, die jahrzehntelang gearbeitet, Kinder erzogen und Angehörige gepflegt haben, soll honoriert und ihnen ein regelmäßiges Alterseinkommen 10 % oberhalb des regionalen Grundsicherungsbedarfs zugesichert werden. Berechtigt sind Versicherte, die 35 Jahre an Beitragszeiten oder Zeiten der Kindererziehung bzw. Pflegezeiten aufweisen. Voraussetzung für den Bezug der „Grundrente" ist eine Bedürftigkeitsprüfung entsprechend der Grundsicherung."*

Offener Brief von Herrn Kurt Andrae (**Anlage 16**) an die Bundeskanzlerin.

In der Mail an Prof. Prof. PhD Wiktor Zbigniew (Wiktor Zbigniew [geb. 1942], Politiker, studierte Rechtswissenschaften, Habilitation in Leipzig, lt. Internet: habilitierter Arzt, Vorsitzender der Partei „polnisches Proletariat" von 1990-2002, langjährig Professor, erhielt 2005 in Wroclaw Berufsverbot, ist aktuell an der niederschlesischen Schule für Unternehmertum in Polkowice außerordentlicher Professor) - siehe Anlage 16.

Diese Aktivitäten sind nur wenige ausgewählte aktuelle Beispiele. Um nur dem Namen nach weitere aufzuführen

- Eberhard König, 2009, „Dokumentation zu Verstößen gegen wirtschaftliche, soziale und kulturelle Menschenrechte",
- Gesellschaft für Menschenrecht im Freistaat Sachsen, 2009, „20 Jahre Beitrittsdeutsche und die

Menschenrechte", u.a. mit Beiträgen von Prof. Dr. Axel Azzola, ein Zitat:

> *„Es bedrückt mich zu sehen, daß dieses deutsche Volk seine Gestapo versorgt hat und bei seiner Stasi auf einmal moralisch wird...*
> *Keinem Gestaop-Beamten ist seine Rente gekürzt worden."*

Fritz Rösel „5 Jahre GBM - fünf Jahre Kampf gegen Rentenunrecht,

Prof. Dr. Friedrich Wolff „Dokumentation DDR-Bewältigung" aus 2004,

Prof. Inge Markovits, Textas, 1992, ein Zitat:

**Die Probleme des Rechtsstaates in den neuen Ländern**

... Das alte DDR-Recht war am nützlichsten für Schwache : es bevorzugte Mieter gegenüber Vermietern, Arbeiter gegenüber Managern, Frauen gegenüber Männern. Abhängigkeit war in einem System, das um seine Autorität besorgt war, gern gesehen. Unser Recht dagegen ist am nützlichsten für Starke; für die, deren Lebensführung die philosophische Prämisse unseres Rechts bestätigt, nach der jeder Mensch Herr seines eigenen Schicksals ist. Aber für viele Menschen in den neuen Ländern ist diese Prämisse eine juristische Fiktion. Arbeitslosigkeit, Geldsorgen, politische Verunsicherung, die pauschale Abwertung durch den Westen widerlegen täglich ihre Gültigkeit im eigenen Leben.

*Inge Markovits, Professorin für Rechtswissenschaften an der University of Texas*
*In: Die Zeit, Hamburg, Nr. 15 v.3.4.92, S.48*

Christoph Hein, Zitat:

**Die Erinnerung an diesen Staat . . .**

Die Erinnerung an diesen Staat, der die kostbaren Menschenrechte Wohnung und Arbeit zu garantieren schien, ist für das vereinigte Deutschland eine große Schwierigkeit. Die Dämonisierung der DDR ist allerdings eine wenig taugliche Antwort darauf.

*Christoph Hein*

- Eberhard König und Dietmar Scholz, 2009, „Dokumentation zu Verstößen gegen wirtschaftliche, soziale und kulturelle Menschenrechte",
- Gesellschaft für Menschenrecht im Freistaat Sachsen, 2009, „20 Jahre Beitrittsdeutsche und die Menschenrechte", u.a. mit Beiträgen von Prof. Dr. Axel Azzola, ein Zitat: „Die Kappung der freiwilligen Zusatzrenten ist eine Enteignung, eine Minderung von Ansprüchen" und:

Und sogar die ganz „staatsnahen" hauptamtlichen Funktionäre der NSDAP haben eine ungekürzte Rente erhalten, Mann für Mann, Frau für Frau. Der Bund hat es bezahlt, die Bundesrepublik Deutschland (aus der Bundeskasse). Denn diese Personen hatten keine eigenen Rentenbeiträge gezahlt, weil sie von der NSDAP wie Beamte behandelt wurden.

# Eine kollektive Strafaktion

## Anmerkungen zum Rentenüberleitungsgesetz von Prof. Dr. Axel Azzola

*Dr. Axel Azzola ist Professor für Verfassungs- und öffentliches Recht am Institut für Rechtswissenschaften Darmstadt während eines Forums am 25.10.1991 in Schwerin. Professor Azzola ist einer der Kommentatoren des Grundgesetzes für die BRD, Spezialist und Experte für Sozialrechtsprobleme.*

Eingangs möchte ich auf die Rentensysteme in der früheren DDR und in der BRD eingehen:

In Deutschland – West lebten etwa 50% ausschließlich von der Rentenversicherung. Beamtenpensionen und Zusatzversicherungen aus dem öffentlichen Dienst, Betriebsrenten oder Kapitalrentenversicherungen kommen hinzu.

Während also im Westen die Rente bei der Hälfte der Menschen entweder auf eine Pension oder auf eine Leistung des öffentlichen Dienstes oder aus betrieblichen Altersversorgungen aufbaut, wird es das alles im Osten nun nicht mehr geben. In den neuen Bundesländern ist es jetzt so, als ob im Westen die Sozialversicherung das einzige Merkmal der Alterssicherung wäre.

Die Volkskammer hat durch Gesetz die Zusatzversorgungen aufgelöst und hat beschlossen, sie in die Sozialversicherung zu überführen.

*Öffentliche Kassen schonen*

Die Kappung der freiwilligen Zusatzrenten ist eine Enteignung, eine Minderung von Ansprüchen. Die Auflösung und Überführung der Sonder- und Zusatzsysteme setzt diese Tendenz fort.

*„Die Kappung der freiwilligen Zusatzrenten ist eine Enteignung, eine Minderung von Ansprüchen"*

Die Sozialrente in der DDR hatte den Charakter einer Grundrente wie in der BRD. Die freiwillige Zusatzrentenversicherung und Zusatzsysteme kamen hinzu. Eine Sozialrente kann nur ein Grundstock sein. Die Sonderversorgungssysteme der DDR waren verdeckte Beamtenpensionen.

Die Versorgungen unterschieden sich nicht so sehr nach den Systemen, wohl aber nach dem Betrag.

Was im Westen die Grundversorgung ist, wird im Osten die Regelversorgung.

Diese politische Entscheidung wurde in der Volkskammer vorbereitet. Ich bin mir nicht sicher, ob die Abgeordneten dieses Parlaments überhaupt wußten, worüber sie abstimmen. Ich bin mir ziemlich sicher, daß dieses Parlament, daß nur aus Amateuren bestand, die im wesentlichen von den westlichen Ministerien gesteuert waren, eine Regelung getroffen hat, die in Wirklichkeit nichts anderes bezweckte, als in Vorbereitung der staatlichen Einheit Deutschlands die öffentlichen Kassen zu schonen.

Korrekt wäre es nämlich gewesen, diejenigen Menschen, die bei Ihnen Sonder- und Zusatzversorgungssystemen angehören – die der Position eines Beamten im Westen entsprechen – in die Pensionskassen der Länder, der Kommunen oder des Bundes zu übernehmen.

Und diejenigen, die eine freiwillige Zusatzrente bekämen – sie sind in einer Position, wie sie den Angestellten und Arbeitern im öffentlichen Dienst der BRD entspricht – hätten eben in Zusatzkassen überführt werden müssen.

Das hätte – machen wir uns keine Illusionen – Milliarden von Steuergeldern gekostet.

Steuergelder gehen über die Finanzministerien, die Rentenversicherung geht über die Bundesversicherungsanstalt und über die Landesversicherungsanstalten, d.h. die Rentenversicherung wird finanziert von den Arbeitnehmern, und zwar allein von den Arbeitnehmern.

*Rechtzeitig „umgezogen" – heut besser dran*

Die Masse der Rentner der ehemaligen DDR wird ein ganzes Rentenleben lang erfahren, daß man die Beiträge, die man geleistet hat – in O… und nicht in Westmark bezahlt w… den. Das andere ist, man wird erfa… ren, daß man in der DDR gelebt …

Die Mitglieder der GBM, GRH und ISOR (sowie ehedem die Mitglieder der inzwischen aufgelösten IGA) wirken als Verbände seit dem Zeitpunkt der juristischen und sozialen Angriffe auf die Vertreter der DDR intensiv, helfend, aufklärend und entlarvend zusammen.

**Dokumentation »DDR-Bewältigung«**

**Kommentar von Friedrich Wolff in der 'jungen Welt' vom 24. August 2004**
**Damit der Sozialabbau ungestört von sozialen Erinnerungen stattfinden kann. Rechtsstaat contra Unrechtsstaat. Gedanken nach dem letzten Politbüroprozess**

Am 6. August 2004 wurde das Urteil im so genannten 2. Politbüroprozess verkündet. Es war das letzte Urteil gegen Mitglieder des Politbüros des ZK der SED nach den Prozessen gegen Erich Honecker und Egon Krenz. Es gilt als Abschluss der juristischen »Bewältigung« der DDR-Vergangenheit. Vor fast 13 Jahren hatte der frühere Gegenspieler von Erich Mielke, der damalige Justiz- und spätere Außenminister, Klaus Kinkel, mit einer historischen Rede die Kampagne eröffnet. In seiner Begrüßungsansprache auf dem Deutschen Richtertag am 23. September 1991 in Köln hatte er erklärt: »Ich baue auf die deutsche Justiz. Es muss gelingen, das SED-System zu delegitimieren, das bis zum bitteren Ende seine Rechtfertigung aus antifaschistischer Gesinnung, angeblich höheren Werten und behaupteter absoluter Humanität hergeleitet hat, während es unter dem Deckmantel des Marxismus-Leninismus einen Staat aufbaute, der in weiten Bereichen genauso unmenschlich und schrecklich war wie das faschistische Deutschland, das man bekämpfte und - zu Recht - nie mehr wieder erstehen lassen wollte.«[1] Das Landgericht Berlin fällte sechs Monate später das erste Mauerschützenurteil. Es erfüllte Kinkels Erwartungen.

**100.000 Ermittlungsverfahren**

Der letzte Prozess gegen Politbüromitglieder warf noch einmal ein Schlaglicht auf die Welle der Verfolgung von Kommunisten und Sozialisten, die nach dem 3. Oktober 1990 eingesetzt hatte. Der den Vorsitz führende Richter Thomas Groß hielt es gleich zu Beginn der Urteilsverkündung für erforderlich zu erklären, dies sei kein politischer, sondern ein ganz normaler Prozess gewesen. Hätte er das Standardwerk »Politische Justiz« von Otto Kirchheimer gelesen, hätte er das nicht gesagt. Dieser schrieb nämlich 1961 in den USA: »Daran, dass jemand zwischen politischen und anderen Delikten keinen Unterschied sieht, kann man mit Sicherheit erkennen, dass er ein Hitzkopf oder ein Dummkopf ist«.

Unpolitisch soll es sein, wenn die höchsten Spitzen eines sozialistischen Staates vor dem Gericht eines kapitalistischen Staates stehen? Unpolitisch soll es sein, dass ein BRD-Gericht entscheidet, wie sich DDR-Politiker im Kalten Krieg hätten verhalten müssen? Unparteiisch und fair im Sinne der Europäischen Menschenrechtskonvention soll ein solches Verfahren sein? Normal soll es sein, dass ein Strafprozess zehn Jahre dauert, obgleich Tat und Opfer immer bekannt und alle Politbüromitglieder seit 1990 verdächtigt worden waren? Warum so lange, wenn alles klar und rechtens ist?

Über 100.000 strafrechtliche Ermittlungsverfahren sollten die Delegitimierung der DDR bewirken. Polizisten, Staatsanwälte, Richter und technisches Personal standen genügend zur Verfügung, auch an Geld fehlte es nicht. Zehn Jahre und länger hielten die Bemühungen der Justiz an. Schwerpunkte waren erst die Schüsse an der Grenze, dann Rechtsbeugungen durch DDR-Juristen und zuletzt Doping. Ebenso lange berichteten die Medien von Anklagen, Eröffnungsbeschlüssen, Hauptverhandlungen, Plädoyers, Urteilen und immer wieder von den Untaten der Stasi, von Folter, Morden, Röntgenbestrahlung von Häftlingen, Tötung von Kindern nach der Geburt, Zwangsadoptionen, medizinischen Versuchen an Patienten, Einweisungen in die Psychiatrie, vom Lotterleben der Bonzen usw. Viele glaubten der freien, der unabhängigen Presse, auch Juristen.

**289 Verurteilungen**

Die Ergebnisse der über 100.000 staatsanwaltlichen Ermittlungsverfahren wurden den Horrormeldungen nicht gerecht. Christoph Schaefgen, der maßgebliche Staatsanwalt auf diesem

So die GBM seit Mai 1991.

Prof. Dr. Friedrich Wolff trat ebenso wie alle in der GRH organisierten Mitglieder, gegen den Missbrauch des Rechts mit dem Ziel, Menschen für ihre politische Haltung und Arbeit zu beugen, ein.

## Renten- und Versorgungsunrecht

### Fünf Jahre GBM – Fünf Jahre Kampf gegen Rentenunrecht

Fritz Rösel

Seit dem Mai 1991 – mit der ersten Anhörung im Ausschuß für Arbeit und Sozialordnung des Deutschen Bundestages – befaßt sich die GBM mit der

Wie verlief der Gesetzgebungsprozeß?

1. Mit dem Staatsvertrag vom 18.5.1990 zur Wirtschafts- und Währungsunion wurden Regelungen vorgelegt, die vorsahen, die Renten 1 : 1 mit der Währungsunion festzulegen. Ferner sollte das Sparvermögen bis zu 6 000 Mark 1 : 1 anerkannt werden, darüber hinaus 1 : 2 umgewertet werden. Das durchschnittliche Sparvermögen für Rentnerhaushalte im Osten wurde 1990 mit 12 000 Mark einge-

Bei dem Wirken der Verbände des Ostdeutschen Kuratoriums von Verbänden (OKV) ging es immer darum, alle Rentenungerechtigkeiten, die in dem Prozess der „Vereinigung" neu entstanden waren, anzuprangern und zu beseitigen.

Während des Erfahrungsaustausches des OKV mit territorialen Bündnissen und Gruppen am 9. Juni 2011 wurde neben den verlorenen Rechten der Frauen der DDR durch den Einigungsvertrag 1990 (gleichnamige Dokumentation dazu von Frau Dr. Irina Modrow, frauenpolitische Sprecherin der Bundestagsfraktion DIE LINKE) auch weitere Fragen erörtert.

Eine solche Praxis der Diskriminierung trägt in unseren Augen den Charakter vieler Menschenrechtsverletzungen. Davon abgeleitet sind de facto Berufsverbot und Verbot des passiven Wahlrechts. Weil einem Grossteil der ostdeutschen Bevölkerung Loyalität zum Grundgesetz per se abgesprochen wird, hat er keinen Zugang zu staatlichen Einrichtungen und öffentlichen Ämtern. Führungsfunktionen in Staat und Wirtschaft sind ihm ohnehin grundsätzlich versagt.
Diese Praxis widerspricht auch dem Punkt 14 des Memorandums der Bundesregierung vom September 1956, das durch die jeweiligen Botschafter der BRD den vier Siegermächten übergeben wurde. Er hat folgenden Wortlaut:
„Die Bundesregierung ist der Überzeugung, dass freie Wahlen in ganz Deutschland, wie sie auch immer ausfallen mögen, nur den Sinn haben dürfen, das deutsche Volk zu einen und nicht zu entzweien. Die Errichtung eines neuen Regierungssystems darf daher in keinemTeile Deutschlands zu einer politischen Verfolgung der Anhänger des alten Systems führen. Aus diesem Grunde sollte nach Auffassung der Bundesregierung dafür Sorge getragen werden, dass nach der Wiedervereinigung Deutschlands niemand wegen seiner politischen Gesinnung oder nur weil er in Behörden oder politischen Organisationen eines Teils Deutschlands tätig gewesen ist, verfolgt werden."
Hier stellt sich die Frage, ist dieses Memorandum oder auch nur der Punkt 14 jemals zurück genommen worden? In der Praxis schon!
Wir, als im OKV organisierte Verbände sind der Auffassung, dass eine entscheidende Ursache dieser Verletzungen des eigenen Grundgesetzes, individuell wie auch gesellschaftlich, die nachträgliche Delegitimierung der DDR ist, mit deren Hilfe ein für alle Mal mit dem Sozialismus abgerechnet werden soll. Die Verfälschung und Klitterung der Geschichte, angeblicher Antisemitsmus und fehlender Antifaschismus in der DDR, all das und mehr empfinden viele Menschen als Beleidigung und Diskriminierung, als Missachtung ihres Lebens und ihrer Schlussfolgerungen, die sie persönlich aus 12 Jahren Faschismus für sich gezogen haben

93.813 Unterschriften gegen Rentenunrecht wurden durch die Mitglieder der Verbände des OKV e.V. gesammelt und am

28.1.2015 mit entsprechenden Handlungsvorschlägen dem Petitionsausschuss eingereicht. Davon 76.036 Unterschriften über ISOR. Ergebnis: NICHTS!

Besonders hervorzuheben sind seitens ISOR
Horst Parton, Prof. Dr. Horst Bischoff, Dr. Rainer Rothe (†), Prof. Dr. Wolfgang Edelmann (†), die seit der Gründung von ISOR im Juni 1991 aktiv gegen das Rentenunrecht wirken. Seitens IGA sind es u.a. Generalmajor Heinrich Tauchert (†), Dr. Heinz Günther und Generalmajor Dr. Lothar Wellschied. Seitens der GBM sind u.a. zu nennen Dr. Jürgen Zenker und Prof. Dr. sc. Wolfgang Richter (†), GBM. Seitens der GRH ist u.a. RA Hans Bauer hervorzuheben. Seitens des OKV sind es u.a. Prof. Dr. Siegfried Mechler und der langjährige Minister Dr. Hans Reichelt, um nur einige zu nennen. **Sie alle haben bleibende Spuren im Wirken gegen das Rentenunrecht seitens unserer im OKV vereinten Verbände hinterlassen**. Man konnte und kann sie nicht entmutigen. Das ist Ansporn!

Seitens der **Juristen**, die sich für die Beseitigung des Rentenunrechts einsetzten bzw. einsetzen, sind beispielhaft zu nennen: RA Dr. B. Helmers, RA Bleiberg, RA Dr. Karl-Heinz und Dr. Ingeborg Christoph.
Seitens der **Organisationen**, die mit dem OKV gemeinsam gegen das Rentenunrecht vorgehen, sind beispielhaft zu nennen: EVG, DGB, ver.di, Volkssolidarität, Sozialverband Deutschland, Sozialverband VdK und Paritätischer Wohlfahrtsverband.

Der Seniorenrat Halle hat 2016 einen
„Offenen Appell an Bundestag und Bundesregierung: Endlich ein **gemeinsames gerechtes Rentensystem für OST und WEST** schaffen! Für die gegenwärtig benachteiligten Ostrentner die biologische Lösung verhindern!"
gerichtet. Siehe **Anlage 17.**

Die Vielfalt derer, die ihre Stimme gegen das bestehende Rentenunrecht erhoben haben, kann nur beispielhaft hier aufgeführt werden. Zum Schluss ist unbedingt auch auf das Engagement der ehemaligen Regierungsvertreter der DDR in Sachen Beendigung der Rentenungerechtigkeiten aufmerksam zu machen (**Anlage 18**).

## 4.
## Ringen um rentenwirksame Anerkennung der Gehaltsbestandteile (Zulagen und Zuschläge) der Angehörigen der bewaffneten Organe der DDR

In den bewaffneten Organen der DDR setzte sich das Gehalt aus mehreren Bestandteilen zusammen. So ist es auch bei Arbeitnehmern und bei Beamten in Deutschland. Die individuelle Addition der Gehaltsbestandteile ergibt heute und ergab in der DDR das Einkommen. Dieses Einkommen war und ist bei dem genannten Personenkreis (mit Ausnahme der Beamten) steuer- und sozialversicherungspflichtig.

Für die Angehörigen der bewaffneten Organe waren es Dienstgrad- und Dienststellungs-vergütung sowie Zulagen bzw. Zuschläge.

Die Einkommen der Angehörigen der bewaffneten Organe wurden bei der Überführung der rentenrechtlichen Ansprüche durch die Bundesrepublik mit „Zusatz- und Sonderversorgungssysteme" bezeichnet. Diese Begriffswahl soll bei der Bevölkerung den Eindruck erwecken, diese Leute erhalten zu den Renten zusätzliche Zahlungen. Das Gegenteil ist der Fall! Die Einkommen dieser Personenkreise wurden bei der Überführung mehrfach gekürzt. Im Fall der Betroffenen wegen §§ 6 und 7 AAÜG auf max. einen Rentenpunkt. Neben dieser Kürzung wurden den Personen, die zum großen Teil studiert hatten, wie auch den anderen DDR-Bürgern die Studienzeiten nicht angerechnet. Ihre zusätzlich und freiwillig abgeführten Beiträge in die Rentenversicherung **wurden komplett ignoriert.**

Für die Angehörigen des MdI, der NVA, der Grenztruppen und der Zollorgane der DDR endete diese Begrenzung mit dem Urteil des BVerfG 1999 auf Grund der durch ISOR unterstützten Klagen. Sie erhalten jedoch auch nicht die Renten, die ihren Einzahlungen entsprechen. Einerseits unterliegen sie der Kappungsgrenze OST, andererseits wurden erhebliche Anteile des Einkommens nicht mit berücksichtigt. Zulagen und Zuschläge wurden seit 1990 zudem beim gesamten Personenkreis nicht anerkannt.

Während jedem Bürger klar ist, einen Feiertagszuschlag bekommt er gehalts- und rentenwirksam, wurde dieses bewusst bei diesem Personenkreis, und um die Staatsnähe zu bestrafen, einfach gestrichen. Um die Anerkennung wird seit Langem vor Gericht gestritten. Erfindungsreich werden Argumente gesucht. Regelrecht eine Posse ist nachfolgende Aussage. Der Staat sicherte nicht die Nachweise. Das nichts mehr vorhanden ist sein rechtens. Die Ansprüche, die u.a. durch Besoldungsordnungen nachgewiesen sind, gelten nicht.

Zulagen und Zuschläge, sofern diese zu gewähren waren, hatten die Grundlage in der Besoldungsordnung und eine von dem Empfänger unabhängige Höhe. Also ist die Höhe einfach festzustellen. Auch die Gewährung ist bei den wesentlichen Zulagen und Zuschlägen einfach erkennbar. Verpflegungs- und Bekleidungsgeld wurde entweder ausgezahlt oder in Sachform gewährt. So ist es beim Militär üblich.

In **Anlage 19** dazu der aktuelle Stand.

## 5.
## Menschenrechte, definiert durch die UNO-Menschenrechtskonvention, werden in Deutschland verletzt

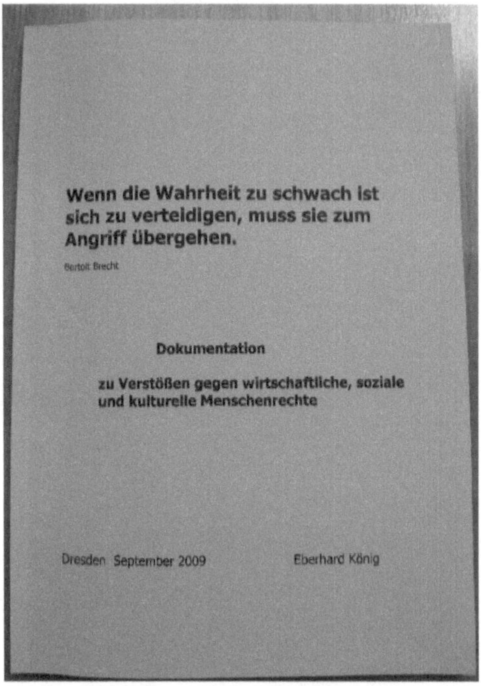


Die Dokumentation von Eberhard König aus dem Jahr 2009 ist ein Beispiel der Materialien, die sich dem Thema widmen. Es werden die Positionen herausgearbeitet, an denen Deutschland die Menschenrechtskonvention verletzt und Beweise erbracht, z.B.:

Zweifelsfrei zielten diese strategischen Konzepte auf die totale Revision der Ergebnisse des 2. Weltkrieges ab, die im Potsdamer Abkommen völkerrechtliche Verbindlichkeit erlangten. In analoger Weise negierten die Kriegsverbrecher aus der deutschen Wirtschaft seit dem Geburtsjahr der Allgemeinen Erklärung der Menschenrechte 1949 de facto zur Erreichung erneuter Großmacht- und Alleinvertretungsansprüche die Allgemeingültigkeit ,Universalität und Einheit der Menschenrechte konkret z. B. die

**Artikel 17**

1. **Jeder hat das Recht, sowohl allein als auch in Gemeinschaft mit anderen Eigentum innezuhaben.**
2. **Niemand darf willkürlich seines Eigentums beraubt werden.**

**Artikel 23**

1. **Jeder hat das Recht auf Arbeit, auf freie Berufswahl, auf gerechte und befriedigende Arbeitsbedingungen sowie auf Schutz vor Arbeitslosigkeit.**
2. **Jeder, ohne Unterschied, hat das Recht auf gleichen Lohn für gleiche Arbeit.**
3. **Jeder, der arbeitet, hat das Recht auf gerechte und befriedigende Entlohnung, die ihm und seiner Familie eine der menschlichen Würde entsprechende Existenz sichert, gegebenenfalls ergänzt durch andere soziale Schutzmaßnahmen.**
4. **Jeder hat das Recht, zum Schutze seiner Interessen Gewerkschaften zu bilden und solchen beizutreten.**

**Artikel 30:**

**Keine Bestimmung dieser Erklärung, darf dahin ausgelegt werden, dass sie für einen Staat , eine Gruppe oder eine Person irgendein Recht begründet, eine Tätigkeit auszuüben oder eine Handlung zu begehen, welche die Beseitigung der in dieser Erklärung verkündeten Rechte und Freiheiten zum Ziel hat.**

Nur drei Monate nach den Wahlen zur letzten Volkskammer der DDR 1990 beteiligte sich die **de-Maiziere-Regierung** an diesen Menschenrechtsbrüchen und am Verfassungsbruch, indem die von der Modrow-Regierung beschlossenen Aufgaben der Treuhandanstalt in ihr Gegenteil verkehrt wurden. Statt des menschenrechtlich zugesicherten Schutzes des Volkseigentums wurde das Volk der DDR nach dem Konzept eines Dr. Friedrich Ernstes seines Eigentums willkürlich beraubt. Die inhaltliche Leistung der letzten DDR Regierung bestand darin, Begriffe auszutauschen

| | |
|---|---|
| • Modifizierte VEB | GmbH |
| • Obere Behörde | Treuhandanstalt |
| • zuständige Zentralbehörde | Bundesministerium der Finanzen und Bundeswirtschaftsministerium |
| • Beirat der Oberen Behörde | Treuhandverwaltungsrat |
| • Aufsichtsrat | Aufsichtsrat |
| • Eröffnungsbilanz | DM-Eröffnungsbilanz |

## 6.
## Delegitimierung, Demütigung, lebenslange Strafen waren und sind Programm der Regierung des Kapitals

Das zeigte u.a. 2009 in nachstehender Broschüre der Gesellschaft für Menschenrechte im Freistaat Sachsen e.V.

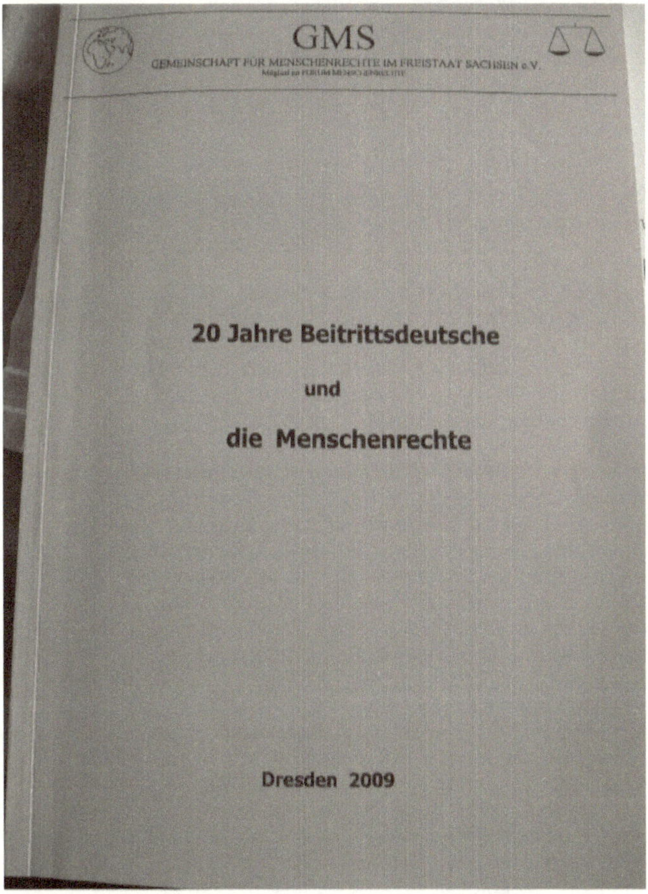


Eine der vielen wesentlichen Stellen als Auszug:

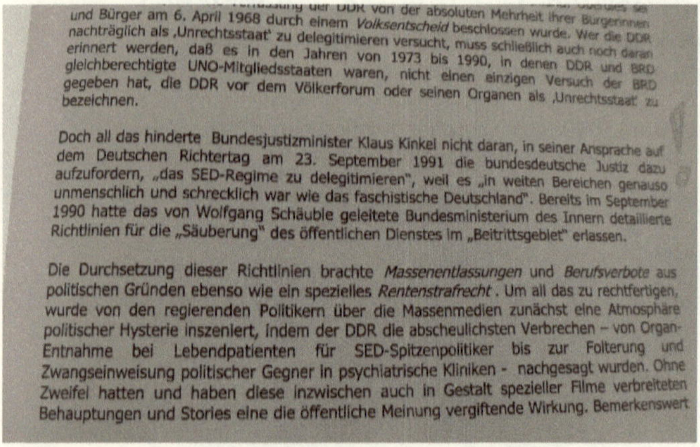

und Bürger am 6. April 1968 durch einem *Volksentscheid* beschlossen wurde. Wer die DDR nachträglich als ‚Unrechtsstaat' zu delegitimieren versucht, muss schließlich auch noch daran erinnert werden, daß es in den Jahren von 1973 bis 1990, in denen DDR und BRD gleichberechtigte UNO-Mitgliedsstaaten waren, nicht einen einzigen Versuch der BRD gegeben hat, die DDR vor dem Völkerforum oder seinen Organen als ‚Unrechtsstaat' zu bezeichnen.

Doch all das hinderte Bundesjustizminister Klaus Kinkel nicht daran, in seiner Ansprache auf dem Deutschen Richtertag am 23. September 1991 die bundesdeutsche Justiz dazu aufzufordern, „das SED-Regime zu delegitimieren", weil es „in weiten Bereichen genauso unmenschlich und schrecklich war wie das faschistische Deutschland". Bereits im September 1990 hatte das von Wolfgang Schäuble geleitete Bundesministerium des Innern detaillierte Richtlinien für die „Säuberung" des öffentlichen Dienstes im „Beitrittsgebiet" erlassen.

Die Durchsetzung dieser Richtlinien brachte *Massenentlassungen* und *Berufsverbote* aus politischen Gründen ebenso wie ein spezielles *Rentenstrafrecht*. Um all das zu rechtfertigen, wurde von den regierenden Politikern über die Massenmedien zunächst eine Atmosphäre politischer Hysterie inszeniert, indem der DDR die abscheulichsten Verbrechen – von Organ-Entnahme bei Lebendpatienten für SED-Spitzenpolitiker bis zur Folterung und Zwangseinweisung politischer Gegner in psychiatrische Kliniken - nachgesagt wurden. Ohne Zweifel hatten und haben diese inzwischen auch in Gestalt spezieller Filme verbreiteten Behauptungen und Stories eine die öffentliche Meinung vergiftende Wirkung. Bemerkenswert

„... wer die DDR als ... ‚Unrechtsstaat' zu delegitimieren versucht, muss schließlich auch noch daran erinnert werden, daß es in den Jahren von 1973 bis 1990, in denen DDR und BRD gleichberechtigte UNO-Mitgliedsstaaten waren, nicht einen einzigen Versuch der BRD gegeben hat, die DDR vor dem Völkerforum oder seinen Organen als ‚Unrechtsstaat' zu bezeichnen.
Doch all das hinderte Bundesjustizminister Klaus Kinkel nicht daran, in seiner Ansprache auf dem Deutschen Richtertag am 23. September 1991 die bundesdeutsche Justiz dazu aufzufordern, „das SED-Regime zu delegitimieren", weil es „in weiten Bereichen genauso unmenschlich und schrecklich war wie das faschistische Deutschland". Bereits im September 1990 hatte das von Wolfgang Schäuble geleitete Bundesministerium des Innern detaillierte Richtlinien für die „Säuberung" des öffentlichen Dienstes im „Beitrittsgebiet" erlassen.
Die Durchsetzung dieser Richtlinien brachte Massenentlassungen und Berufsverbote aus politischen Gründen ebenso wie ein spezielles Rentenstrafrecht. Um all das zu rechtfertigen, wurde von den regierenden Politikern über die Massenmedien zunächst eine Atmosphäre politischer Hysterie inszeniert, indem der DDR die abscheulichsten Verbrechen - von Organ-Entnahme bei Lebendpatienten für SED-Spitzenpolitiker bis zur Folterung und Zwangseinweisung politischer Gegner in psychiatrische Kliniken - nachgesagt wurden. Ohne Zweifel hatten und haben diese inzwischen auch

in Gestalt spezieller Filme verbreiteten Behauptungen und Stories eine die öffentliche Meinung vergiftende Wirkung. ...".

Die Weisungen des Innenministers Schäuble waren eindeutig.

2.3 Erhebliche Zweifel an der Verfassungstreue bestehen insbesondere bei solchen Bewerbern, die an der Verletzung der Menschenrechte, die zum Kernbestand der freiheitlichen demokratischen Grundordnung gehören (BVerfGE 2, 1), beteiligt waren. Davon ist vor allem auszugehen bei einer offiziellen oder inoffiziellen Tätigkeit für das ehemalige Ministerium für Staatssicherheit / Amt für nationale Sicherheit der DDR.

In diesem Zusammenhang verweise ich auch auf die vorgesehene Regelung zur Kündigung dieses Personenkreises. Danach ist ein wichtiger Grund für eine außerordentliche Kündigung insbesondere dann gegeben, wenn der Arbeitnehmer

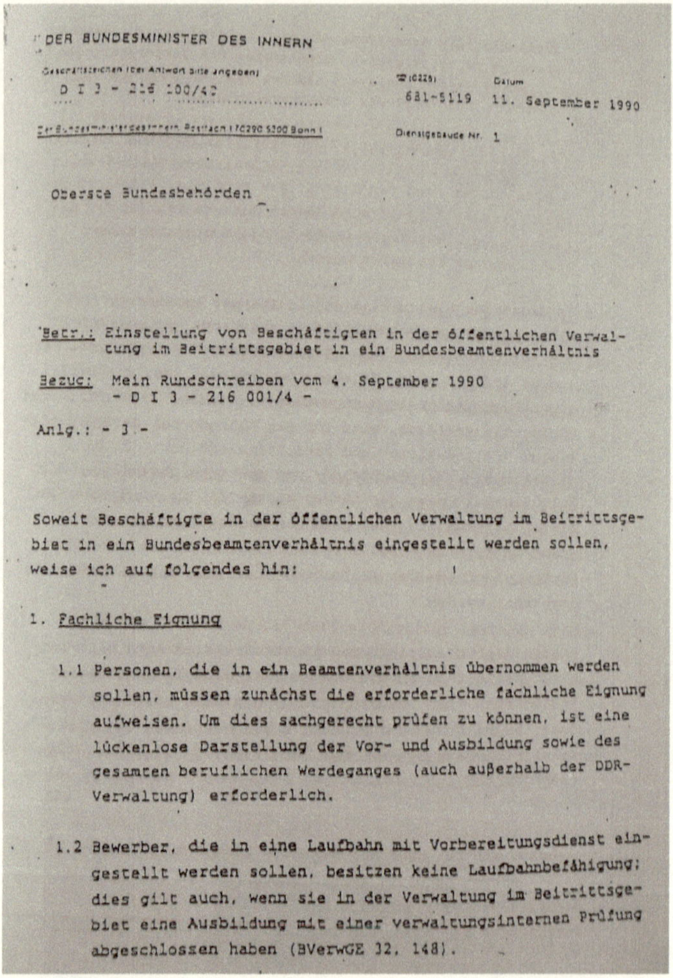

DER BUNDESMINISTER DES INNERN

Geschäftszeichen (bei Antwort bitte angeben)
D I 3 - 216 100/42

Der Bundesminister des Innern, Postfach 17 0290, 5300 Bonn 1

☎ (0228) 681-5119

Datum 11. September 1990

Dienstgebäude Nr. 1

Oberste Bundesbehörden

Betr.: Einstellung von Beschäftigten in der öffentlichen Verwaltung im Beitrittsgebiet in ein Bundesbeamtenverhältnis

Bezug: Mein Rundschreiben vom 4. September 1990
- D I 3 - 216 001/4 -

Anlg.: - 3 -

Soweit Beschäftigte in der öffentlichen Verwaltung im Beitrittsgebiet in ein Bundesbeamtenverhältnis eingestellt werden sollen, weise ich auf folgendes hin:

1. Fachliche Eignung

1.1 Personen, die in ein Beamtenverhältnis übernommen werden sollen, müssen zunächst die erforderliche fachliche Eignung aufweisen. Um dies sachgerecht prüfen zu können, ist eine lückenlose Darstellung der Vor- und Ausbildung sowie des gesamten beruflichen Werdeganges (auch außerhalb der DDR-Verwaltung) erforderlich.

1.2 Bewerber, die in eine Laufbahn mit Vorbereitungsdienst eingestellt werden sollen, besitzen keine Laufbahnbefähigung; dies gilt auch, wenn sie in der Verwaltung im Beitrittsgebiet eine Ausbildung mit einer verwaltungsinternen Prüfung abgeschlossen haben (BVerwGE 32, 148).

Gesinnungsschnüffelei verbunden mit absoluter Unkenntnis des Staates, dessen Fell zerlegt werden soll, wird in der nachfolgenden Weisung sichtbar.

- "Waren Sie Mitarbeiter des Ministeriums für Staatssicherheit oder beim Amt für nationale Sicherheit? Wenn ja, welcher Art war diese Tätigkeit (auch nebenamtlich) und von welcher Dauer war sie?"

- "Haben Sie vor dem 9. November 1989 eine Funktion in der SED, in Massenorganisationen/gesellschaftlichen Organisationen oder eine sonstige herausgehobene Funktion im System der DDR innegehabt? Wenn ja, welcher Art war diese Funktion und von welcher Dauer?"

Eine besondere Frage nach einer herausgehobenen Funktion in der Verwaltung erübrigt sich, da hierüber bereits der berufliche Werdegang (vgl. Nr. 1.1) Aufschluß gibt.

Wie auch beim Rentenunrecht wendeten sich von Beginn an namhafte Persönlichkeiten aus neuen und alten Bundesländern gegen die politisch motivierte Abstrafung, wie nachstehend Prof. Dr. Axel Azzola schon am 9.9.1991, Prof. Dr. Peter-Alexis Albrecht und Dr. Stefan Kadelbach (Neue Justiz 4/1992).

## Prof. Dr. Axel Azzola, Darmstadt
## Über die Strafbarkeit der Tätigkeit von DDR-Spionen
*aus: Neues Deutschland vom 9. September 1991*

Jedermann weiß es: Im Auftrage der Bundesrepublik Deutschland haben Menschen gegen die DDR spioniert. Für diese Spionage war der Bundesnachrichtendienst (BND) zuständig. Im Auftrage der Deutschen Demokratischen Republik haben Menschen gegen die BRD spioniert. Für diese Spionage war die Hauptverwaltung Aufklärung (HVA) im Ministerium für Staatssicherheit zuständig. In jedem Staat stand die Spionagetätigkeit für den jeweils anderen Staat unter Strafe.

### Eher eines Schande als eine Zierde des Rechts

Die Strafrechtsgeschichte beider Staaten ist auf dem genannten Gebiet eher als eine Schande denn als eine Zierde deutscher Rechtsgeschichte zu bezeichnen. Dies gilt für die Bundesrepublik Deutschland insbesondere für die Verfolgungspraxis auf der Grundlage des 1. Strafrechtsänderungsgesetzes vom 30.08.1951, das nach wie vor als reines Gesinnungsstrafrecht zu bezeichnen ist und in seiner Exzeßwirkung einen Vergleich mit dem in der DDR geltenden Recht nicht zu scheuen braucht.

Was aber geschieht mit Spionen, wenn sich zwei Staaten vereinigen, nachdem sie jahrzehntelang mehr gegeneinander als nebeneinander gelebt haben? Dieser Frage ist nachzugehen, umso mehr, als zwischenzeitlich einerseits das Bayerische Oberste Landesgericht und der Bundesgerichtshof (BGH), andererseits das Berliner Kammergericht zu unterschiedlichen Rechtsauffassungen gekommen sind.

Der BGH hat die Verfolgung von „Ostspionen" bei gleichzeitiger Nichtverfolgung von „Westspionen" für verfassungsrechtlich zulässig erachtet: die Gleichsetzung von BND und HVA sei als nur formale Sichtweise der Dinge verfehlt. „Inhaltlich" sei es nicht zulässig, beide Organisationen auf gleiche Stufe zu stellen, da der BND dem Schutz der Bundesrepublik diente und rechtlicher Kontrolle unterworfen sei, während es Aufgabe der HVA gewesen sei, die Existenzfähigkeit der BRD mittels einer rechtlich unkontrollierten Tätigkeit zu untergraben.

Die rechtliche Ausgestaltung dieses Problems habe den Partnern des Einigungsvertrages zur Disposition gestanden. Dieser Vertrag lasse, ohne gegen das Willkürverbot zu verstoßen, die strafrechtliche Verfolgung der „Ostspione" bei gleichzeitiger Nichtverfolgung der „Westspione" zu. Dies ergebe sich aus Art.8 in Verbindung mit Kap.III Sachgebiet C Abschnitte I und II der Anlage I des Einigungsvertrages.

Auch das Berliner Kammergericht geht davon aus, daß der Einigungsvertrag die Strafverfolgung der „Ostspione" vorsehe, hält dies allerdings für einen Verstoß gegen den Gleichheitssatz. Es hat deshalb das Strafverfahren gegen den letzten Leiter und vier weitere Angehörige der HVA ausgesetzt und dem Bundesverfassungsgericht die Frage der Verfassungsmäßigkeit dieser Regelung des Einigungsvertrages zur Entscheidung vorgelegt. Die Entscheidung des Kammergerichts ist mehr oder weniger unverhüllt als rechtsstaatlicher „Formalismus" kritisiert worden, der eher geeignet sei, das Vertrauen der Neubürger in den Rechtsstaat zu erschüttern als zu stärken. Im übrigen sei davon auszugehen, daß es für einen Rechtsstaat ungemein kompliziert sei, mit der Hinterlassenschaft eines „Unrechtssystems" sachgerecht umzugehen. Immerhin sei nach der Niederwerfung des Faschismus klargestellt worden, daß es strafbares „gesetzliches Unrecht" geben könne. An diesem Grundsatz sei festzuhalten.

Art.8 des Einigungsvertrages verstößt insoweit gegen Art.3 Abs.1 GG, Art.20 GG sowie Art.103 Abs.2 GG, als in Verbindung mit Anlage I Kap.III des Einigungsvertrages „Ostspione" und deren Auftraggeber im Gegensatz zu „Westspionen" und deren Auftraggebern strafrechtlich verfolgt werden können.

### Grundsatz des Verbots der Rückwirkung

1. Bei der Strafverfolgung von „Ostspionen" geht es keineswegs um Bewältigung gesetzlichen Unrechts. Spionage und Spionageabwehr gehören zur Normalität der Staaten, gleichgültig, wie wir die

**Prof. Dr. Peter-Alexis Albrecht und Dr. Stefan Kadelbach**
**Zur strafrechtlichen Verfolgung von DDR-Außenspionage**
**Völker- und verfassungsrechtliche Fragen**
*aus: Neue Justiz 4-92*


# Neue Justiz

Zeitschrift für Rechtsetzung und Rechtsanwendung

4 92
46. Jahrgang
Seiten 137–184


## Zur strafrechtlichen Verfolgung von DDR-Außenspionage

### Völker- und verfassungsrechtliche Fragen


Prof. Dr. Peter-Alexis Albrecht und Dr. Stefan Kadelbach, LL.M.,
*Johann Wolfgang Goethe Universität Frankfurt a.M.*



Gegen Mitarbeiter der Hauptverwaltung Aufklärung (HVA) des Ministeriums für Staatssicherheit der ehem. DDR wird zur Zeit u.a. wegen des Verdachts der Begehung von oder Teilnahme an Straftaten nach den §§ 94 (Landesverrat), 99 (geheimdienstliche Agententätigkeit) und 334 (Bestechung) StGB ermittelt. In einem Vorlagebeschluß des Kammergerichts[1] wird die Frage aufgeworfen, ob der Strafverfolgung gegen ehem. DDR-Spione völker- oder verfassungsrechtliche Hindernisse entgegenstehen. Die folgende Abhandlung geht diesen Rechtsproblemen nach. Sie bezieht sich allein auf die zwischen den Fronten des Kalten Krieges üblichen nachrichtendienstlichen Tätigkeiten.


### I. Auslegung des Art. 315 EGStGB

Als rechtlicher Ansatzpunkt für die strafrechtliche Ahndung dieser Taten gilt Art. 315 EGStGB[2], der durch den Einigungsvertrag in das bundesdeutsche Strafrecht Eingang gefunden hat.[3] Das Gericht sieht danach von Strafe ab, wenn DDR-Recht zum Zeitpunkt der Tat diese nicht mit den in Art. 315 Abs. 1 EGStGB angeführten Sanktionen belegt hätte. Dies soll nach Art. 315 Abs. 4 EGStGB nicht gelten, soweit die Tat schon vor dem Beitritt nach dem Recht der Bundesrepublik Deutschland strafbar war. Art. 315 Abs. 4 EGStGB läßt also die bisherige Rechtslage für die hier interessierenden Taten scheinbar unberührt. Denn nach § 5 Nr. 4 StGB waren (und sind) Straftaten der §§ 94-100a StGB „unabhängig vom Recht des Tatorts" strafbar.

Es fragt sich dennoch, ob Art. 315 Abs. 4 EGStGB überhaupt die Norm ist, gegen die völker- und verfassungsrechtliche Bedenken geltend zu machen sind[4], oder ob diese nicht gegen die Vorschriften des StGB zum internationalen Strafrecht gerichtet werden müssen.[5] Die Antwort hängt von einer Auslegung des Art. 315 Abs. 1 EGStGB ab.

Die Vorschrift könnte so interpretiert werden, daß nur Delikte erfaßt sind, die sowohl nach dem Recht der DDR als auch nach dem StGB der Bundesrepublik strafbar waren.[6] Dann wäre gem. § 2 StGB dem milderen von zwei Gesetzen der Vorzug zu geben. Da DDR-Außenspionage nur nach bundesdeutschem Strafrecht mit Strafe bedroht war, wäre aus dieser Sicht Art. 315 EGStGB gar nicht einschlägig. Gegen diese Betrachtungsweise spricht indes, daß in Art. 315 Abs. 1 EGStGB nicht von „nach dem Recht der DDR strafbaren Taten" die Rede ist, was die Annahme einer doppelten Strafbarkeit nahelegen könnte; vielmehr bezieht sich die Vorschrift ausdrücklich auf „in der DDR begangene Taten", was alternative Strafbarkeit einschließt.

Vor allem aber hat Art. 315 Abs. 4 EGStGB den Sinn, daß ein Entfallen der vor dem Beitritt entstandenen Strafbarkeit nach dem Strafrecht der Bundesrepublik Deutschland gerade verhindert werden soll.[7] Art. 315 Abs. 4 EGStGB regelt bewußt die Verfolgung von Taten, die nur nach dem Recht der Bundesrepublik, nicht aber nach dem Recht der DDR strafbar waren. Die Anwendung des Art. 315 Abs. 1 EGStGB iVm § 2 StGB hätte nämlich zur Folge, daß das dem Täter günstigere Recht, also das der DDR, anzuwenden wäre. Danach wäre mangels Strafbarkeit nach DDR-StGB keine Strafe „verwirkt", ein Gericht hätte von Strafe

1 Beschluß v. 22.7.1991, NJW 1991, 2501 – Großmann u.a.

2 Die Vorschrift hat folgenden Wortlaut:
„(1) Auf vor dem Wirksamwerden des Beitritts in der Deutschen Demokratischen Republik begangene Taten findet § 2 des Strafgesetzbuches mit der Maßgabe Anwendung, daß das Gericht von Strafe absieht, wenn nach dem zur Zeit der Tat geltenden Recht der Deutschen Demokratischen Republik weder eine Freiheitsstrafe noch eine Verurteilung auf Bewährung noch eine Geldstrafe verwirkt gewesen wäre. ...
(4) Die Absätze 1 bis 3 finden keine Anwendung, soweit für die Tat das Strafrecht der Bundesrepublik Deutschland schon vor dem Wirksamwerden des Beitritts gegolten hat."

3 EinigungsV v. 31.8.1990, BGBl. 1990 II, S. 885 (955), Art. 8 iVm Anl. I, Kap. III, C, Abschn. II, Ziff. 1 b.

4 So das KG, aaO (Fn 1).

5 Vgl. Wilke, „Das Kammergericht im Irrgarten des Ostwestrechts", NJW 1991, 2465, der meint, die Vorlage des KG sei unzulässig.

6 So Wilke, aaO. Zur Auslegung auch Luther, „Der Einigungsvertrag über die strafrechtliche Behandlung von DDR-Alttaten nach der Einigung Deutschlands", DtZ 1991, 434.

7 Zur: Lippold, „Die Strafbarkeit der DDR-Spionage und ihre Verfassungsmäßigkeit", NJW 1992, 18 (19), mit dem Hinweis auf die abw. Auslegung von Samson, „Die strafrechtliche Behandlung von DDR-Alttaten nach der Einigung Deutschlands", NJW 1991, 335 ff.; ders., „Geteiltes Strafrecht im vereinten Deutschland", NJ 1991, 132 ff.; ders., „Auslands- oder Inlandstheorie bei DDR-Alttaten", NJ 1991, 236 ff.; ders. in: H.-J. Rudolphi/E. Horn/E. Samson, Systematischer Kommentar zum StGB, 5. Aufl., 15. Lfg. (1991), Vor § 3, Rn 29 ff.; Luther, „Zur Anwendung des Strafrechts nach dem Einigungsvertrag", NJ 1991, 395.

**Anlagenverzeichnis**

Anlagennummer Inhalt

**Zum Themenkomplex Rechtssatzbeschwerde**

**1** Mail von Frau Seifert zum Rentenüberleitungsabschluss-gesetz und Wertungen

**2** Einladung zur Veranstaltung des OKV am 3.10.2018, Reden, Willenserklärung zum Thema

**3** Wertung des RA zur Klage und Spendenaufruf zur Finanzierung

**4** Aktenzeichen der RSB sowie Wertung der Ergebnisse der Rechtssatzbeschwerde (RSB)

**5** Schreiben des BVerfG zur Nichtannahme der Rechtssatzbeschwerden

**6** Ausgewählte Schreiben an potenzielle Bündnispartner der RSB und deren Mitwirkung

**7** Entschließungsantrag zu dem Gesetzentwurf der Bundesregierung über den Abschluss der Rentenüberleitung (Rentenüberleitungs-Abschlussgesetz)

**Zu den Themen der Rentenstrafen nach den §§ 6 und 7 AAÜG**

**8** Zu den Klagen vor dem Bundesverfassungsgericht

**9** Zu den Klagen vor dem Europäischen Gerichtshof für Menschenrechte

**10** Beispiel des Artikulierens von Unwahrheit seitens des BVerfG, wissenschaftliche Entgegnungen, Rechtsstaat und Unrechtsstaat,

**Politische Aktivitäten von Parteien, Verbänden und Einzelpersonen zur Rentengerechtigkeit**

**11** Beispiele der unterschiedlichen rentenrechtlichen Benachteiligungen der Bürger der ehemaligen DDR

**12** rentenpolitische Beschlussentwürfe der Partei DIE LINKE zu Bergleuten in der Braunkohle im Osten sowie Krankenschwestern im Osten

**13** Rentenpolitische Benachteiligungen der in DDR-Zeiten geschiedenen Frauen

**14** Sozialforum zum Rentenunrecht im Beitrittsgebiet, OKV, Jahr 2008

**15** Ausgewählte weitere rentenpolitische Beschlussentwürfe der Partei DIE LINKE

**16** Offener Brief von Herrn Kurt Andrae an die Bundeskanzlerin

17 Offener Appell an Bundestag und Bundesregierung: Endlich ein **gemeinsames gerechtes Rentensystem für OST und WEST** schaffen! Für die gegenwärtig benachteiligten Ostrentner die biologische Lösung verhindern!

**18 Erklärung des Ministers** und der Stellvertreter des Ministers für Nationale Verteidigung und von Stellvertretern des Ministers der Innern sowie weiterer ehemals leitender Offiziere der Deutschen Demokratischen Republik

**Ringen um rentenwirksame Anerkennung der Gehaltsbestandteile (Zulagen und Zuschläge)** der Angehörigen der bewaffneten Organe der DDR

**19 Aktuelle Lage** beim Kampf um die **Anerkennung des Verpflegungs- und Bekleidungsgeldes als Arbeitsentgelt**

## Anlage 1 - Mail von Frau Seifert zum Rentenüberleitungsabschlussgesetz und Wertungen

### Mail von Frau Karin Seifert an das OKV vom 6. März 2019

zur Rechtssatzbeschwerde zum Rentenüberleitungsabschlussgesetz

Sehr geehrte Damen und Herren,
mit der Rechtssatzbeschwerde wurde versäumt, einen gravierenden Fehler im Rentenüberleitungs-Abschlussgesetz vom 17.07.2017 mit aufzunehmen. Seit über 2 Jahren bemühe ich mich um Ansprechpartner für dieses Problem. Leider habe ich auf meine zahlreichen Schreiben wenig Resonanz erhalten. Zur Kenntnis sende ich Ihnen mein Schreiben an Frau Professor Frauke Hildebrandt, das bis heute unbeantwortet blieb und eine zweite Anlage mit weiteren Erläuterungen.

Aus dem Internet konnte ich entnehmen, dass RA Dr. Bernfried Helmers (RABernfriedHelmers@t-online.de) 4 vorbereitete Klagen führt. Vielleicht könnte er die Problematik zur Anlage 1 SGB VI ergänzen.

Ich würde es begrüßen, wenn ich eine Antwort bekommen könnte.
Mit freundlichem Gruß

Karin Seifert
Muskauer Straße 38
03042 Cottbus

### Ergänzung zu der Rechtssatzbeschwerde zum Rentenüberleitungs-Abschlussgesetz vom 17.07.2017 (Frau Seifert)

**Grundlagen meiner Kritik:**
Gemäß den Rentenversicherungsberichten und den Zeitreihen der Deutschen Rentenversicherung sind die Werte der Anlage 1 SGB VI mit denen **der alten Bundesländer identisch**. Im Jahre 1992 wurden die Sondergrößen Ost eingeführt, damit keine Benachteiligung in der Rentenberechnung in den neuen Ländern entsteht. Mit der Festlegung, dass das Durchschnittsentgelt Ost auch 1 Entgeltpunkt ergeben soll, wurde der Umrechnungsfaktor eingeführt – dadurch wurde eine mathematische Vergleichbarkeit zu den West-Rechengrößen

geschaffen. Es ist also eine Umrechnung und keine einseitige „Hochrechnung".
Das Rentenüberleitungs-Abschlussgesetz regelt eine standardisierte Angleichung der derzeit noch nach Ost und West differenzierten Rechengrößen der gesetzlichen Rentenversicherung. Bei diesen Rechengrößen handelt es sich um

- die Bezugsgröße,
- die Beitragsbemessungsgrenze,
- den aktuellen Rentenwert und um
- den Faktor zur Umrechnung der Ost-Entgelt (Anlage 10 zum SGB VI).

**Nicht enthalten ist in diesem Gesetz** eine Erweiterung des Durchschnittsentgeltes der Anlage 1 zum SGB VI auf eine gesamtdeutsche Rechengröße. Diese Angaben beinhalten weiterhin nur die Ergebnisse der alten Bundesländer und sollen dann – ab 2025 nach abgeschlossener Angleichung – auf der Grundlage der gesamtdeutschen **Lohnentwicklung** fortgeschrieben werden. Ich habe den Wortlaut des Gesetzes noch einmal aufmerksam gelesen, leider habe ich keine inhaltliche Veränderung für einen gesamtdeutschen Durchschnittswert (also auch unter **Einbeziehung der ca. 6 Millionen ostdeutschen Beitragszahler**) als zentrale Rechengröße zur Anlage 1 SGB VI gefunden. Festzustellen ist, dass ohne den § 228b SGB VI die Werte zu den Bruttolöhnen und -gehältern bzw. zum Durchschnittslohn für das gesamte Bundesland maßgeblich sind – **jedoch inhaltlich mit den Werten nur der westdeutschen Versicherten.**
*Hier sehe ich die Lücke im Rentenüberleitungs-Abschlussgesetz, weil die Einbeziehung der Ost- Entgelte zu den Werten der Anlage 1 SGB VI nicht beschlossen wurde (hier sehe ich eine Verletzung des Gleichstellungsgrundsatzes – und einen Betrug - an den ostdeutschen Erwerbstätigen in der Rentenberechnung).*
Der inhaltliche Wert der Anlage 1 SGB VI – also das Durchschnittsentgelt aller Versicherten ist nun einmal in der Rentenformel die ausschlaggebende Wichtungsgröße. Deshalb sollte diese Größe auch für ein einheitliches Rentenrecht ein **bundeseinheitlicher** Maßstab unter Einbeziehung wirklich aller Versicherten – auch der Ostdeutschen - sein.

**Ergebnis: Rentenpunkte für ostdeutsche Versicherte werden per Gesetz niedriger gerechnet.**

**Mail von Frau Seifert an Frau Prof. Dr. Hildebrandt**

Karin Seifert, Muskauer Straße 38, 03042 Cottbus
Cottbus, 10.12.2018
(brandenburg@spd.de)(buergerservice.BB@spd.de)

SPD-Landesverband Brandenburg
z. H. Frau Prof. Hildebrandt, Leiterin der Ostkommission

Alleenstraße 9
**14469 Potsdam**

***Kommission zur Erfassung struktureller Unterschiede***
Sehr geehrte Frau Prof. Dr. Frauke Hildebrandt,

heute wende ich mich mit meinem Anliegen **„Benachteiligung ostdeutscher Erwerbstätigen bei der Berechnung der gesetzlichen Rente durch das Rentenüberleitungs-Abschlussgesetz"** an Sie, weil

- Sie eine Debatte zu den Ungerechtigkeiten, Sorgen sowie Repräsentanzlücken der Ostdeutschen losgetreten haben,
- der SPD-Landesvorstand Brandenburg eine Ostkommission eingesetzt hat und
- ich mich mit fast 100 Schreiben an Bundestagsabgeordneten, an Presse und Fernsehen, an alle ostdeutschen Regierungschefs, an zahlreiche Sozialverbände sowie auch an das Bundesministerium für Arbeit und Soziales (Frau Nahles) gewendet habe, aber keine Mehrheiten zur Veränderung dieser Ungleichbehandlung im „einheitlichen Rentenrecht" gefunden habe.

**Gravierende Lücke im Rentenüberleitungs-Abschlussgesetz:**

1. Es gibt in Ostdeutschland eine strukturelle Ungleichbehandlung. Das zeigt sich vor allem in niedrigeren Tariflöhnen für gleiche Arbeit sowie auch bei der Berechnung der Rente,
2. Einschnitte in der Rente entstehen durch die ersatzlose Streichung der so genannten Hochrechnung. Es wurde versäumt, die Umrechnungsgröße für die Ermittlung der Rentenpunkte auf eine gesamtdeutsche Basis zu heben.
3. Das bedeutet, dass der beitragspflichtige Arbeitsverdienst ostdeutscher Erwerbstätiger rentenmindernd zum Durchschnittsverdienst der westdeutschen Versicherten ins Verhältnis gesetzt wird. Das durchschnittlich niedrigere

Entgelt übersetzt sich künftig ohne Abfederung ins Rentenrecht.

4. Es ist nicht nachvollziehbar, warum der Durchschnittsverdienst der über **sechs** Millionen ostdeutschen Versicherten in die Bezugsgröße der Rentenberechnung (Anlage 1 SGB VI) nicht einbezogen wird und somit gegenüber westdeutschen Versicherten benachteiligt noch zusätzlich geringere Rentenberechnungen erhalten.

5. Eine Möglichkeit wäre gegeben, nur die Erwerbstätigen mit gleichen Tariflöhnen nach dem Westrentenrecht zu berücksichtigen (nicht der Wohnort, sondern der Ost-Tariflohn müsste eine besondere Bedeutung spielen).

**Fazit:**

1. In den Stellungnahmen der Sachverständigen zum o. g. Gesetz habe ich keinen Vorschlag gefunden, die Durchschnittsentgelte auf eine gesamtdeutsche Basis komplett neu zu ermitteln und das System damit auf eine einheitliche Grundlage zu stellen. Das bedeutet, dass der Vorschlag kaum anschlussfähig war.

2. Im „einheitlichen" Rentenrecht dominieren die westdeutschen Versicherten, weil im Durchschnittsentgelt (Anlage 1 SGB VI) aller Versicherten die Ostdeutschen weggelassen werden. Damit wird ein falscher Durchschnittlohn als Umrechnungsgröße festgelegt.

3. Eine Mehrheit der ostdeutschen Erwerbstätigen wird durch das Gesetz ungleich behandelt, was verfassungsrechtlich bedenklich ist und kaum einer merkt es.

4. Die Gleichwertigkeit der Lebensverhältnisse ist dabei nicht nur ein verfassungsrechtlich verankertes Ziel, sondern ein zentraler Beitrag zur Sicherung des gesellschaftlichen Zusammenhalts in Deutschland.

Ich würde es begrüßen, wenn ich eine Antwort bekommen könnte.

Hochachtungsvoll

Karin Seifert

**Stellungnahme von RA Dr. Bernfried Helmers vom 1.4.2019 zum Brief von Frau Seifert**

Sie spricht eine Problematik an, die sich erst voll wirksam nach der „Angleichung" ab 2025 zeigen dürfte. Die niedrigeren Löhne im Osten führen dort weiterhin zu weniger Rente – trotz einheitlicher Rentenformel. D. h., die allg. Rentenformel müsste überdacht werden, ob sie so bestehen bleiben kann, um ggf. neue Verwerfungen zu verhindern. Dies bildete – aus mehreren Gründen - nicht den Grundansatz für unsere VB, mit denen die betreffenden Artikel des Rentenüberleitungs-Abschlussgesetzes sowie §§ 254b Abs. 1, 255 a und 255 c SGB 6 i. d. F. des Rentenüberleitungs-Abschlussgesetzes angegriffen wurden. Ob dieser weiterführende Aspekt in die Broschüre aufgenommen werden sollte, hängt m. E. davon ab, welches Anliegen die Broschüre verfolgen soll.

Ich würde die SPD im politischen Kampf um Rentengleichheit und -gerechtigkeit nicht als potentiellen Partner ausschließen. Interessant ist ja, dass man sich dort auch mit den Rechtssatzbeschwerden beschäftigt haben könnte, zumal sich Frau Seifert unter Bezugnahme darauf an den Landesverband Brandenburg wandte. Allerdings muss man sicher auch real einschätzen, dass die von ISOR verfolgten Ziele nicht identisch mit denen der SPD sind.

Anmerkung: „VB" steht für Verfassungsbeschwerden

**Anlage 2**

**Einladung zur Veranstaltung des OKV am 3.10.2018, Reden, Willenserklärung zum Thema**

**Zur Rechtssatzbeschwerde**

Sehr geehrter Herr Elias Davidson,

ggf. können Sie sich noch an unsere Kontakte erinnern. Mit dieser Information möchte ich die Verbindung auffrischen. Das Präsidium des Ostdeutschen Kuratoriums von Verbänden hat sich zusammen mit Genossen der Eisenbahn- und Verkehrsgewerkschaft (EVG) erneut juristisch um Beseitigung von Rentenunrecht gekümmert. Wir wollen gemeinsam mit den Eisenbahnern das juristische Angehen gegen Rentenunrecht mit aktiven breiten politischen Bewegen von vielen Kreisen verbinden.

siehe in unserem OKV-Internetauftritt:
http://www.okv-ev.de/
dann nach unten scrollen oder gleich diesen link anklicken (hier die juristische Argumentation)
http://www.okv-ev.de/Dokumente/Rentenprobleme/2_Handreichung%20fuer%20Rechtssatzbeschwerde%20gegen%20Rentenueberleitungs(1).pdf

Wir haben Rechtssatz-Verfassungsbeschwerden über vier Beschwerdeführer beim BVerfG gegen das Rentenüberleitungsabschlussgesetz eingereicht.

Was sind unsere Ziele?

- deutlich schnellere Angleichung der Entgelt-Punktwerte, der Rentenpunkte OST an WEST,
- sofortiges Beenden der Benachteiligung der Tarifangestellten WEST gegenüber ihren Kollegen OST (sofern diese tatsächlich gleiches Tarifgehalt erhalten),
- kein Beenden der Höherwertung geringer Einkommen OST 2025, sondern sofort eine Höherwertung der Entgeltpunkte in OST und WEST für Einkommen Vollbeschäftigter, deren Einkommen weniger als 0,85 Rentenpunkte sicherstellt (über die Grenze kann man verhandeln),
- kein "unter den Tisch fallen lassen" aller ungelösten und im

Rentenüberleitungsabschlussgesetz unbeachteten Rentenungerechtigkeiten, die seit 1990 außer Versprechungen keine Lösung erbracht haben (zum Beispiel zu §§ 6 und 7 AAÜG, zu den Angehörigen der Deutschen Reichsbahn in der DDR, der Post, den Krankenschwestern, den Akademikern, den DDR-Leistungssportlern).

Es geht Menschen in OST und WEST an. Es betrifft Rentner und es betrifft Arbeitnehmer. Diese breite Betroffenheit sollte auch für eine breite politische Aktion nutzbar sein.

Am 3.Oktober findet unsere Alternative Einheitsfeier erneut statt. Dieses Mal ist der Veranstaltungsort das Bürgerhaus Neuenhagen. **Das Thema ist "Die Würde des Menschen ist unantastbar" [GG Art. 1(1)]. Die Veranstaltung widmet sich auch dem o.g. Anliegen.**
Der Sozialabbau ist Bedingung und Kehrseite von Gewinnmaximierung, Hochrüstung und Expansionspolitik. Deshalb bedarf diese Seite, der Kampf um SOZIALES neben dem Schwerpunkt, dem Wirken für Frieden, ebenfalls Beachtung.

Mit freundlichen Grüssen
Joachim Bonatz

**Aus dem Inhalt der vier Broschüren zur Rechtssatzbeschwerde:**
**Argumentation zur Rechtssatzverfassungsbeschwerde**

Eine Rechtssatzbeschwerde ist eine spezifische Form der Klage vor dem Bundesverfassungs-gericht.

Mit dem **Rentenüberleitung-Abschlussgesetz** (RÜAG) vom 1.7.2017 will die Regierung

- (wie schon der Name sagt) endgültig **alle Ungerechtigkeiten der Überführung** der Ostrenten in das bundesdeutsche Rentensystem **dauerhaft festschreiben,**

- die **Angleichung der Rentenpunkte OST** an die Rentenpunkte **WEST** um sieben Jahre verschieben,

- die **Höherbewertung (richtig Umbewertung)** für die vergleichbar deutlich niedrigeren Einkommen zu gleicher Tätigkeit in OST gegenüber der in WEST streichen und das Niedriglohngebiet OST festschreiben (ganz aktuell durchschnittlich rd. 17% niedrigere Einkommen im OSTEN) sowie

- **neue Ungerechtigkeiten**, die sich **aus einheitlichen Tarifabschlüssen** ergeben, auch weiter über sieben Jahre fortführen. OST-Gehälter, bei identischer Tätigkeit zu der im WESTEN, werden durch pauschale Höherbewertung bis 2025 bessergestellt.

**Damit spaltet diese Regierung das Volk.** Das Angehen gegen dieses RÜAG spaltet nicht die Gesellschaft - es soll dazu führen, sie zu einen. Es sind die Regierenden, die durch solche Gesetzesinitiativen bzw. Gesetze, wie das RÜAG das Volk spalten.

**Berechtigt sind Rentner im OSTEN unzufrieden** wegen des Aufschiebens der Angleichung, führt es doch über viele weitere Jahre zu geringeren Renten.

**Berechtigt sind Arbeitnehmer im OSTEN unzufrieden,** weil gute Arbeitsleistung mit einem Niedriglohn entlohnt wird. Die bis 2025 fortdauernde Höherbewertung entfällt danach. Das Streichen der Höherbewertung wird nicht durch Maßnahmen begleitet, die diesem Niedriglohn entgegenwirken.

**Berechtigt sind Arbeitnehmer im WESTEN unzufrieden** wegen der Höherbewertung des tariflich Gleichgestellten im OSTEN, der für die gleiche Tätigkeit und gleichen Lohn mehr Rentenpunkte erhält als der im WESTEN.

Die Möglichkeit einer Rechtssatzbeschwerde gegen das RÜAG besteht bis 30.6.2018 (mit Einschränkungen auch länger) beim BVerfG.

Ein RA hat die Rechtssatzbeschwerden vorbereitet, eingereicht und führt die Klagen.

Wichtig zu wissen ist, auf die Kläger kommen keine Kosten zu. Zur Deckung der Kosten erfolgt eine Spendensammlung des **Ostdeutschen Kuratoriums von Verbänden e.V. (OKV).**

**Rede von Hans Bauer Vizepräsident des OKV e.V. und Vorsitzender der GRH e.V. am 3.10.2018**

Verehrte Anwesende! Liebe Freunde, Genossinnen und Genossen, "Die Würde des Menschen ist unantastbar" was für ein großartiger Satz. Kerngedanke der Allgemeinen Erklärung der Menschenrechte, deren 70. Jahrestag wir im Dezember dieses Jahres begehen. Und Sinngehalt aller nationalen und internationalen Regelungen zu den Menschenrechten.
In Deutschland steht dieser Satz, richtiger, dieses Bekenntnis, im Artikel 1 des Grundgesetzes, das als Verfassung gilt.
Und dort steht auch: "Sie (die Menschenwürde) zu achten und zu schützen ist Verpflichtung aller staatlichen Gewalt".
Worin besteht nun die Würde des Menschen? Wie sieht es mit ihrer Verwirklichung aus? Was passiert, wenn sie verletzt wird?
Ich denke, zunächst ist entscheidende Voraussetzung überhaupt, dass der Mensch leben kann, in Frieden leben kann. Dass er nicht in Furcht vor Krieg und Vernichtung leben muss. Dass seine menschliche Existenz gesichert ist. Egal, welchen Geschlechts er ist, wo er lebt, welchem Staat er angehört, welche Anschauungen er hat.
Und für diese wichtigste Voraussetzung trägt in erster Linie der Staat Verantwortung. Wie nimmt die Bundesrepublik Deutschland diese Verantwortung wahr?

Mit dem Einigungsvertrag, dem Verfassungsgesetz vom 31. August 1990, hat die BRD für das vereinte Deutschland die Verpflichtung übernommen: "als gleichberechtigtes Glied in einem vereinten Europa dem Frieden der Welt zu dienen".
Eine Selbstverpflichtung, die nach dem Kalten Krieg der historischen Verantwortung des größeren einheitlichen Deutschlands entsprach und die Chance für ein friedliches Land unter den Völkern eröffnen sollte.

Heute, nach 28 Jahren, stellen wir fest:
Deutschland wird diesem Anspruch bis heute nicht gerecht. Im Gegenteil! Es hat zu Kriegen und Kriegsgefahr in Europa und weltweit beigetragen und tut dies unverändert. An vielen militärischen Konflikten war und ist es beteiligt - aktiv oder passiv; oft als humanitäre Intervention getarnt.

Als Mitglied der NATO und der EU ist es Teil aggressiver Kriegsbündnisse und -koalitionen, für die unter Missachtung des Völkerrechts Kriege wieder ein Mittel der Politik geworden sind. Das ökonomisch starke und reiche Deutschland steht sogar an vorderster Front, wenn es um die angebliche Verteidigung sogenannter westlicher Werte geht. Alle Lehren

der Geschichte, besonders der deutschen, missachtend, betreibt es im Interesse des Kapitals eine Politik, die weitere Kriege befördert und die Gefahr noch größerer in sich birgt, vor allem
- durch Export von Waffen und militärischen Ausrüstungen in Höhe von gegenwärtig über 6 Mrd.€ jährlich, davon mehr als die Hälfte in Krisengebiete;
- durch beabsichtigte Erhöhung der Rüstungsausgaben - vorgesehen bis auf 2 % des Bruttoinlandsproduktes, d. h. von ca. 38 Mrd. auf über 60 Mrd. €;
- durch Auslands- und Kriegseinsätze der Bundeswehr in gegenwärtig 13 Staaten;
- durch Aufmarsch von NATO-Truppen mit deutscher Beteiligung an Russlands Grenzen;
- durch Zur-Verfügung-Stellung deutschen Territoriums für militärische Zwecke anderer Staaten, wie in Ramstein;
- durch Lagerung von etwa 20 Atombomben in Büchel,
- durch Destabilisierung von Staaten, die nicht der "westlichen Wertegemeinschaft" angehören, mit der Folge von Flüchtlingsströmen weltweit;
- durch neue Feindbilder, Hass und Hetze insbesondere gegen Russland, verbunden mit Drohungen, Strafmaßnahmen und Sanktionen.

Das alles und mehr ist keine Voraussetzung, in Würde ein friedliches Leben und Zusammenleben der Völker zu ermöglichen.
Aber, liebe Freundinnen und Freunde, die Würde des Menschen wird auch im gewöhnlichen Alltag millionenfach sichtbar und spürbar verletzt.
Zu einem würdevollen Leben bedarf es selbstverständlich auch sozialer Bedingungen. Für eine freie und allseitige Entwicklung sind sie unabdingbar. Dazu gehören vor allem Wohnung, Arbeit, Gesundheit, Bildung, kulturelle, sportliche und demokratische Teilnahme am Leben.

Nach dem Spruch des Bundesverfassungsgerichts soll die Wohnung "elementaren Lebensraum" gewährleisten.
Heute gibt es in Deutschland ca. 400.000 Obdachlose, darunter ungefähr 30 000 Minderjährige. Innerhalb von 10 Jahren hat sich die Zahl der Obdachlosen vervierfacht. Und diese Zahl steigt. Wo ist deren "elementarer Lebensraum"? Die Straße? Wie vereinbart es sich mit dieser höchstrichterlichen Wahrheit, wenn immer mehr Menschen sich sorgen müssen, weil ihre Wohnung unbezahlbar wird, wenn die Mieten ungebremst steigen, wenn Bürger ihre Schulden für Haus- und Wohneigentum bei den Banken nicht bedienen können?!

Vor meinen Augen sehe ich das Bild eines Obdachlosen, der vor einer Bankfiliale auf der Straße liegt, Geld bettelnd. Im Fenster des Bank-Centers in großen Lettern die verheißungsvolle Botschaft "Zukunft ist sicher". Was für eine Zukunft! Darauf kann der Obdachlose nun in seinem "elementaren Lebensraum" warten. Welcher Zynismus! Zustand einer gespaltenen, einer kranken Gesellschaft, die immer mehr auseinanderdriftet.

Verehrte Anwesende!
Armut verhindert würdevolles Leben. Eine Binsenweisheit. Und immer größer wird der Anteil von Menschen in diesem Lande, die von Armut bedroht und bereits betroffen sind. Seriöse Schätzungen gehen von ca. 20 % der Bevölkerung aus. Kinderarmut, Altersarmut, Armut Alleinerziehender - Worte, die uns täglich begegnen. Selbst Eingeständnisse von Politikern. Das Schlimme beklagend. Leere Worte. Tatsächlich ändern tun sie und tut sich nichts.
Von den 82 Millionen Menschen in diesem Lande sind ungefähr 1,3 Millionen Dollarmillionäre. Gewaltige Vermögen erben sich - ohne besteuert zu werden - von Generation zu Generation fort. Eine Minderheit aus Wirtschaft und Politik eignet sich horrenden Reichtum an, der in keinem Verhältnis zu den eigenen Leistungen steht. Diäten, Gehälter, Honorare, Ausschüttungen an Einzelne gehen in die Hunderttausende und Millionen jährlich, im krassen Missverhältnis das Einkommen der überwiegenden Mehrheit. Viele Menschen leben am oder unterhalb des Existenzminimums und können selbst von ihrer Arbeit kaum leben. Bei einem Mindestlohn von 8,84 € pro Stunde bleiben ungefähr 1 200 € im Monat. Von den 900.000 Leiharbeitern in Deutschland erhalten viele kaum mehr als 1 000 € brutto. Der Regelsatz von 416 € plus Wohnkosten für ALG 2 ermöglicht niemals ein würdevolles Dasein.
Besonders betroffen von dieser Misere ist Ostdeutschland.

Im GG (Art. 72) ist von "gleichwertigen Lebensverhältnissen" im Bundesgebiet die Rede. Noch bis 1994 stand dort "Einheitlichkeit der Lebensverhältnisse". Die abschwächende Veränderung erfolgte nicht zufällig nach Herstellung der staatlichen Einheit. Und in sophistischen Übungen versuchen heute Politiker nachzuweisen, dass auch gleichwertige Lebensverhältnisse nicht gleich sind. Wir brauchen keine Wortspielereien. Schon gar keine Schönfärbereien. Wir erfahren täglich, dass der Osten nicht nur abgehängt, sondern wie eine Kolonie im eigenen Land vom Westen verwaltet wird. Die Wirtschaft liegt weithin am Boden - von wenigen Leuchttürmen abgesehen. Allein von Museen, Dienstleistungen, Natur- und Landschaftsschutzgebieten wird Produktivität nicht

erhöht. Folglich wandern weiterhin Fachleute und vor allem junge Menschen gen Westen oder ins Ausland ab. Die Einkommensunterschiede zum Westen und in ihrer Folge die Renten sind gravierend. Für vergleichbare Tätigkeit verdienen Vollzeitbeschäftigte im Osten im Durchschnitt 700 € weniger als im Westen. Zwischen Hamburg und Mecklenburg-Vorpommern liegt gar ein Unterschied von ca. 1.200 €.
Der Rentenwert Ost beträgt 95,8 % des aktuellen Rentenwertes West. Abgesehen von den Benachteiligungen durch willkürlichen Eingriff in die rechtmäßig erworbenen Ansprüche. Wenn es nach dem Renten-Überleitungs-Abschlussgesetz geht, sind erst 2024 100 % erreicht. Und dann mit allen geplanten Ungerechtigkeiten.
Hier von einem "Aufholprozess", wie im jüngsten Bericht zum Stand der deutschen Einheit, zu sprechen, ist eine Farce.

Kann man von Würde sprechen, wenn innerhalb eines einheitlichen Staatsgebietes etwa ein Fünftel der Bürger seit Jahrzehnten benachteiligt wird und unter schlechteren Lebensbedingungen existieren muss? Wenn ein Teil der Bevölkerung per Gesetz oder dessen Auslegung als Menschen zweiter Klasse behandelt wird? Gilt das Gleichheitsgebot nicht mehr?

Verehrte Anwesende!
Würde ist aber nicht nur sozial messbar, materiell, finanziell. Achtung und Respekt vor dem Leben der Anderen gehören ebenso zwingend dazu.
Die "Exekution" der DDR als sogenannter Unrechtsstaat ist bis heute unveränderte Staatsdoktrin. Unter dem Begriff "Geschichtsaufarbeitung" wird beispiellose Geschichtsfälschung betrieben. Heroisierung der Vergangenheit der alten Bundesrepublik, Verdammung der DDR. Vergangenheitsbewältigung wird so zur "Vergangenheitsvergewaltigung", wie der Rechtswissenschaftler Hermann Klenner feststellte.
Wie ein giftiges Spinnennetz überziehen Institutionen und Einrichtungen - Stiftungen, Behörden, Gedenkstätten - Ostdeutschland, mit denen die Dämonisierung der DDR und ihrer Staatsorgane erfolgt.

DDR-Werte, wie Frieden, Antifaschismus, Völkerfreundschaft, Solidarität, werden schlecht geredet. Zig-Tausende ehemaliger DDR-Bürger, insbesondere jene, die Verantwortung für unser Land trugen, werden ausgegrenzt. Kriminalisierung, Soziale Abstrafung, öffentliche Verunglimpfung, kultureller Vandalismus waren und sind Alltag.
In Schulen und sogenannten Denkorten wird jungen Menschen ein Weltbild vermittelt, das von Abneigung und Hetze gegen

die sozialistische DDR, gegen eine Alternative zu dieser kapitalistischen Gesellschaft geprägt ist.
Berufliche und politische Karrieren werden bewusst verhindert oder zerstört. Lebensleistungen in der DDR zählen nicht. Es sei denn, man geriert sich als "Widerstandskämpfer". Und so werden Menschen manipuliert und verführt, aus Angst und Eigeninteresse sich selbst und ihr Leben zu verleugnen.
Das alles ist verordneter Antikommunismus. Hat eine solche Politik des Hasses, die auf Spaltung, Denunziation, Furcht und Selbstverleugnung des Menschen setzt, etwas mit Würde zu tun? Es wird höchste Zeit, den kolonialen Gebaren der Machthaber und ihren Gefolgsleuten, Beauftragten, Claqueuren und abhängigen Medien unseren geschlossenen Widerstand entgegenzusetzen!

Liebe Freundinnen und Freunde!
Wie es um die Würde in diesem Lande bestellt ist, und wie verletzt und verwundbar sie ist, lässt sich in vielen weiteren Bereichen belegen. Ob es die Zwei-Klassen-Medizin oder der Pflegenotstand ist, die Bildung, die vor allem Kindern aus armen Familien erschwert wird, ob es die freie Selbstbestimmung über die eigenen Angelegenheiten oder die Entmündigung des Bürgers als Bittsteller in Amtsstuben oder in Amtsschreiben ist. Oder wenn ich an den vorgesehenen Präventionsgewahrsam in Polizeigesetzen denke, an den inzwischen durchsichtigen Bürger und die Vernetzung der Ämter. Unter dem Vorwand der Terrorismus- und Extremismusbekämpfung werden Handlungen kriminalisiert, die noch nicht mal gedacht worden sind. Das Ergebnis: Persönlichkeitsrechte werden abgebaut, demokratische Rechte beschnitten. Die abhängigen Medien manipulieren im "Staatsinteresse". Die Bürokratie treibt ihre Blüten, vom Gesetzgeber bis zu den Behörden und Verwaltungen.

Ich frage, ist dieser Staatszustand nicht wesentliche Ursache für das Anwachsen rechter Bewegungen, wie Pegida, AfD etc.? Für den Anschluss Unzufriedener an solche Bewegungen, wie jüngst in Chemnitz und anderswo? Wieso verhalten sich so viele Menschen so würdelos und laufen rechten Rattenfängern hinterher?
Weil sie von Staats wegen so würdelos behandelt werden!

Liebe Freunde, Genossinnen und Genossen! Verehrte Anwesende!
Die Verwerfungen, Missstände und Notlagen werden gegenwärtig nur abgemildert dank des Einsatzes Vieler. Permanenter Appell an Mitmenschlichkeit gehört zu unserem

Alltag. Ehrenamtliche leisten eine immense humanitäre Arbeit. Vereine, Organisationen, Initiativen, Selbsthilfe- und Berufsgruppen sammeln Spenden, opfern Freizeit, lindern die größte Not von Bedürftigen. Die Tafeln z. B., Republik weit organisiert, sind zu einem Inbegriff für Mitmenschlichkeit geworden. Wie toll, selbst die Filialen der Millionäre und Milliardäre beteiligen sich daran. Beruhigen ihr Gewissen. Aber ist ein Leben mit Resten, Almosen und Abfällen ein würdevolles? Sind viele Formen der Mitmenschlichkeit nicht auch Alibi für das offizielle Deutschland, Ausdruck einer in Wirklichkeit verfehlten Politik?
Das reiche Deutschland ist, statt eine angemessen gerechte Umverteilung des Reichtums vorzunehmen, zu einer Bettelgesellschaft verkommen. Und das wird noch als Humanismus eines sozialen Rechtsstaates gefeiert!
Neulich las ich über eine Initiative: "Deutschland rundet auf". Mit dieser Spendenaktion soll "wertloses Kleingeld in faire Chancen für Kinder verwandelt" werden. Beim Einkaufen im Supermarkt wird das lästige Kleingeld für einen guten Zweck gespendet.
Aber es gibt bessere Lösungen, Kindern und Bedürftigen zu helfen, der Würde des Menschen und damit dem Anspruch des Grundgesetzes Rechnung zu tragen. Zur Aufforderung "Deutschland rundet auf" erheben wir unsere Forderung "Deutschland rüstet ab".

Milliarden, die für die Militarisierung des Landes ausgegeben werden, könnten für Schulen und Kitas, sozialen Wohnungsbau, Krankenhäuser, Alterssicherung und... ausgegeben werden. Wie es der Aufruf "Abrüsten statt Aufrüsten" fordert.
Deutschland braucht zu seiner Verteidigung weder neue Rüstungen noch Truppen im Ausland. Statt Krieg nach außen gegen andere Völker und nach innen gegen die eigene Bevölkerung zu führen, braucht es endlich eine Politik der Vernunft und des Friedens. Erst dann werden Menschen in Würde leben können.

Die Würde des Menschen wird erst dann unantastbar sein, wenn die bestehenden Verhältnisse nicht nur angetastet, sondern verändert werden.

**Rede Martina Dost Vorstandsmitglied der GBM e.V., betroffene Langarbeitszeitlose**

Verehrte Anwesende, liebe Freunde,

ich gehöre zu den 20 Prozent der Bevölkerung, die in der BRD in Armut leben und da nicht rauskommen werden. So viel Einwohner hatte die DDR.
Ich wurde schon Mitte 1991 arbeitslos, bin also doppelt so lange ohne bezahlte Arbeit, wie ich nach dem Studium arbeiten durfte. AL bedeutet Verlust einer sinnvollen Tätigkeit, Verlust der Zusammenarbeit im Kollektiv an einer gemeinsamen Aufgabe, Verlust sozialer Kontakte, an deren Stelle sinnlose Beschäftigungen durch Arbeitsamt und Jobcenter traten. Man wird in Trab gehalten mit formalen Terminen, undurchsichtigen und unlogischen Formblättern, Vorschriften, Drohungen, Anträgen - und natürlich durch eigene Bewerbungen, Bewerbungen, Bewerbungen, verbunden mit völliger Erfolglosigkeit der Suche und demütigender Behandlung durch die Mitarbeiter der Ämter, vorwiegend derjenigen, die was mit Geld zu tun haben.
Am Schlimmsten empfinde ich, dass das Geld nicht zum Leben reicht, das bleibt bis zum Lebensende eine Dauerbelastung und wurde längst zur größten psychischen Belastung überhaupt, ich fühle mich nur noch eingezwängt.
In den ersten 10 Jahren träumte ich jede Nacht, ich hätte Arbeit, und fand Aufwachen belastend.

Ich bekam vom Arbeitsamt oder Jobcenter nie eine Arbeit angeboten, auch keine ABM oder Umschulung, um diese müssen sich Akademiker selber kümmern. Ich habe zwei Umschulungen und zwei ABM hinter mich gebracht. Sucht man sich als Akademiker eine Umschulung, von der man sich eine reale Chance auf eine Arbeit verspricht, ist man zu alt oder überqualifiziert, man bekommt nie, was man möchte.
Ich wusste anfangs nicht, dass alle Umschulungen niveaulos, unstrukturiert, chaotisch sind, jedenfalls die für Akademiker, dass kein AA sich irgendwie dafür interessiert, was da abläuft. In meiner ersten Umschulung - Management für die GUS - unterrichtete uns ein Mitglied der eigenen Gruppe in Wirtschaftsenglisch, ein arbeitsloser Hauptbuchhalter aus einem Kombinat in Buchhaltung. Die anderen Fächer wurden mit Geschwätz gefüllt bzw. fielen ganz aus. Wir waren alle viel besser ausgebildet als die Wessis, die man uns als Dozenten zumutete und wir waren denen viel zu rot.
Ich hatte dann die Absicht, nochmal zu studieren und bekam an der HS für Sozialarbeit sofort einen Studienplatz. Ich hätte

mit diesem Studium reale Chancen auf einen Job gehabt. Aber ich wusste nicht, dass das Arbeitsamt dann keine „Leistungen" mehr zahlt. Es steht ziemlich wörtlich im Gesetz, dass Arbeitslose keinen Abschluss an einer staatlichen Hoch- oder Fachschule anstreben dürfen. Ich beantragte also Bafög, das wurde abgelehnt, die RLS lehnte ein Stipendium ab, das Sozialamt in Köpenick fühlte sich auch nicht zuständig, obwohl der zuständige Stadtrat ein PDS-Mitglied aus Westberlin war. So erkämpfte ich mir eine Umschulung für den sozialen Bereich, ziemlich hartnäckig, denn ich war mit 42 "zu alt". Da hatten wir jeden dritten Tag andere „Dozenten" - deren erste Frage morgens lautete: Was lernen sie hier eigentlich?
Wir unterrichteten uns noch stärker selber als in der ersten Umschulung, knieten uns in die Literatur, hielten Vorträge, brachten manche Dozenten vor eigenem Ärger zum Heulen und warfen auch welche hinaus.
Die Ausbildung war zum Glück mit einem halbjährigen Praktikum in einer psychosomatischen Klinik verbunden, ich lebte dort auf, und man hätte mich gern übernommen – das durfte der Chef aber nicht, weil sich plötzlich herausstellte, dass die Ausbildung staatlich nicht anerkannt ist. Um solche Kleinigkeiten kümmert sich ein Arbeitsamt natürlich nicht.
Unmittelbar vor der Einführung von Hartz-IV bewarb ich mich nochmal um eine gleiche Umschulung, diesmal mit staatlicher Anerkennung. Ein höherer Mitarbeiter hatte sie mir genehmigt. Kurz darauf ging dieser in Rente – und mir wurde das Geld für die Umschulung, die ich schon begonnen hatte, wieder gestrichen, und so rutschte ich doch in Hartz-IV.
Meine beiden ABM-Stellen, die ich mir erkämpfte, waren sinnfrei, für Details habe ich nicht genug Redezeit. Aber: Umschulungen und ABM nützen nur dem „Träger". Ich war während meiner ersten knapp einjährigen "Ich-AG" bzw. Selbstausbeutung als Malerin selber „Dozentin" an einer Weiterbildungseinrichtung eines Arbeitsamtes: Die Männer verzogen sich in ihre Holzwerkstatt und bauten Vogelhäuser, und ich machte mit den Frauen Handarbeiten. Ich wusste nie, wieviel Geld ich am Monatsende bekomme. Der Chef baute sich ein Einfamilienhaus auf dem teuersten Baugrund dieser Stadt. Die „Träger" bekommen pro Teilnehmer Geld, die Verteilung (und unsere Bezahlung) kontrolliert keiner.

Die existenzgefährdenden Sanktionen, von denen jetzt so oft die Rede ist, gab es schon vor Hartz-IV: Ich fuhr zu meiner Mutter, die sich den Arm gebrochen hatte, versäumte einen Termin um einen Tag, bekam 10 Tage Abzug; man ist verpflichtet, täglich der "Arbeitsvermittlung", die es nicht gibt,

zur Verfügung zu stehen, außer Haus darf man sich nur 21 Tage im Jahr auf Antrag aufhalten und muss sich am Ankunftstag persönlich wieder im Amt melden.
Hartz-IV hat zwei Komponenten: Es gibt den Regelsatz, heute 416 € für Singles, sowie die Kosten der Unterkunft, also die Warmmiete ohne Strom. Von den 416 € zahlt man Strom, Telefon, Internet, Versicherungen, Zeitung, Kontoführung, Vereine usw. und fast alle anderen Lebenshaltungskosten. Bei den KdU ist man der Willkür der Mitarbeiter ausgesetzt. Es gibt Obergrenzen für Miete und für m², für Singles sind das eben nur 50m². Auch, wenn die Miete deutlich unter der finanziellen Obergrenze liegt - das interessiert nicht. Bei mir wurden seit 2004 immer Gründe zum Kürzen gefunden, so dass ich durchgehend einen Teil der Kosten an Miete und Heizkosten, die mir zustehen, vom Regelsatz bezahlen musste. Ich bin kein Einzel- sondern der Regelfall, denn alle „Einsparungen" fließen in den Lohnfonds der Mitarbeiter, genauso wie die existenz-bedrohenden Sanktionen für angebliche Versäumnisse! Im Jahr 2010 kürzte meine Kommune MOL4 mit den Stimmen der Linken diese KdU für die Hartz-IV Empfänger auch noch. Ich wandte mich empört gegen diese Entscheidung an die Chefin der Linken in Seelow, an den Vorsitzenden des Seelower Kreistags, Mitglied der Linken, schickte ihm meinen Armuts-bericht, der als Heft 2 und 8 unseres AK veröffentlicht wurde, ich schrieb an den Petitionsausschuss im Bundestag, ein Linker war Vorsitzender, der reichte es weiter an den Petitionsaus-schuss des Landtages, Vorsitzender ein Linker, es kamen nur Wischi-Waschi- Antworten. Ich war auch beim SPD-Landrat, ein sehr schlichtes Gemüt, den interessiert so was nicht.

Übrigens zieht man den Hartz-IV-Empfängern mit Kindern das Kindergeld vom Regelsatz wieder ab! Seit 14 Jahren streite ich mich mit Widersprüchen und Klagen um die KdU bzw. Wohngeld, vor sechs Jahren reichte ich Klage ein. Und da war mal ein Richter auf meiner Seite: Ich bekam soeben (nach sechs Jahren) eine Nachzahlung – über 600 € - und monatlich ab sofort geringfügig mehr Geld. Das betrifft leider noch nicht die anderen offenen Rechnungen, darunter Kindergeld in Höhe von 616 € seit 20 Jahren, Bewerbungs-kosten, Fahrtkosten, deren Anträge bis heute einfach ignoriert werden. Und: Die Nachzahlung wurde leider nicht aus dem Lohnfonds der Mitarbeiter des Amtes entnommen, denn diese berechnen nur, das Wohngeld kommt vom Land.
Das Jobcenter schickte mich während des Hartz-IV-Bezuges wieder mal in ein Existenzgründerseminar, ich war schon 54. Anschließend spuckte die EU Mittel für uns aus und ich bekam

den „Auftrag", Malerei zu studieren. Es musste ja eine Privatschule sein, auf DDR-Territorium fand ich keine, aber in Bochum. Die Förderung war viel zu gering, denn Fahrgeld und Übernachtung werden nicht gefördert. Das Fernstudium kostete meine letzten Reserven, es dauerte fünf Jahre mit Diplom, das Jobcenter zahlte die relativ niedrigen Studiengebühren nur für zwei Jahre. Ich hätte lieber Zahntechniker, Optiker oder so was gelernt, händeringend gesucht - um arbeiten zu können über die Rente hinaus, da führte kein Weg rein. Während des Studiums wurde ich schwer krank und bekam nach einer Nierenkrebs-OP volle Erwerbsunfähigkeitsrente, - aber nur „wegen der Lage auf dem Arbeitsmarkt". Denn natürlich bin ich nicht arbeitsunfähig. Ich arbeite eben ehrenamtlich in der GBM, und ich male. Mit dieser Rente bin ich schlechter gestellt als mit Hartz-IV und ständig in Panik.

Ich kann jetzt reichlich 200 € monatlich abheben nach Abzug meiner festen Kosten vom Girokonto, trotz Wohngeld, das muss man sich mal auf der Zunge zergehen lassen, das reicht nicht mal fürs Essen. Ich bin zum Glück privat vernetzt, so dass ich nicht zur Tafel gehen muss und total isoliert bin. Müsste ich zur Tafel gehen, hätte ich keinerlei Fahrgeld, es wäre kein Ausflug drin, kein Fahren zu Malmotiven, kein Buch bei ebay, kein Ersatz für Schuhe, keine Fielmann-Brille, sogar Blutdruckmedikamente ließ ich mir ein paar Jahre lang nicht verschreiben, weil ich als EU-Rentnerin plötzlich nicht mehr von den Zuzahlungen „befreit" bin. Ich könnte auch nicht ehrenamtlich arbeiten, wenn ich von der GBM das Fahrgeld nicht zeitnah erstattet bekäme. Jede Rentenerhöhung bedeutet für mich eine reale Verschlechterung der Situation, da sie vom Wohngeld abgezogen wird und die Lebenshaltungskosten trotzdem steigen. Und wenn die Rente mal angeglichen werden sollte, worum sich ja der Anwalt Dr. Helmers bemüht, springen für mich nur etwa 37 € mehr heraus, ein ausreichendes Einkommen kann man nicht einklagen. Auf einmal wollen die Ämter ihren „Aufwand" ersetzt haben, den sie an Porto und Telefonaten haben, wenn man Widersprüche und Klagen einreicht, die Summen suchen sie sich willkürlich zusammen.

Der Wohngeldamtschef schrieb mir, "wer uns Arbeit macht, muss dafür zahlen, das sagt schon der gesunde Menschenverstand". Der geht ihm ja ab und an das Geld kommen sie bei meinem Einkommen nicht ran, ich bezahle das natürlich nicht, aber wie mein Leben wird, wenn mein soziales Netz nicht mehr existiert, weiß ich nicht. Mein Bilderverkauf ist zu gering und das wird sich nie ändern.
Meine Zukunftsaussichten verdränge ich, so gut es geht.

**Willenserklärung** der
Protestveranstaltung des Ostdeutschen Kuratoriums von Verbänden e.V. vom 3. Oktober 2018

Wir, die Teilnehmer der zum zwölften Mal stattfindenden Protestveranstaltung aus Anlass des „Tages der deutschen Einheit" haben uns versammelt, um unser Engagement für Frieden, Menschenrechte, Antifaschismus und Solidarität zu bekunden. Wir fordern die Bundesregierung auf, Artikel 1 des Grundgesetzes „Die Würde des Menschen ist unantastbar" tatsächlich zur Grundlage ihrer Politik zu machen.

Auch nach der Bundestagswahl im September 2017 wird die Politik des Sozialabbaus, der Verteilung des Reichtums zu Gunsten der oberen Schichten, die weltweite Beteiligung an Kriegen und die Faschisierung der Gesellschaft fortgeführt. Für die unteren Schichten und insbesondere großer Teile der ostdeutschen Bevölkerung haben sich achtundzwanzig Jahre nach dem Beitritt und sieben sogenannten freien Wahlen keine wesentlichen Verbesserungen ihrer Lebenslage ergeben. Löhne und Renten im Osten erreichen nach wie vor nicht das Niveau derer in den westlichen Bundesländern. Die Anzahl der Arbeitslosen, Hartz-IV-Empfänger, Teilzeitarbeiter ist ständig gestiegen. In einem der reichsten Länder der Welt wird einer steigenden Anzahl von Menschen nur durch Almosen ein Leben am Existenzminimum gewährt.

**Wir fordern die Regierung auf, ihre Ankündigungen zum Stopp des Sozialabbaues und zur Angleichung der Lebensverhältnisse in allen Bundesländern gemäß Grundgesetz umzusetzen. Insbesondere halten wir die Einhaltung des Versprechens der Kanzlerin zur sofortigen Angleichung des Lohn- und Rentenniveaus in Ost an West für erforderlich.**

Mit besonderer Besorgnis stellen wir fest, dass neofaschistische Umtriebe nicht nur zunehmen, sondern durch die Staatsmacht toleriert werden. Verbrechen der Neofaschisten werden durch die Staatsorgane vertuscht, Untersuchungsausschüsse beschäftigen sich mit sich selbst, die Justiz ist auf dem rechten Auge blind.

**Wir fordern konsequentere Maßnahmen der Regierung gegen jede Erscheinung von Rassismus, der Völkerhetze und des Neofaschismus.**

Mit Empörung stellen wir fest, dass die Militärdoktrin der Bundesregierung nach wie vor darauf ausgerichtet ist, deutsche Soldaten weltweit für die Interessen des Kapitals einzusetzen und den Umfang der Waffenexporte auch in Krisengebiete bedeutend zu erhöhen.

**Wir fordern die Beendigung aller Kriegseinsätze der Bundeswehr und den Stopp aller Waffenexporte.**
Wir stellen fest, dass die Krise des kapitalistischen Systems immer breiter um sich greift. Bundeskanzlerin Angela Merkel ist es zwar noch gelungen, wesentliche Krisenerscheinungen von Deutschland im Interesse des deutschen Kapitals fern zu halten. Demgegenüber sind die von ihr in hohem Grade zu verantwortenden Krisenerscheinungen in den südlichen Ländern Europas verheerend.

**Wir fordern die Beendigung dieser Krisenpolitik und stattdessen Solidarität mit allen von der Krise betroffenen Menschen in allen Ländern.**
Die Durchsetzung dieser Ziele erfordert die nationale und internationale Einheit aller friedliebenden und fortschrittlichen Kräfte.

**Wir setzen uns für Bündnisse aller linken Parteien und Kräfte ein und unterstützen aktiv gemeinsame Aktionen.**

**Anlage 3**
**Wertung des RA zur Klage und Spendenaufruf zur Finanzierung**

**Rechtssatzbeschwerde gegen das Rentenüberleitungs-Abschlussgesetz**
(Zusammenfassung des Rechtsanwaltes)

1. Der Einigungsvertrag (EV), Artikel 30 Absatz 5 Satz 2, hatte geregelt, dass die Rentenüberleitung von der Zielsetzung bestimmt sein soll, mit der Angleichung der Löhne und Gehälter im Beitrittsgebiet an diejenigen in den übrigen Ländern auch die Angleichung der Rente zu bewirken.

Das bedeutete keine sofortige Gleichheit, sondern dass für die Herstellung von vollständiger Rechtseinheit, insbesondere aber für die wirtschaftliche Angleichung der Renten an das Niveau der alten Bundesländer, die Grundbedingung galt, zuerst Angleichung der Löhne auf 100 % dann auch der Renten. Der Einigungsvertrag gab hierzu vor, eine **Übergangsregelung** zu bestimmen, die dann in Gestalt der Sonderbewertungsvorschriften gemäß §§ 254b, 254d, 255a und 256a SGB VI (besondere Rentenformel, niedrigere Beitragsbemessungsgrenze, niedrigerer Rentenwert) bzgl. von in der DDR und im Beitrittsgebiet erworbenen Rentenansprüchen und -anwartschaften ab 1.1.1992 in Kraft trat und danach weitgehend unverändert blieb.

Dabei nahm man seinerzeit und noch Jahre später eine mittelfristige Dauer der Angleichung der Löhne und der darauf folgenden Rentenangleichung (also höchstens 10 bis 15 Jahre) an, zumal es in den ersten Jahren deutliche Annäherungsschritte gab.

Diese Annahme erwies sich nachfolgend jedoch aus mehreren Gründen als falsch. Der Angleichungsprozess bei den Löhnen verlangsamte sich erheblich und stagnierte zwischenzeitlich.

Demnächst vollendet sich das 28. Jahr der staatlichen Wiedervereinigung. Wir haben im Osten noch immer ein erheblich niedrigeres Lohnniveau. Es ist nicht absehbar, ob und wann es überhaupt ein gleiches Lohnniveau geben wird.

Ganze Rentnergenerationen haben daher die vollständige Rentenangleichung nicht erlebt. Sie wurden und werden durch die Aufrechterhaltung der Sonderbewertungsvorschriften erheblich benachteiligt (gegenwärtig vergleichsweise durchschnittlich um ca. 100,- EUR monatlich).

Rückschauend auf den Zeitpunkt des Abschlusses des EV hat sich die der damaligen Entscheidung zugrundeliegende Sachlage also wesentlich verändert. Die mit der DDR vertraglich vereinbarte und den Sonderregelungen des SGB VI zugrunde liegende Grundbedingung führt wahrscheinlich nie zur Rechtseinheit und Rentenwertgleichheit.

Das ist seit längerem für den Gesetzgeber erkennbar gewesen. Er war daher gehalten, den Rahmen zur baldigen Herstellung von vollständiger Rechtseinheit zu regeln, um die zeitweilige Übergangsregelung nicht zu einer **Dauerregelung** werden zu lassen.

2. Das am 1.7.2017 verkündete Rentenüberleitungs-Abschlussgesetz ändert nun die auf dem Einigungsvertrag fußenden o.g. Sonderregelungen für unterschiedliches Rentenrecht zwischen alten Bundesländern und dem sog. Beitrittsgebiet dahingehend ab, dass einheitliche Rentenwerte erst in 2024 erreicht und die rentenwirksame Höherbewertung der niedrigeren Arbeitsverdienste nach Anlage 10 SGB VI in 2025 aufgehoben werden.

Damit wurde der Angleichungsprozess um weitere 8 Jahre hinausgeschoben, denn die zwar stufenweise ausgestalteten Sondervorschriften gelten bis dahin prinzipiell weiter.

Die Ungleichheit, also die gesetzliche Schlechterstellung der Rentenversicherten (vornehmlich der Rentner), und die unterschiedlichen Rechtssysteme werden mindestens noch 8 Jahre (ungewiss ist, ob dieser Prozess noch einmal verlängert wird) weiter fortbestehen.

Jemand der 1990 Rentner wurde, müsste über 100 Jahre alt werden, um Renteneinheit und –gleichheit zu erleben. Die „Übergangsfrist" beträgt dann fast 35 Jahre.

3. Es ist von Gesetzes wegen statthaft, unmittelbar gegen die Vorschriften des Rentenüberleitungs-Abschlussgesetzes eine Rechtssatz-Verfassungsbeschwerde beim Bundesverfassungsgericht (BVerfG) einzulegen. Eine solche Rechtssatz-Verfassungsbeschwerde zielt auf die Feststellung der Nichtigkeit der angegriffenen Sondervorschriften bzw. darauf, dass das BVerfG den

Gesetzgeber (Bundestag und Bundestag) beauflagt, unverzüglich eine verfassungsgemäße Regelung herbeizuführen.

Eine Rechtssatzverfassungsbeschwerde bedarf nicht – wie sonst gefordert – der Erschöpfung des fachgerichtlichen Rechtsweges, weil es an einem solchen gegen einen Hoheitsakt des Gesetzgebers fehlt.

Die Rechtssatzverfassungsbeschwerde ist innerhalb eines Jahres nach Inkrafttreten des Gesetzes einzulegen. Mit Blick auf dessen Verkündung ist im Zweifel von einem Ablauf dieser Frist zum 30.6.2018 auszugehen.

Daneben bestehen ähnliche hohe Zulässigkeits- und Annahmehürden wie bei jeder anderen Verfassungsbeschwerde, hier insbesondere die Darlegungslast hinsichtlich der unmittelbaren und gegenwärtigen Selbstbetroffenheit des Beschwerdeführers und der Notwendigkeit einer Sofortentscheidung. Dafür sprechen einerseits der Umstand, dass es keines Vollzugsaktes (etwa Rentenbescheides) bedarf, um beim Beschwerdeführer grundrechtsverletzende Rechtswirkungen zu erreichen, andererseits die allgemeine Bedeutung der Verfassungsbeschwerde und die Dringlichkeit der Klärung der mit ihr aufgeworfenen verfassungsrechtlichen Fragen.
Im Hinblick auf ihre Begründetheit kann die Verfassungsbeschwerde auf die Rüge der Verletzung des Gleichheitsgebotes nach Art. 3 Abs. 1 GG (der Gesetzgeber bewirkt die fortgesetzte Schlechterstellung der Gruppe des Beschwerdeführers ohne hinreichenden sachlichen Grund und unverhältnismäßig) sowie auf die Verletzung der allgemeinen Handlungsfreiheit gemäß Art. 2 Abs. 1 GG in Verbindung mit dem Rechtsstaatsprinzip gemäß Art. 20 Abs. 3 GG gestützt werden (der Gesetzgeber verletzt den vom BVerfG entwickelten Grundsatz der Normenwahrheit, wenn er mit den hinausschiebenden Vorschriften des Rentenüberleitungs-Abschlussgesetzes die Übergangsregelung faktisch in eine Dauerregelung abwandelt).

4. Die Rechtssatzverfassungsbeschwerde gegen das Rentenüberleitungs-Abschlussgesetz gibt nicht nur die Möglichkeit, den politischen Kampf gegen Rentenungleichheit und zur Herstellung eines einheitlichen und gerechten Rentenrechts *juristisch zu begleiten*.

Vielmehr eröffnet sich damit wohl letztmalig die Chance, getragen von einem breiten Bündnis vieler (betroffener) Unterstützer und über einzelne Partikular- und Gruppeninteressen hinaus, den berechtigten Interessen von über 4 Millionen Versicherten im Grundkonflikt der Rentenüberleitung (quasi unter dem „kleinsten gemeinsamen Nenner") vor dem höchsten Gericht der Bundesrepublik (und damit außerhalb der politischen Entscheidungsträger) mit der Verfassungsfrage effektiv Geltung zu verschaffen und im Erfolgsfall eine schnellere Beseitigung von Rentenungleichheit zu erzwingen. ...

**Spendenaufruf des**
**Ostdeutschen Kuratoriums von Verbänden e.V.**

Nutzen wir die Chance, Rentengerechtigkeit vor 2025 herzustellen!

Mit Einigungsvertrag vom 20. 09. 1990 wurde in Artikel 30 "Arbeit und Soziales", Absatz 5, bestimmt:
*„Im Übrigen soll die Überleitung von der Zielstellung bestimmt sein, mit der Angleichung der Löhne und Gehälter in dem in Artikel 3 genannten Gebiet an diejenigen in den übrigen Ländern auch eine Angleichung der Renten zu verwirklichen."*

Auch nach 28 Jahren der staatlichen Vereinigung ist diese Angleichung nicht erfolgt. Nach dem 2017 beschlossenen „Gesetz über den Abschluss der Rentenüberleitung (Rentenüberleitungs-Abschlussgesetz)" wird erst ab dem Jahr 2025 für die erworbenen Rentenanwartschaften einheitliches Recht in ganz Deutschland gelten. Mit diesem Gesetz wird die bestehende Ungerechtigkeit noch für weitere Jahre festgeschrieben. Viele Rentnerinnen und Rentner werden aus biologischen Gründen diese Rentenangleichung nicht mehr erleben.

Nach unserer Auffassung ist das Rentenüberleitungs-Abschlussgesetz verfassungswidrig. Zur Überprüfung der Verfassungsmäßigkeit kann das Bundesverfassungsgericht (BVerfG) mit einer Verfassungsbeschwerde (Rechtssatz-Verfassungsbeschwerde) angerufen werden.

Auf Initiative des Ostdeutschen Kuratorium von Verbänden e.V. (OKV) haben sich Betroffene bereit erklärt, mit entsprechenden Beschwerden an das BVerfG zu wenden. Die Beschwerden sind als Einzelbeschwerden innerhalb eines Jahres, bis zum 30. 06. 2018, beim BVerfG eingereicht worden. Sie sind mit hohen finanziellen Aufwendungen verbunden (RA-Gebühren u.a. Kosten).

Das Anliegen wird solidarisch unterstützt von der Eisenbahnergewerkschaft (EVG).

**Anlage 4**
**Aktenzeichen der RSB sowie Wertung der Ergebnisse der Rechtssatzbeschwerde (RSB)**

Unter den Aktenzeichen 1BvR1375/18-1BvR1378/18 sind die vier Verfassungsbeschwerden gegen das Rentenüberleitungs-abschlussgesetz beim Bundesverfassungsgericht registriert worden.
**Gewertet wurde das Ergebnis der Rechtssatzbeschwerde** wie folgt:

Wir haben uns diesem Thema, der Vielfalt der rentenrechtlichen Benachteiligungen gewidmet und Rechtssatzbeschwerden gegen das Rentenüberleitungs-abschlussgesetz initiiert. Das war ein Thema, welches im Interesse aller 25 Verbände des Ostdeutschen Kuratoriums lag.

Alle Verbände des OKV haben einstimmig eine Unterstützung dieser Rechtssatzbeschwerden durch

- Spenden für die Kosten durch den jeweiligen Verband und/oder
- Spendenaufruf an die Mitglieder des jeweiligen Verbandes und/oder
- Unterstützung dieser Anliegens durch die Kommunikation über ihre Mitglieder auch an Sympathisanten und /oder
- Veröffentlichung dieser Anliegen in ihren verbandseigenen Medien

beschlossen und umgesetzt. In deren Ergebnis konnte der Präsident des OKV berichten:

Über die Nichtannahme der Rechtssatzbeschwerde durch das Bundesverfassungsgericht haben wir informiert. War das Herantragen dieses Unrechts an das Bundesverfassungsgericht nutzlos und "herausgeschmissenes Geld"? Nein!

Wir gemeinsam haben diesen Schritt erneut unternommen, nicht nur, um uns keinen Vorwurf machen zu lassen, nichts unversucht getan zu haben.
Wir haben auf einige fundamentale ungelöste Fragen aufmerksam gemacht. Unmittelbar nach dem Einreichen der Rechtssatzbeschwerden hat sich die Politik mit Rentenfragen beschäftigt. Ungewöhnlich wurde dies sogar in der Sommerpause getan. Unzureichend und nur kleine Bröckchen der angemahnten Verbesserung wurden schon am 1.1.2019 wirksam.

Das Bundesverfassungsgericht hat sich vor seiner Verantwortung gedrückt und der Politik nicht gesagt, Eure neu verabschiedeten Gesetze widersprechen dem Grundgesetz der Bundesrepublik. Es hat die Beschwerden nicht angenommen und uns in diesen Fragen ausschließlich den politischen Weg übrig gelassen.

Die Politik begreift angesichts des Abwanderns der Wählerschaft in Richtung AfD, dass eine der Ursachen das seit 1990 bestehende "organisierte Abhängen" des Ostens ist. Politiker begreifen zum Teil, wenn sie sich gegen ein Trennen in Ost und West wenden, dass sie es selbst sind, die diese Trennung weiter betreiben - und das Volk diese Verlogenheit merkt und nicht verzeiht.
Ein Rentenpunkt Ost, den nach heutigen Recht begrifflich ein Bürger noch 2070 auf seinen Belegen ausgewiesen werden wird, zementiert neben anderem eine solche Spaltung.
Die Teilung in "höherwertig" und "minderwertig", das ist die vermittelte Botschaft. Auch CDU-Politiker sagen heute, die Rentenpunkt-Grenze währt schon heute länger als die Berliner Mauer als Trennlinie zwischen Ost und West. Für diese Trennung kann man nicht dem Osten die Schuld in die Schuhe schieben, wie man es bei so Vielem tut.

Was haben wir noch erreicht? Wir haben Bündnispartner gefunden. Wir haben dieses Unrecht in das Bewusstsein Vieler wieder hineingetragen. Wir haben gezeigt, wir lassen uns nicht unterkriegen.

Wir wollen nichts anderes, als das, was das Grundgesetz gebietet. Gleichheit vor dem Gesetz und soziale Gerechtigkeit. Gegen die Verletzung dieser Forderungen im GG – und noch weiterer haben wir uns gewehrt - und wehren uns lautstark und ungebrochen weiter!

Ganz großer Dank gilt all unseren fleißigen Aktivisten, denen es gelungen ist, mit der Sammlung der Gelder für die Finanzierung der vier Rechtssatzbeschwerden ein solch herausragendes Ergebnis zu erreichen! Die Nettokosten der Rechtssatzbeschwerden wurden durch die Spenden komplett getragen. Die Bruttokosten werden voraussichtlich durch den Spendenbeitrag der Eisenbahnergewerkschaft gedeckt werden. Das ist ein ganz herausragendes Ergebnis, das angesichts unserer altersbedingten und strukturellen Fragen nicht hoch genug gewürdigt werden kann. Allen an dieser Stelle nochmals herzlichen Dank!

**Anlage 5**

Schreiben des BVerfG zur Nichtannahme der Rechtssatzbeschwerden

Abschrift

**BUNDESVERFASSUNGSGERICHT**

**- 1 BvR 1376/18 -**

In dem Verfahren
über
die Verfassungsbeschwerde

des Herrn [redacted]

- Bevollmächtigter: Rechtsanwalt Dr. Bernfried Helmers,
Hultschiner Damm 52, 12623 Berlin -

gegen

1. Artikel 1 Nummer 13 in Verbindung mit Artikel 12 Absatz 1, Artikel 1 Nummer 17 in Verbindung mit Artikel 12 Absatz 3 und Artikel 1 Nummer 21 in Verbindung mit Artikel 12 Absatz 3 des Gesetzes über den Abschluss der Rentenüberleitung (Rentenüberleitungs-Abschlussgesetz) vom 17. Juli 2017 (BGBl I S. 2575),

2. § 254b Absatz 1, § 255a und § 255c des Sechsten Buches Sozialgesetzbuch - Gesetzliche Rentenversicherung (SGB VI) - in der Fassung der Bekanntmachung vom 19. Februar 2002 (BGBl I S. 745), zuletzt geändert durch Artikel 1 des Gesetzes vom 17. Juli 2017 (BGBl I S. 2575)

hat die 1. Kammer des Ersten Senats des Bundesverfassungsgerichts durch
den Vizepräsidenten Kirchhof,
die Richterin Ott
und den Richter Christ

gemäß § 93b in Verbindung mit § 93a BVerfGG in der Fassung der Bekanntmachung vom 11. August 1993 (BGBl I S. 1473)
am 31. Oktober 2018 einstimmig beschlossen:

Die Verfassungsbeschwerde wird nicht zur Entscheidung angenommen.

Von einer Begründung wird nach § 93d Abs. 1 Satz 3 BVerfGG abgesehen.

Diese Entscheidung ist unanfechtbar.

Kirchhof Ott Christ

**Anlage 6**
**Ausgewählte Schreiben an potenzielle Bündnispartner der RSB und deren Mitwirkung**

Mail an Dietmar Polster, EVG, vom 18.4.2017

Lieber Dietmar Polster,
ich las heute im ND, S. 4 den Artikel von Hendrik Lasch, der sich u.a. auf den Rentenkampf der DDR-Eisenbahner unter der Eisenbahn- und Verkehrsgewerkschaft bezieht. Dein Standpunkt des Erfordernisses der besseren Vernetzung der Betroffenen sowie des gemeinsamen Handelns für Rentengerechtigkeit aller, in ganz verschiedener Weise Betroffenen, hat mir sehr gefallen. Ich wende mich an Dich in der Frage des **am 1.7.2017 in Kraft** getretenen **Rentenüberleitungs-Abschluss-gesetzes**. Mit diesem Gesetz werden das Gleichheitsgebot, das Rechtsstaatlichkeitsprinzip und der Grundsatz der Normenwahrheit verfassungsrechtlich verletzt. Es bestünde die **Chance bis zum Ablauf eines Jahres** eine Verfassungsbeschwerde gegen das erlassene Gesetz beim Bundesverfassungsgericht zu erheben. Es handelt sich um eine **Rechtssatzbeschwerde**. Diese bedarf nicht der Erschöpfung des Rechtsweges, d.h. ein Durchlaufen der Instanzen gibt es hierbei nicht, weil es sich um einen Hoheitsakt des Gesetzgebers handelt.
Es handelt sich um eine Rentenungerechtigkeit, die Ostdeutsche als Gesamtheit betreffen. Das Rentenüberleitungs-Abschlussgesetz sollte sinnvollerweise nicht von dem Kreis der Betroffenen nach §§ 6 und 7 AAÜG angefochten werden. **Die Chancen würden sich in dem Fall deutlich vermindern.** Unser Rechtsanwalt Dr. Bernfried Helmers hat klare Vorstellungen von der Klageschrift und würde die Aufgabe übernehmen. ISOR e.V. und OKV e.V. könnten sich bei Erfordernis beteiligen.
Das Anliegen ist weder Kernaufgabe von uns noch von Euch. **Es betrifft alle Ostdeutschen**. Mit dem Rentenüberleitungs-Abschlussgesetz will man einen Schluss-Strich unter die Diskussionen um Rentenungerechtigkeiten im Osten ziehen. Insofern betrifft es mittelbar auch unsere spezifischen Regelungen und Interessen der Beseitigung der Rentenungerechtigkeiten. Es betrifft u.a. sowohl die Eisenbahner der DDR als auch uns, diejenigen, die bei der Rentenberechnung auf maximal einen Rentenpunkt begrenzt werden. Inwieweit sich die Partei DIE LINKE auch dafür einsetzt, ist mir nicht bekannt. Ich habe Matthias Birkwald

angefragt. Diese Frage der verfassungsrechtlichen Klage gegen das Rentenüberleitungs-Abschlussgesetz ist so übergreifend, dass die Aspekte der Unterschiedlichkeit der Interessen, die im obengenannten Artikel seitens Klaus-Dieter Weißenborn benannt werden, nicht gegeben sind. Hier wäre eine Möglichkeit eines Starts des gemeinsamen Handelns. Sofern Eurerseits Bereitschaft besteht, sollte abgestimmt auf die weiteren Partner zugegangen werden.

beste Grüsse sendet Ihnen
Joachim Bonatz

**Mail an Mitglieder des Bundestages der Partei DIE LINKE**

Dank für das bisherige Engagement für Rentengerechtigkeit durch die Partei DIE LINKE und die eindeutige klare Antwort auf die gemeinsame Erklärung (siehe auch 3/2018 ISOR aktuell) durch Genossen Matthias Birkwald.

Ihnen zur Kenntnis. Wir schreiben die Bundestagsabgeordneten der FDP, SPD, CDU/CSU und die Grünen an und bitten diese persönlich um Kenntnisnahme und um ein Eintreten für die Beseitigung des Trennenden zwischen OST und West.

Dabei zitieren wir u.a. auch den Koalitionsvertrag:
„Wir wollen, dass **Deutschland ein wirtschaftlich starkes und sozial gerechtes Land** ist – und dass **alle daran teilhaben**."

„Wir honorieren **Lebensleistung und bekämpfen Altersarmut**: Einführung einer Grundrente 10 Prozent über der Grundsicherung für alle, die ein Leben lang gearbeitet haben, unter Einbeziehung von Kindererziehungs- und Pflegezeiten."

Natürlich stehen für uns Fragen zu einer Politik der Erhaltung des Friedens im Vordergrund. Ohne Frieden sind soziale Leistungen unbedeutend und in die Herrschaftsregel „Brot und Spiele" einzuordnen. Aggression in Worten und Taten, Änderungsbestrebungen im Grundgesetz, um auch außerhalb eines Verteidigungsfalls militärische Aktionen führen zu können, Versuche der Entmachtung des Parlaments, dürfen nicht akzeptiert werden. Vergleiche auch Arbeitspapier zur Sicherheitspolitik 2/2018 (Anlage) der Bundesakademie für Sicherheit, verfasst vom persönlichen Referenten des Präsidenten der Akademie.

Anlage: gemeinsame Erklärung (Dateianhang) vom 24.1.2018 durch:

Präsidium des Ostdeutschen Kuratoriums e.V., Präsident **Dr. Matthias Werner,**
Initiativgemeinschaft zum Schutz der sozialen Rechte ehemaliger Angehöriger bewaffneter Organe und der Zollverwaltung der DDR e.V., (ISOR), Vorsitzender **Horst Parton**,

Gesellschaft zur rechtlichen und humanitären Unterstützung e.V. (GRH), Vorsitzender GRH **Hans Bauer**, Vizepräsident des OKV,
Gesellschaft zum Schutz von Bürgerrecht und Menschenwürde e.V. (GBM), Vorsitzende GBM **Helga Hörning**, Vizepräsidentin des OKV,
Verband zur Pflege der Tradition der Nationalen Volksarmee und der Grenztruppen der DDR e.V., Vorsitzender **Manfred Grätz**,
Bündnis für soziale Gerechtigkeit und Menschenwürde e.V. (BÜSGM), Vorsitzender **Gert Julius,**

Matthias W. Birkwald
Mitglied des Deutschen Bundestages

Matthias W. Birkwald, MdB, Platz der Republik 1, 11011 Berlin

**Bündnis für soziale Gerechtigkeit und Menschenwürde (BüSGM)**
Domnauer Straße 14

12105 Berlin

Berlin, 19.02.2018

**Matthias W. Birkwald MdB**
Platz der Republik 1
11011 Berlin

Telefon: +49 30 227-71215
Fax: +49 30 227-76215

matthias-w.birkwald@bundestag.de

**Wahlkreisbüro:**
Severinswall 37
50678 Köln

Telefon: +49 221 53097840
Telefax: +49 221 53097855

matthias-w.birkwald@wk.bundestag.de

**Bürgerbüro Rhein-Erft-Kreis**
Im Spürkergarten 38-40
50374 Erftstadt-Liblar

Telefon: +49 2235 17039-92
Telefon: +49 2235 17039-90

matthias-w.birkwald.wk03@bundestag.de

Mitglied des Deutschen Bundestages
Parlamentarischer Geschäftsführer

Rentenpolitischer Sprecher der
Bundestagsfraktion DIE LINKE

Sehr geehrte Damen und Herren, lieber [handschriftlich],

danke für Ihren Brief, den ich gern – auch im Namen meiner Fraktionskolleginnen und Fraktionskollegen – beantworte.

Auch ich habe die Entscheidung des Bundesverfassungsgerichts Mitte Dezember 2017 mit Enttäuschung zur Kenntnis genommen. Ich kann mir vorstellen, dass die Mitglieder Ihres Verbandes sowie alle anderen Betroffene entsetzt darüber sind, dass die Ungerechtigkeiten bei der Rentenüberleitung immer noch nicht abgeschafft werden.

Wie Sie sicherlich wissen, kämpft DIE LINKE. – genauso wie vormals die PDS – für Gerechtigkeit für die Menschen in Ostdeutschland. Es ist eine soziale Demütigung, dass die Ost-Löhne im 28. Jahr der deutschen Einheit immer noch rund 20 Prozent unter den westdeutschen Löhnen liegen.
Auf allen Deutschlandkarten zeichnet sich bei Arbeitslosigkeit, Vermögen, Einkommen oder Wirtschaftskraft die DDR ab, weil die Unterschiede zwischen Ost und West immer noch gravierender sind als andere innerdeutsche Disparitäten.

Wir kämpfen gegen die Hinhaltepolitik der Regierungsparteien und geben den ostdeutschen Interessen im Bundestag eine Lobby. Gleiche Löhne und Renten für gleiche Arbeit und Lebensleistung sind unser oberstes Ziel für eine wirkliche deutsche Einheit.

Als einzige im Bundestag vertretene Partei hat DIE LINKE. (wie vorher die PDS) gegen das Unrecht bei der Überführung von DDR-Rentenanwartschaften gekämpft.
Wir haben auch in der vergangenen Legislaturperiode immer wieder parlamentarische Anträge im Bundestag zur Abstimmung gestellt, mit denen das Versorgungsunrecht, die Überführungslücken und die Strafrenten beseitigt werden sollten.

Selbstverständlich müssen die als politisches Strafrecht empfundenen Sanktionen bei als staatsnah eingestuften Personen und allen beim Ministerium für Staatsicherheit Beschäftigten unverzüglich aufgehoben werden.

Diese Eingriffe in die Rentenformel halten wir für politische Willkür, die sofort abgeschafft werden muss.

Ich kann Ihnen versichern, dass DIE LINKE. auch in dieser Legislaturperiode weiter gegen dieses Rentenstrafrecht kämpfen wird. Es hat sich ja mit der Nichtannahme der beiden Klagen letztes Jahr sowie weiterer einschlägiger Entscheidungen des Bundesverfassungsgerichts gezeigt, dass der Rechtsweg nicht unbedingt erfolgsversprechend ist. Aus meiner Sicht es deswegen erfolgsversprechender, eine politische Lösung herbeizuführen. Dahingehend kann ich Sie unserer Unterstützung versichern.

Ich möchte Ihnen gleichzeitig empfehlen, sich konkret und persönlich an die Abgeordneten der anderen Parteien in den jeweiligen Wahlkreisen Ihrer Mitglieder zu wenden und für Ihr Anliegen zu werben.

Somit könnten Sie die Schlagkraft Ihrer Mitgliedsverbände optimal nutzen, um sich bei den anderen voraussichtlichen Oppositionsparteien sowie den voraussichtlichen Koalitionsparteien Gehör zu verschaffen.

**Für Ihre weitere politische Arbeit wünsche ich Ihnen viel Erfolg!**

Mit freundlichen Grüßen,

M.W. [signature]

Ihr Matthias W. Birkwald

Der Vorsitzende der EVG Sachsen, Dietmar Polster, wurde durch mich kontaktiert und hat Kontakt mit der IG der Eisenbahner Brandenburg R. Warias aufgenommen. Die IG tagt am 4.6.2018 und will dieses Vorhaben unterstützen sowie voraussichtlich auch einen Kläger finden und finanzieren.
J. Bonatz

Gert Julius, Vorsitzender von BÜSGM (Bündnis für soziale Gerechtigkeit und Menschenwürde e.V. (BÜSGM)), buesgm@online.de hat als Vertreter ehemaliger hoher Gewerkschaftsfunktionäre den DGB und ver.di angeschrieben und um Mitwirkung gebeten. Zugleich und mit analogem Wortlaut wurden Matthias Birkwald, Gregor Gysi und andere Vertreter der Partei die Linke angeschrieben. Matthias Birkwald hat geantwortet.

Der Präsident des OKV e.V., Dr. Matthias Werner, hat die Vorsitzende des Landesverbandes Berlin der Volkssolidarität Dr. Heidi Knake-Werner und den Präsidenten und Vorsitzenden der Volkssolidarität Dr. Wolfram Friedersdorff angesprochen. Es fand ein interessantes Gespräch statt und unsere Bitte, uns durch eigene Aktionen in diesem Sinne zu unterstützen, wurde dankenswerterweise umgesetzt.

**Schreiben an die Präsidiumsmitglieder des OKV**
Liebe Freunde,

ich habe heute in der OKV-Post ein Schreiben von Dietmar Polster erhalten. Ich habe nach dem Lesen bei der Heimfahrt gleich bei Ankunft daheim die Seiten fotografiert, um diese weiterleiten zu können.

Dietmar Polster hat einen Standpunkt zum Beschluss des Bundesverfassungsgerichts "Nichtannahme" der Klage zum Abschluss der Rentenüberleitung geschrieben. Der Standpunkt stammt von der EVG und der IGDR. Dieser Standpunkt wurde versandt an

- die Bundesregierung,
- die Fraktionen der Parteien im Deutschen Bundestag,
- DGB Bundesvorstand,
- DBB Bundesvorstand,
- EVG Bundesvorstand,
- OKV e.V.

Ich werde morgen bei der OKV-Präsidiumssitzung den Brief z.K. geben und eine Antwort (Danke) empfehlen.

Joachim Bonatz

**TASK FORCE** / Altersversorgung Deutsche Reichsbahn

**EVG**
**E**isenbahn und **V**erkehrs**g**ewerkschaft Landesverband Senioren Sachsen

**IGDR**
**I**nteressen**g**emeinschaft von ehemaligen Angehörigen **D**eutschen **R**eichsbahn (DR)

**Ostdeutsches Kuratorium von Verbänden Franz-Mehring-Platz l 10243 Berlin**

Dietmar Polster Ferdinand-Avenarius-Straße 5 01277 Dresden,
Volkmar Hornfischer Am Stadtpark 5 10367 Berlin

Dresden/Berlin 16.03.2019

Sehr geehrte Damen und Herren,

als Anlage ist unser STANDPUNKT zum Beschluss des Bundesverfassungsgerichtes über die Verfassungsbeschwerde - 1 BvR 1878/18, gegen das Gesetz über den Abschluss der Rentenüberleitung (Rentenüberleitungs-Abschlussgesetz) vom 17. Juli 2017 (BGBL/S. 2575), beigefügt.

Wir bitten um Kenntnisnahme im Hinblick der Verwirklichung der Denkschrift zum Einigungsvertrag.
Wir regen an, ein Treffen zur Erörterung weiter Initiativen unter der Leitung des Kuratoriums.

Dietmar Polster
Sprecher LVS und Task Force

gez.: Volkmar Hornfischer Sprecher IGDR und Task Force
**Task Force Altersversorgung Deutsche Reichsbahn**
Sprecher: Dietmar Polster, Fon: 0174 9236648, Mail: Dietmar.Polster@evg-mail.org , Ferdinand-Avenarius-Straße 5 01277 Dresden, Fon: 0174 9236648, Volkmar Hornfischer Am Stadtpark 5 10367 Berlin, Fon: 030 6319275

Dresden/Berlin 11.03.2019

**STANDPUNKT zum Beschluss des Bundesverfassungsgerichtes über die Verfassungsbeschwerde -1 BvR 1878/18 -**

**gegen**

**das Gesetz über den Abschluss der Rentenüberleitung (Rentenüberleitungs-Abschlussgesetz) vom 17. Juli 2017 (BGBL / S. 2575).**

Die 1. Kammer des Ersten Senates des Bundesverfassungsgerichts (BVerfG) hat am 31. Oktober 2018 einstimmig beschlossen: „Die Verfassungsbeschwerde wird nicht zur Entscheidung angenommen. Von einer Begründung wird nach § 93 d Abs. 1 Satz 3 BVerfG abgesehen. Diese Entscheidung ist unanfechtbar."

Pointiert ist diese Nichtannahme ein höchst kritikwürdiger Akt, der im Widerspruch zum Gebot der Verwirklichung der Denkschrift zur Deutschen Einheit steht, Zitat (Auszug): ...ausgehend von dem Wunsch der Menschen in beiden Teilen Deutschland, gemeinsam in Frieden und Freiheit in einem rechtsstaatlich geordneten, demokratischen und sozialen Bundesstaat zu leben..."

Was besagt die Definition der Nichtannahme? Gemäß dem bundesdeutschen Staatsrecht wurde damit keine Entscheidung über die in der Sache gerügte Grundrechtsverletzung getroffen. Die Verfassungsbeschwerde bleibt unentschieden (Horst Bäcker DAS BUNDESVERFASSUNGSGERICHT / Bundeszentrale für politische Bildung).

**Zu beantworten ist die Frage, warum entscheidet das BVerfG auf Nichtannahme?**

Recherchen deuten darauf hin, dass das BVerfG zur Thematik der Renten- und Versorgungsgerechtigkeit im Prozess der Überleitung in Bundesrecht - für bis dato noch immer bestehende Rechtsverletzung - die Politik als Verursacher und somit als Verantwortungsträger in der Pflicht sieht.
Den notwendigen Korrekturen in Umsetzung des Rechts will das BVerfG nicht vorgreifen. Konkretisierend in der Sache ist dafür die Feststellungsklage zur Gewährung der Versorgungsleistungen gemäß der Altersversorgung der Deutschen Reichsbahn, am Sozialgericht Dortmund am 13.11.2011.

Das Gericht stellte darauf ab. dass keine Rechtssprechungsbefugnis vorliegt, was jedenfalls so lange gilt, als es an der Umsetzung der bereits dem Grunde nach gesetzlich- und tarifrechtlich geregelten Auflagen im Prozess der Wiedervereinigung mangelt.

Gestützt auf Proteste von Betroffenen. Entscheidungen von Gerichten und Einflussnahme von Mitgliedern des Deutschen Bundestages, erging bereits 1993 die erste Novellierung des RÜG mit dem RÜG-Ergänzungsgesetz.

1996 folgten mit dem 1.AAÜG -Änderungsgesetz weitere erhebliche Korrekturen von Fehlentscheidungen.
Von wesentlicher Bedeutung in der Sache waren die Urteile des BVerfG 1999 in Vorlage- und Verfassungsbeschwerden über Zusatz- und Versorgungsordnungssysteme der DDR mit Bindungswirkung für nicht genannte Systeme erhöhter Alterssicherung, unter anderen für Bahn und Post.

In Umsetzung der Auflagen war der Gesetzgeber gehalten 2001 das 2. AAÜG -Änderungsgesetz in Kraft zu setzen. Wesentlich nicht verfassungskonforme Regelungen wurden korrigiert.

**Von Einfluss auf diese Entwicklung waren auch folgende Initiativen:**
Auf seiner 54. Sitzung, am 02. Dezember 1998, nahm der Ausschuss für wissenschaftliche, soziale und kulturelle Rechte der UNO - Zentrum für Menschenrechte - die Schlussbemerkung zu dem 23. und 24. November 1998 behandelten 3. Periodischen Bericht Deutschlands, dem ersten seit der Vereinigung der beiden Deutschlands im Oktober 1990, an.

Schwerwiegend für den Verlauf der Wiedervereinigung Deutschlands ist die Forderung des Ausschusses unter der 36. und 38. Textziffer an den Vertragsstaaten als ein Akt der nationalen Versöhnung zu sichern, die Mitarbeiter des öffentlichen Dienstes, u.a. von Bahn und Post, Fachleute und Wissenschaftler in den Hauptstrom des Lebens in Deutschland adäquat einzubeziehen bzw. ihnen eine faire Rentenregelung (den Erhalt ihres rechtmäßig erworbenen Eigentums in Form von Ansprüchen und Anwartschaften auf Rente und Versorgung) zu garantieren.

Des Weiteren erging das dringende Ersuchen, den Prozess der

Integration zwischen den „beiden Deutschlands" auf allen Ebenen mit dem Ziel zu beschleunigen, die zwischen ihnen noch bestehende Kluft zu reduzieren.

Die von der UNO und den Leiturteilen des BVerfG vom 28. April 1998 zu erwarteten Impulse im Hinblick auf parlamentarischer Lösung zur Schließung der noch bestehenden Gerechtigkeits- bzw. Überführungslücken blieben aus. Nachfolgende Verfassungsbeschwerden in der Sache wurden nicht zur Entscheidung angenommen.

Ebenfalls kritisch zu bewerten ist die Haltung im Bundesrat zum entsprechenden Antrag des Landes Mecklenburg-Vorpommern PS 604/02 vom 27. Juni 2002 und dem Antrag des Landes Berlin. PS 604/2/02 vom 11. März 2003. Der Bundesrat hat in seiner 786. Sitzung am 14. März 2003 beschlossen, die Entschließung nicht zu fassen. Gefolgt wurde dem Mehrheitsbeschluss ohne Antworten auf die Beweisführung zur Rechtslage. Die Rentenanpassung des aktuellen Rentenwertes-Ost (aRW-Ost) an den aktuellen Rentenwert im Jahre 2025, ist des Rechtsstaates Bundesrepublik Deutschland (aRW) unwürdig. Für den seit der Wiedervereinigung - ca. 30 Jahre - noch immer nicht abgeschlossenen Prozess ist zu den Begründungen festzustellen:

- Die Vorbedingung, die Angleichung der Löhne und Gehälter wurde blockiert, insbesondere durch die Behörden, die Banken und die Konzerne. Tatbestand ist, dass bis dato eine „Zweiklassengesellschaft" besteht. Der Unterschied beträgt noch bis zu 1000€.

- Die auf niedrigen Einkommen in der DDR begründete sogenannte Höherwertung (Löhne, Gehälter, Renten) und der Transfers von der Rentenkasse der Bundesrepublik an die Rentenkasse Ost sind Falschinterpretationen.

- Unterlassen wird, dass es um Umbewertung oder Umrechnung der Einkommen, Preise und Kosten des Währungsgebietes DDR an das Währungsgebiet Bundesrepublik geht.

- Die Einkommen, Preise und Kosten wurden durchschnittlich um das 3-fache höher. Fazit: Die Bezeichnung Höherwertung statt Umwertung ist unhaltbar. Bemerkenswert, die Preise waren schon nach 10 Jahren angepasst.

- Inakzeptabel ist die Aussage „Transfers, (bedeutet Zahlungen in das Ausland) von der Rentenkasse an die Rentenkasse Ost". Unterschlagen wird, dass ca. 3 Millionen gut ausgebildete Bürgerinnen und Bürger der DDR der Arbeit in die Altbundesländer nachgezogen sind bzw. pendeln. Sie erwirtschaften ca. 20 Milliarden Euro für die Rentenkasse, die den Neuen Bundesländern zustehen.

- Der als Zuschuss aus der Rentenkasse bezeichnete Transfer an die Rentenkasse Ost ist eine Falschaussage. Konkret ist, dass von den 20 Milliarden Euro noch 6 Milliarden Euro in die Rentenkasse der Bundesrepublik eingehen.

Grundsätzlich ist anzumerken, es kommt nicht darauf an, wo das Bruttosozialprodukt erarbeitet wird, sondern, dass es erarbeitet wird. Beispiel Süd zu Nord. Dementsprechend praktiziert man zwischen den Altbundesländern, zwischen denen auch erhebliche Einkommensunterschiede bestehen, Gleichheit. Einen niedrigen Rentenwert bis zur Erreichung einheitlicher Einkommen - z. Bsp. zwischen Schleswig - Holstein und Bayern hält man für rechtsirrig. Zweifelsfrei ist von der Politik Abhilfe zu schaffen. Wie bei der Methodik zur Einführung des Mindestlohnes, ist die Einführung des aktuellen Rentenwertes und gleicher Lohn für gleiche Arbeit für alle Bundesländer unerlässlich und überfällig.

Resümee:

Wertet man fair -gemäß der Denkschrift des Einigungsvertrages- dann sind die noch bestehenden Gerechtigkeitslücken als markanter Teil der Kluft im wiedervereinten Deutschland, zeitnah zu eliminieren.

An dieser Stelle sei u.a. erinnert an die Verpflichtung der SPD, die 1993 in einem Forum im BE in Berlin, von Frau Ulrike Mascher, Vorsitzende des Ausschusses für AS im Deutschen Bundestag, im Hinblick auf Fehlentscheidungen im RÜG, **verkündet worden ist: „Eine biologische Lösung" wird es mit der SPD nicht geben.**

An die Vielfalt von Initiativen von Verbänden, Gewerkschaften und Bundestagsparteien, die zur Korrektur wesentlicher Fehlentscheidungen im RÜG führten, wie u.a. das RÜG-ErgG 1993, das 1. AAÜG 1996 und 2. AAÜG- ÄndG 2001 ist anzuknüpfen.

Politisch brisant ist, dass die Bundeskanzlerin, Frau Dr. Angela Merkel, den ca. 4 Millionen Rentnerinnen und Rentnern der neuen Bundesländer (NBL) vor nahezu 7 Jahren das Versprechen gab: „Für den Osten darf es keinen finanziellen Bruch geben" (SZ 08/14). Bis dato ist das nicht realisiert. Nahezu 30 Jahre geduldeten sich die Geschädigten im Hinblick auf Gleichbehandlung -wurden sie von Politik und der Judikative hingehalten.

Bereits am 24. November 2016 haben sich die Koalitionspartner verständigt, den a RW (Ost) an den a RW schrittweise bis zum 01 Juli 2024 anzupassen. Die Bundeskanzlerin und die aktuellen Koalitionsparteien haben getäuscht. Ein unstreitbarer Bruch des Koalitionsvertrages (DB, 18. WP DS 18/10862 vom 17.01.2017).

Weitere Anträge in der Sache scheiterten an parteipolitischen Entscheidungen und mit Bezug auf Falschinterpretationen des geltenden Rechts. Letzteres ist auch zutreffend für die Judikative. Das BVerfG entschied in der Sache mit „Nichtaufnahmebeschluss".

Resultierend ist die verfassungsrechtliche Gleichbehandlung der Bürgerinnen und Bürger der Bundesrepublik einzufordern.

Im Focus. die zeitnahe

- Anpassung des aktuellen Rentenwertes Ost an den a RW (Bundesrepublik) durch die Rücknahme der Anpassung in 2025 (35 Jahre nach der Wiedervereinigung) an einen wesentlich früheren Zeitpunkt (2021/22).

- Beendigung der rechtsstaatlichen diskriminierten Behandlung von 17 Berufs- und Personengruppen im Prozess der Überführung ihrer Alterssicherungsansprüche in Bundesrecht; unzweifelhaft ein Komplex in einem Rentenüberleitungs-Abschlussgesetz.

- Beendigung der unverantwortlichen Einkommensunterschiede zwischen den Alt- und Neubundesländern durch parlamentarischen Einfluss, analog wie bei der Durchsetzung des Mindestlohnes.

- Klarstellung zu Entscheidungen der Politik mit einseitigem Bezug auf Mehrheit ohne Bewertung des zugeordneten Rechts.

Beispiel: Beschluss des Deutschen Bundestages vom 17. Februar 2019 auf der Grundlage rechtswidriger Beschlussempfehlung des Petitionsausschusses (BT DS 19 / 7465) zur Abweisung des Anspruches auf Leistung aus dem System AVDR. Die Begründung stützt sich nur auf Falschinterpretationen des geltenden Rechts. Tenor ist die Behauptung, dass die AVDR 1974 in die Sozialversicherung der DDR überführt worden wäre. Negiert wird die Eisenbahner-Verordnung 1973, die Rechtsfortschreibung der AVDR als eigenständiges System in der Rentenverordnung 1979 der DDR und des Einigungsvertrages.

• Der Antrag der AfD und der DIE LINKE, die Petition der Bundesregierung, dem BMinAS zur Erwägung zu überweisen, ist mehrheitlich abgelehnt worden. Eklatant ist, dass es keine Antwort gibt auf die vorgetragenen verletzten rechtlichen Regelungen.

Fazit in dieser Sache ist, dass der erneute Versuch der Enteignung der Altersversorgungsleistungen, wie in der sowjetischen Besatzungszone nach 1945 geschehen, die 1956 in der DDR rückgängig gemacht wurde, weder politisch noch rechtsstaatlich akzeptiert werden darf. Insbesondere auch unter dem Aspekt, dass sie im direkten Zusammenhang mit den Jahrhundertereignissen, der Teilung und der Wiedervereinigung Deutschlands, steht.

Die Quintessenz zum aktuellen „Nichtannahmebeschluss" und die Reaktion der Politik offenbart Vertrauensbruch, Wählertäuschung und Gesetzesuntreue.

Auf den Punkt gebracht ist unstreitig, dass die Verfassungsbeschwerde dokumentiert, dass das BVerfG ein Entscheidung mit dem Nichtannahmebeschluss getroffen hat - aber kein Urteil. In der Pflicht für weitere Korrekturen der rentenrechtlichen Fehlentscheidungen bei der Überführung der Alterssicherungsansprüche in Bundesrecht ist Verantwortungsträger die Politik als Verursacher.

Zur Frage: „Wie weiter mit dem Kampf gegen das Rentenunrecht" sind nachstehende Maßnahmen relevant:

1. Bündelung aller Kräfte guten Willens (Gewerkschaften, Verbände, Bundestagsparteien) für die Fortsetzung der Initiativen der SPD im Freistaat Sachsen auf zentraler Ebene - der betroffenen Bundesländer (NBL) im Hinblick auf politische Entscheidungen.

2. Konzentration auf die zeitnahe Angleichung des aktuellen Rentenwertes für die Bundesrepublik und die Aufhebung der Benachteiligung der 17 Berufs- und Personengruppen.

3. Übergabe des Standpunktes an die Bundestagsabgeordneten, die Bundesparteien, die Bundestagsfraktionen zur Kenntnis und aktiven Mitwirkung bei der Umsetzung der Denkschrift zum Einigungsvertrag.

4. Erneute Petition beim Petitionsausschuss des Deutschen Bundestages in der Sache.

5. Erörterung der Thematik mit Vertretern aller gesellschaftlichen Kräfte, aller betroffen Gruppen, mit dem Ziel gemeinsamer Initiativen.

Dietmar Polster
Sprecher LVS und Task Force

Volkrnar Hornfischer Sprecher IGDR und Task Force

<u>Abdruck:</u>
An die Bundesregierung und an die Fraktionen der Parteien im Deutschen Bundestag
An die Länderregierungen der NBL einschließlich Berlin
DGB Bundesvorstand
DBB Bundesvorstand
EVG Bundesvorstand
Ostdeutsches Kuratorium von Verbänden e.V.

**Offener Brief an die amtierende Kanzlerin vom 1.2.2018 von Kurt Andrae**

Offener Brief an die amtierende Bundeskanzlerin zur Rentengerechtigkeit

Frau Merkel !

Als fast 90-jähriger Rentner wende ich mich heute mit einer Frage an Sie, an deren Beantwortung sicherlich auch viele andere Rentner in Ostdeutschland sehr interessiert sind. Am 9. Juni 2009 waren sie in Leipzig Gast auf dem neunten deutschen Senioren-Tag. Dort erklärten Sie zur Rentenangleichung (Ost an West):

*„... Ich stehe dazu, daß wir eine solche Angleichung von Ost und West brauchen, Ich würde, wenn Sie mich nach dem Zeitrahmen fragen, sagen, daß das Thema in den ersten beiden Jahren der nächsten Legislaturperiode erledigt sein wird....".*

Das wäre im Jahre 2011 gewesen!

Auf diese Herstellung der Rentengerechtigkeit und die Gewährleistung der Gleichstellung vor dem Gesetz im Sinne des Artikels 3 des Grundgesetzes warte ich nun schon seit 1990, dem Abschluß des sogenannten Einigungsvertrages.

Neun Jahre nach Ihrem Versprechen in Leipzig muss ich nun leider feststellen, dass ihre damalige Versicherung *„ich stehe dazu"* wie eine Seifenblase geplatzt ist. Als Bürger aus der DDR fühle ich mich bestraft und durchaus nicht gleichberechtigt in diesem Lande. Dieses Gefühl verstärkt sich bei mir, wenn ich erlebe, wie sich Abgeordnete ihre Diäten unverhältnismäßig und selbständig erhöhen, die Regierung die Beamtenbezüge in der Zwischenzeit mehrmals drastisch erhöht hat, aber bei Tarifen, und Löhnen und Gehältern der normalen Beschäftigten, ebenso wie bei den Rentnern, immer noch zwischen Ost und West unterschieden wird.
Immer noch müssen Rentner im Osten ein hohes Renten-Minus in Kauf nehmen. Was mir als ehemaliger DDR-Bürger völlig unverständlich bleiben wird, ist die Tatsache, dass für die Witwenrente, also für verstorbene Ehegatten, noch nach ihrem Tode, Steuern, sowie Beiträge für die sozialen Versicherungen wie z.B. Kranken- oder Pflegeversicherungen abgeführt werden

müssen. Ich möchte wissen, wie meine verstorbene Frau in ihrem Grab „gepflegt" wird. Solche Abgaben wurden in der Deutschen Demokratischen Republik nicht erhoben, obwohl die DDR nicht so reich war, wie heute Ihr Land.
Ich möchte Sie an ihre Worte, Frau Merkel, erinnern, die Sie in Leipzig aussprachen:

*„...die Rente sei kein Almosen sondern eine Gegenleistung und wer im Leben lange gearbeitet hat, hat auch Anspruch auf eine gute Rente, gleich ob er in Ost- oder West-Deutschland lebt. Sozialleistungen sind keine milde Gabe. In den Versorgungssystemen liegt einiges im Argen. Die Renten müssen gleich wie die Pensionen zum Leben reichen".*

Ich erinnere Sie an ihre Worte und erwarte, dass Sie nun bald in die Tat umsetzen, was Sie damals so leichtfertig dahin sprachen. Ich würde es begrüßen wenn Sie mir Ihre heutige persönliche Ansicht dazu mitteilen würden und Sie keinen Beamten beauftragen, der mir evtl. eine Antwort mit einem „Baukastenbrief" zusammenstellt.

Sollten Sie nach Abschluss der Gespräche über die Bildung einer Regierung wieder deutsche Kanzlerin werden, erwarte ich die schnelle Einlösung Ihres Versprechens, welches Sie uns Rentnern aus der DDR 2009 gegeben haben.

Ich würde es zu gern noch erleben.

Bundeskanzleramt

Bundeskanzleramt 11012 Berlin

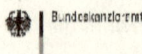

Herrn
Kurt Andrä
Parkstraße 89e
13086 Berlin-Weißensee

HAUSANSCHRIFT Willy-Brandt-Straße 1, 10557 Berlin
POSTANSCHRIFT 11012 Berlin

TEL +49 30 18 400-0
FAX +49 30 18 400-2357
E-MAIL poststelle@bk.bund.de

012-K-700 142/18/0002

Berlin, 16. März 2018

Sehr geehrter Herr Andrä,

die Bundeskanzlerin hat mich gebeten, Ihnen den Eingang Ihres Schreibens vom 25. Februar 2018 zu bestätigen. Auch Ihr Brief vom 25. Januar liegt hier vor.

Nun, Sie haben Ihr Schreiben vom Januar 2018 als „offenen Brief" versandt. Die Bundeskanzlerin beantwortet keine offenen Briefe, weil dieses Korrespondenzformat nicht auf Dialog mit dem Empfänger, sondern auf Öffentlichkeitswirksamkeit mit einem unbekannten Empfängerkreis gerichtet ist.

Vor diesem Hintergrund und ungeachtet der Besonderheit in Ihrem Schreiben an die Bundeskanzlerin, die Wiedervereinigung unseres Landes als „*Anschluss*" zu bezeichnen – in welcher Epoche diese Begriffsbelegung erfolgte, bedarf nun keiner Erläuterung -, darf ich Ihnen zur Rentenfrage Folgendes mitteilen:

Mit der Rentenanpassung zum 1. Juli 2017 ist die gesetzliche Rente in den ostdeutschen Bundesländern um 3,59 Prozent und in den westdeutschen Bundesländern um 1,90 Prozent angehoben worden. Der aktuelle Rentenwert (Ost) hat sich zum 1. Juli 2017 von 28,66 € auf 29,69 € erhöht. Er hat sich damit von bisher 94,1 weiter auf 95,7 Prozent des Westwerts angenähert. Bezogen auf den Abstand von 51 Prozent zum Zeitpunkt der Rentenüberleitung ist dies ein sehr positives Ergebnis, das die erfolgreiche wirtschaftliche Entwicklung der ostdeutschen Bundesländer seit der Wiedervereinigung anschaulich belegt.

Fast 30 Jahre nach der Herstellung der Deutschen Einheit stoßen die Unterschiede bei der Rentenberechnung bei vielen Bürgern in Ost- und Westdeutschland auf Unverständnis. Die Angleichung der Renten in Ost und West ist als ein

...

wichtiger Schritt zur Vollendung der Deutschen Einheit und Gleichbehandlung aller Bürgerinnen und Bürger unumgänglich.

Der Deutsche Bundestag hat deshalb am 1. Juni 2017 das Gesetz über den Abschluss der Rentenüberleitung (Rentenüberleitungs-Abschlussgesetz) beschlossen. Der Bundesrat hat das Gesetz am 7. Juli 2017 gebilligt. Mit dem Gesetz wird die im Koalitionsvertrag verankerte vollständige Angleichung der Rentenwerte in Ost und West umgesetzt.

Inhaltlich folgen die Regelungen dem Koalitionsbeschluss vom 24. November 2016 zur Angleichung der Rentenwerte in Ost und West. Die Angleichung erfolgt in sieben Schritten. Der erste Angleichungsschritt soll zum 1. Juli 2018 erfolgen. Dabei wird der aktuelle Rentenwert (Ost) unabhängig von der Lohnentwicklung in Ostdeutschland von derzeit 95,7 % auf 95,8 % des Westwerts angehoben. Die weiteren Angleichungsschritte folgen jeweils um 0,7 Prozentpunkte zum 1. Juli in den Jahren 2019 bis 2024 bis 100 % des Westwerts erreicht sind. Beitragsbemessungsgrenze und Bezugsgröße im Osten sollen mit der jährlichen Rechengrößenverordnung zum 1. Januar entsprechend angehoben werden. Der Hochwertungsfaktor wird entsprechend stufenweise reduziert. Ab 1. Januar 2025 sollen nach dem Gesetzentwurf für die Rentenberechnung in Ost und West einheitliche Werte gelten.

Mit der Rentenanpassung zum 1. Juli 2017 ist die Angleichung einen unerwartet großen Schritt vorangekommen: der aktuelle Rentenwert (Ost) ist zum 1. Juli 2017 von 94,1% auf 95,7 % des Westwertes gestiegen. Das Gesetz sieht als erste Stufe eine Angleichung auf 95,8 % zum 1. Juli 2018 vor. Damit verbleibt für den ersten Schritt 2018 eine Angleichung um nur noch 0,1 Prozentpunkte.

Gleichwohl haben die Koalitionsfraktionen an dem Grundsatz der Rentenangleichung in sieben Schritten festgehalten, weil nur damit garantiert ist, dass die vollständige Angleichung der Rentenwerte bis 2024 erreicht wird und für die Rentenberechnung in Deutschland ab 2025 einheitliche Rechengrößen gelten. Der Deutsche Bundestag hat den Gesetzesentwurf der Bundesregierung allerdings um eine Vergleichsprüfung ergänzt, bei der für die Rentenanpassung in den neuen Ländern die tatsächliche Lohnentwicklung Ost herangezogen wird, wenn dadurch die im Gesetz festgelegten Angleichungsschritte übertroffen werden.

Mit freundlichen Grüßen

Thomas Rückert

**Anlage 7**

**Entschließungsantrag zu dem Gesetzentwurf der Bundesregierung über den Abschluss der Rentenüberleitung (Rentenüberleitungs-Abschlussgesetz)**

Parlamentarische Initiativen von Susanna Karawanskij, Matthias W. Birkwald, Caren Lay, Sabine Zimmermann, Herbert Behrens, Karin Binder, Heidrun Bluhm, Eva Bulling-Schröter, Roland Claus, Kerstin Kassner, Katja Kipping, Sabine Leidig, Ralph Lenkert, Michael Leutert, Gesine Lötzsch, Thomas Lutze, Birgit Menz, Petra Sitte, Kirsten Tackmann, Azize Tank, Kathrin Vogler, Harald Weinberg, Birgit Wöllert, Hubertus Zdebel, Pia Zimmermann, 31. Mai 2017

Deutscher Bundestag
Drucksache 18/12618, 18. Wahlperiode, 31.05.2017
Entschließungsantrag
der Abgeordneten Susanna Karawanskij, Matthias W. Birkwald, Caren Lay, Sabine Zimmermann (Zwickau), Herbert Behrens, Karin Binder, Heidrun Bluhm, Eva Bulling-Schröter, Roland Claus, Kerstin Kassner, Katja Kipping, Sabine Leidig, Ralph Lenkert, Michael Leutert, Dr. Gesine Lötzsch, Thomas Lutze, Birgit Menz, Dr. Petra Sitte, Dr. Kirsten Tackmann, Azize Tank, Kathrin Vogler, Harald Weinberg, Birgit Wöllert, Hubertus Zdebel, Pia Zimmermann und der Fraktion DIE LINKE.
zu der dritten Beratung des Gesetzentwurfs der Bundesregierung, - Drucksache 18/11923, 18/12584 -
**Entwurf eines Gesetzes über den Abschluss der Rentenüberleitung (Rentenüberleitungs-Abschlussgesetz)**

Der Bundestag wolle beschließen:
I.
Der Deutsche Bundestag stellt fest:
Es ist überfällig, dass im 27. Jahr der deutschen Einheit endlich die Angleichung der Ost-Renten in Angriff genommen wird. In der Stellungnahme des Bundesrates zum Gesetzentwurf wird zu Recht eine vollständige Finanzierung aus Steuermitteln gefordert. Ein Antrag des **Landes Sachsen-Anhalt, die Angleichung bereits 2020 zu vollziehen, wurde auch von Thüringen und Brandenburg unterstützt**. Außerdem ist es nicht nachvollziehbar, dass zeitgleich die rentenrechtliche Umrechnung der niedrigen ostdeutschen Löhne auf Westniveau schrittweise abgeschafft werden soll. Zudem erweckt der Titel

des Gesetzentwurfs den völlig falschen Eindruck, dass mit dem Gesetz alle rentenrechtlichen Sachverhalte der Alterssicherungssysteme der Deutschen Demokratischen Republik (DDR) zufriedenstellend im Sinne eines Schlussstrichs in Bundesrecht überführt und nunmehr abgeschlossen seien.
Bisher wurden politische Bestrebungen, bestimmte Regelungen der Rentenüberleitung zugunsten der Anspruchsberechtigten zu ändern, von den Koalitionsfraktionen im Bundestag immer wieder mit der Begründung abgelehnt, dass alle Problemfelder höchstrichterlich ausgeurteilt seien. Dagegen hat das Bundesverfassungsgericht 2016 zum wiederholten Male festgestellt, dass es dem Gesetzgeber freistünde, eine vorteilhaftere Regelung zu treffen und dies eine Frage politischer Entscheidungen sei (Aktenzeichen 1 BvR 1089/12, Rz. 43).

Mit dem vorliegenden Gesetzentwurf wird mitnichten die Überleitung von DDR-Alterssicherungsansprüchen abgeschlossen. Entgegen dieser rhetorischen Täuschung durch die falsche Bezeichnung besteht nach wie vor Handlungsbedarf, um die soziale Einheit Deutschlands herzustellen.
Erst mit der nachfolgend geforderten Korrektur der Rentenüberleitung kann eine verbesserte und annähernd lebensstandardsichernde Alterssicherung in den ostdeutschen Bundesländern erreicht und die Rentenüberleitung tatsächlich abgeschlossen werden.

II.
Der Deutsche Bundestag fordert die Bundesregierung auf, umgehend einen Katalog mit dem Titel „Schritte zum Abschluss der Rentenüberleitung" vorzulegen, der empfiehlt, welche Maßnahmen sofort zu Beginn der 19. Legislaturperiode in Angriff zu nehmen sind.
1.
Dazu gehört das Schließen von Überführungslücken, die dadurch entstanden, dass DDR-typische Sachverhalte des Rentenrechts im Einigungsprozess nur übergangsweise gewährt und Mitte der 1990er Jahre fallen gelassen wurden, weil sie bundesdeutschen Regelungen nicht entsprachen, beispielsweise für Krankenschwestern und andere Beschäftigte im DDR-Gesundheitswesen, Bergleute der Braunkohleveredlung, Ballettmitglieder, mithelfende Familienangehörige von Land- und Forstwirtinnen und -wirten sowie Handwerkerinnen und Handwerkern, für die Pflege von Angehörigen, für zweite Bildungswege und Aspiranturen, vereinbart längere Studienzeiten für Spitzensportlerinnen und -sportler, ins

Ausland mitgereiste Ehepartnerinnen und -partner, freiwillige Beiträge und Anwartschaftsgebühren (3 bis 9 Mark), Jahresendprämien sowie Zulagen und Zuschläge. Bei in der DDR geschiedenen Frauen kommen mehrere dieser Lücken zusammen. Zudem muss der Übergangszuschlag mit dem Auffüllbetrag und dem Rentenzuschlag zwecks Partizipation an aktuellen Leistungsverbesserungen gleichgestellt werden.

2.

Ebenfalls dazu gehört die Beseitigung des Versorgungsunrechts, das dadurch entstanden ist, dass die Versorgungen der DDR für die wissenschaftliche, medizinische, pädagogische, ingenieurtechnische und künstlerische Intelligenz, die Versorgungen für den öffentlichen Dienst, für Armee, Polizei und Zoll sowie die besondere Alterssicherung von Deutscher Reichsbahn und Deutscher Post durch die alleinige Überführung in die gesetzliche Rentenversicherung nach dem Sechsten Buch Sozialgesetzbuch (SGB VI) größtenteils gelöscht wurden. Auch zwischen Bestands- und Neurentnerinnen und -rentnern verschiedener Jahrgänge entstanden mittlerweile Diskrepanzen. Bei Weiterbeschäftigten aus bestimmten Versorgungssystemen, insbesondere Professorinnen und Professoren „Neuen Rechts", müssen die Lücken in den 1990er Jahren beseitigt werden.

3.

Außerdem müssen die als politisches Strafrecht empfundenen Regelungen, also Sanktionen, abgeschafft werden, die dadurch entstanden, dass bei bestimmten Ansprüchen und Anwartschaften bei als staatsnah eingestuften Personen und allen beim Ministerium für Staatsicherheit Beschäftigten nur für diesen Zweck geschaffene Eingriffe in die Rentenformel des SGB VI erfolgen und das Einkommen unterhalb der Beitragsbemessungsgrenze willkürlich nicht für die Rentenberechnung anerkannt wird.

4.

Schließlich muss die Gültigkeit des Fremdrentenrechts für alle aus politischen Gründen aus der DDR vor dem Mauerfall Geflüchteten, Abgeschobenen und Ausgereisten, die ab Geburtsjahrgang 1937 den Regelungen des Rentenüberleitungsgesetzes mit den entsprechenden zum Teil erheblichen finanziellen Einbußen unterworfen wurden, zusammen mit dem Vertrauensschutz wieder hergestellt werden. Sofern sich die für die Betroffenen vorteilhafteren Regelungen nicht ins Rentenrecht einordnen lassen, muss ein zeitlich befristetes besonderes System „sui generis" geschaffen werden. Dazu sind die derzeitigen Finanzierungsregelungen des Rentenüberleitungsgesetzes einschließlich des Anspruchs- und

Anwartschaftsüberführungsgesetzes ordnungspolitisch stringent nach renten- und versorgungsrechtlichen Gepflogenheiten nachzubilden und damit die Verteilung auf Versichertengemeinschaft, Bundeshaushalt und Länderhaushalte neu zu ordnen.

Überdies muss die Angleichung des aktuellen Rentenwerts (Ost) an den allgemeinen Rentenwert vollständig aus Steuern finanziert und in zwei Schritten bis 2019 abgeschlossen werden. Die Umrechnung der ostdeutschen Entgelte muss so lange bestehen bleiben, bis die Löhne im Osten annähernd das Westniveau erreicht haben. Die Rente nach Mindestentgeltpunkten bei geringem Arbeitsentgelt wird entfristet und gilt auch für Zeiten nach dem 01.01.1992. Niedriglöhne sollen rentenrechtlich bis zu maximal 0,8 Entgeltpunkten (statt wie bisher bis 0,75) pro Jahr aufgewertet werden, sofern mindestens 25 Jahre rentenrechtliche Zeiten vorliegen.

Berlin, den 30. Mai 2017
Dr. Sahra Wagenknecht, Dr. Dietmar Bartsch und Fraktion

Matthias W. Birkwald MdB Rentenpolitischer Sprecher der Bundestagsfraktion DIE LINKE. Stellvertretender Vorsitzender des Bundestagsausschusses für Arbeit und Soziales Tel.: 030 227-71212 Mail: matthias-w.birkwald@bundestag.de

**Zweite Bewertung des ‚Rentenpakts' vom 29.8.2018:**
Entwurf des Gesetz über Leistungsverbesserungen und Stabilisierung in der gesetzlichen Rentenversicherung (RV-Leistungsverbesserungs- und -Stabilisierungsgesetz)

Weg mit der Beitragssatzbremse!

„Die Beitragssatzbremse werden nur die Unternehmen bejubeln, für heutige und zukünftige Rentner hingegen ist sie Gift", erklärt Matthias W. Birkwald, rentenpolitischer Sprecher der Fraktion DIE LINKE, mit Blick auf den heute vom Kabinett verabschiedeten Gesetzentwurf:

Birkwald weiter:

„Durch die falsche Beitragssatzhaltelinie und das hasenfüßige Einfrieren des Rentenniveaus auf nur 48 Prozent werden Rentner bis 2024 keinen Cent mehr Rente erhalten als ohne Haltelinien. Außerdem muss die sogenannte ‚Mütterrente' endlich unabhängig vom Geburtsjahr und Geburtsort für alle Kinder gleich sein! Dazu kommt, dass die lange geforderten Verbesserungen für kranke, erwerbsgeminderte Rentnerinnen und Rentner an den heutigen 1,8 Millionen Betroffenen komplett vorbeigeht. Das ist nicht akzeptabel!

Wenn Bundesminister Heil seinen Rentenpakt retten will, so muss er die gute Kassenlage bei Steuern und Beiträgen sowie die stabile Beschäftigungssituation endlich offensiv für mutige Schritte in Richtung einer zukunftssicheren Rente nutzen.

DIE LINKE fordert, das Rentenniveau dauerhaft auf 53 Prozent anzuheben und dass für jedes Kind 96,09 Euro Rente auf das persönliche Rentenkonto der Mutter oder des Vaters überwiesen werden. Zudem sollen die Abschläge bei allen Erwerbsminderungsrenten abgeschafft werden.

Dieses Programm für eine lebensstandardsichernde und armutsfeste gesetzliche Rente wäre mit einer moderaten Beitragssatzanhebung nach österreichischem Vorbild gut zu finanzieren. Den aktuell verbreiteten Horrorzahlen zu den Kosten eines stabilen und eines höheren Rentenniveaus müssen endlich seriöse Berechnungen gegenüber gestellt werden.

Ein Versicherter, der heute den aktuellen Durchschnittsverdienst von 3156 Euro brutto auf dem Lohnzettel hat, muss gerade einmal 4,75 Euro mehr im Monat zahlen, um das Rentenniveau zu stabilisieren.

Eine Anhebung des Rentenniveaus auf 53 Prozent würde diesen Menschen nur fast 32 Euro mehr an Rentenbeitrag kosten und seiner Chefin ebenfalls. Dafür bräuchten die Versicherten für eine lebensstandardsichernde Alterssicherung aber keine Riesterbeiträge von 111,66 Euro in diesem Beispiel mehr zu zahlen. So ergäben sich unter dem Strich rund 80 Euro mehr im Portemonnaie. Jeden Monat!

Ein Rentenniveau von 53 Prozent würde einer sogenannten Standardrentnerin im Westen, die heute nach 45 Jahren Arbeit zum jeweils gültigen Durchschnittslohn 1.281 Euro Rente netto zu erwarten hat, sofort fast 130 Euro netto mehr an Rente bringen.

Ausführliche Bewertung

Die Rente muss den Lebensstandard wieder sichern! Das ist der Maßstab, an dem sich jede Rentenreform messen lassen muss. Der von der Bundesregierung beschlossene Gesetzentwurf erfüllt diesen Anspruch nicht.

Warum? Die Riesterrente ist gescheitert. Endgültig. Mit ihr kann man den Kürzungen bei der gesetzlichen Rente durch private Vorsorge nicht hinterher sparen.

Gute Betriebsrenten sind immer noch zu wenig verbreitet, die Arbeitgeber und Arbeitgeberinnen ziehen sich immer mehr aus ihrer Finanzierung zurück und unter dem Druck der Niedrigzinsphase drohen vielen Betriebsrentnerinnen und -rentern zukünftig Leistungskürzungen.

Deshalb gilt für DIE LINKE: Die gesetzliche Rente ist die stabilste, rentabelste und fairste Säule der Alterssicherung. Nie war die Rentenkasse voller, nie war die Beschäftigungssituation besser. Deshalb muss und kann die gesetzliche Rente jetzt zukunftsfest gestaltet werden: Sie muss wieder den Lebensstandard im Alter sichern und sie muss vor Altersarmut schützen! Dazu müsste als erstes das Rentenniveau wieder auf

53 Prozent angehoben und dies durch eine moderate Anhebung des Beitragssatzes finanziert werden! Der Beitragssatz hat heute den niedrigsten Wert seit 20 Jahren. Das Beispiel Österreich zeigt, dass ein solcher Weg auch langfristig möglich ist. Der Rentenpakt geht aber den entgegengesetzten Weg. Das Rentenniveau wird lediglich auf dem heute schon zu niedrigen Stand von 48 Prozent eingefroren und es wird heute schon eine Beitragssatzbremse von 20 Prozent gesetzlich verankert. Ob, wie versprochen, die notwendigen Steuermittel aufgebracht werden, hängt dann vom Gutdünken des jeweiligen Finanzministers ab. Die beschlossenen zusätzlichen 500 Millionen Euro von 2022 bis 2025 und der sogenannte Demographie-Vorsorgefonds sind angesichts der Weigerung, die ‚Mütterrente II' aus Steuermitteln zu finanzieren, nur ein Tropfen auf den heißen Stein. Mit dieser Strategie wird die Finanzierungsbasis für eine stabile und verlässliche gesetzliche Rente, die langfristig den Lebensstandard sichert, künstlich knapp gehalten. Im Einzelnen:

Das Einfrieren des Rentenniveaus bei 48 Prozent (‚Niveauschutzklausel') markiert zwar eine Kehrtwende nach jahrelangen Kürzungen, wird aber den Rentnerinnen und Rentnern bis 2024 keinen einzigen Cent mehr bringen als wenn es nicht eingefroren werden würde! Erst im Jahr 2025 droht das Rentenniveau unter diese Grenze auf 47,5 Prozent zu fallen. Dann müssten die Renten um gerade einmal ein Prozent zusätzlich erhöht werden. Das ist zu wenig, das stärkt die gesetzliche Rente nicht. Hier sind Union und SPD deutlich zu kurz gesprungen. DIE LINKE im Bundestag lehnt diese Kosmetik ab und fordert eine Wiederanhebung des Rentenniveaus auf 53 Prozent. Das würde für eine sogenannte Standardrentnerin, die 45 Jahre lang den Durchschnittslohn verdient hat, heute eine Rentenerhöhung von fast 130 Euro netto bedeuten. Das ist auch finanzierbar, denn ein Durchschnittsverdiener und seine Arbeitgeberin müssten dafür derzeit jeweils nur knapp 32 Euro mehr monatlich in die Rentenkasse einzahlen. Die Beitragssatzbremse - oder Haltelinie - lehnen wir ab und nehmen uns Österreich zum Vorbild: Dort zahlen die Beschäftigten seit 30 Jahren 10,25 Prozent ihres Bruttogehalts in die Rentenkasse und die Arbeitgeber 12,55 Prozent. Mit diesem Beitragssatz von 22,8 Prozent könnten heute die Renten in Deutschland sofort um sage und schreibe 20 Prozent erhöht werden! Statt 1.000 Euro Rente wären das 1.200 Euro Rente. So geht nachhaltig finanzierte soziale Gerechtigkeit.

Viele Eltern werden erleichtert sein, dass das CSU-Projekt, die sogenannte ‚Mütterrente' nur für Familien mit drei und mehr Kindern anzugleichen, gescheitert ist und jetzt für alle Kinder, die vor 1992 geboren wurden, zumindest 2,5 Entgeltpunkte gezahlt werden: 80,04 (76,69 € Ost) statt 64,06 Euro (61,38 € Ost) mehr Rente brutto für ein Kind, das vor 1992 geboren worden ist, sind gut und richtig.

DIE LINKE im Bundestag bleibt aber bei ihrer Forderung: In der Rente müssen alle Kinder gleich viel wert sein. Wir fordern die vollständige und steuerfinanzierte Gleichstellung bei der Anrechnung von Kindererziehungszeiten in Ost und West! So geht ‚Mütterrente'!

Es ist sehr erfreulich, dass unsere langjährige Forderung, Adoptiveltern bei der ‚Mütterrente' nicht zu benachteiligen, durch eine neues individuelles Antragsrecht zumindest zum Teil umgesetzt wurde.

Erwerbsminderungsrentnerinnen und -rentner, die aus gesundheitlichen Gründen nicht mehr bis zum Renteneintrittsalter arbeiten können, werden besser gestellt. Die sogenannten Zurechnungszeiten sollen in einem Schritt von aktuell 62 Jahren und drei Monaten auf 65 Jahre und acht Monate angehoben werden. Zurechnungszeit bedeutet: Wer früher in Rente gehen muss, dem schreibt die Rentenversicherung Rentenpunkte gut und zwar so, als hätte er/sie bis zum Renteneintritt weitergearbeitet. So ergibt sich dann eine höhere Rente. Die Anhebung der Zurechnungszeit in einem Schritt bis zur heute gültigen Regelaltersgrenze ist eine langjährige Forderung der LINKEN. Ich freue mich, dass sich DIE LINKE mit dieser Forderung durchsetzen konnte. 170.000 zukünftige Erwerbsminderungsrentnerinnen und -rentner werden so im Durchschnitt 67 Euro mehr Rente netto erhalten.

Das ist das Licht. Und hier der Schatten: Die heutigen 1,8 Millionen kranken EM-Rentnerinnen und Rentner (Rentenbestand) bleiben auf der Strecke, und werden auch weiterhin mit durchschnittlichen EM-Renten unter der Grundsicherungsschwelle abgespeist werden. Deshalb dürfen SPD und Union nicht bei der Verlängerung der Zurechnungszeit stehen bleiben, wenn sie kranke Menschen endlich aus der Armut herausholen wollen.

Warum? Die durchschnittliche volle Erwerbsminderungsrente liegt bei nur 736 Euro netto (2016), der anerkannte

Grundsicherungsbedarf der Betroffenen jedoch lag bei 770 Euro (2016). Von den 67 Euro mehr im Monat werden deshalb nur Wenige vollständig profitieren. Bei vielen Betroffenen wird die Erhöhung teilweise oder vollständig auf die Grundsicherung angerechnet werden.
Die große Mehrheit der zukünftigen, kranken Rentnerinnen und Rentner wird weiter auf die Grundsicherung angewiesen bleiben und von dem Geld nichts oder nur wenig sehen, während die heutigen komplett leer ausgehen werden.

DIE LINKE fordert deshalb zusätzlich die Abschaffung der Abschläge von durchschnittlich 88 Euro für Bestands- und Zugangsrentner! Dann wären die Erwerbsminderungsrenten zwar immer noch nicht armutsfest, aber die Betroffenen wären wenigstens aus der Grundsicherung raus. Und aus Sicht der LINKEN müsste dann eine sanktions- und repressionsfreie soziale Mindestsicherung (steuerfinanziert) mit einem einkommens- und vermögensgeprüften Zuschlag dafür sorgen, dass z. B. erwerbsgeminderte Singles 1.050 Euro netto im Monat zur Verfügung hätten.

Der Gesetzesentwurf sieht die Ausweitung der sogenannten Gleitzone (Midijobs) auf 1.300 Euro brutto vor. Einen Ausgleich mit Steuermitteln soll es auch hier nicht geben. In diesem Niedriglohnsektor arbeiten aktuell 1,3 Millionen Menschen. In der Spitze würden Betroffene gegenüber geltendem Recht 20 Euro weniger und damit 30 bis 40 Euro weniger in die Rentenkasse zahlen müssen, ohne dass das Auswirkungen auf ihre spätere Rente hätte. Dies wäre zwar für Menschen in der Niedriglohnfalle eine Entlastung, aber damit würden sie nicht aus 'Armut trotz Arbeit' herausgeholt werden.

Vor allem: Damit werden Niedriglöhne und schlechte Jobs nicht bekämpft, sondern nur etwas erträglicher gemacht! Nein: Wer wirklich Niedriglöhne bekämpfen will, muss endlich den gesetzlichen Mindestlohn auf 12 Euro erhöhen! Dann hätte man in einem Vollzeitjob ein Monatsgehalt von 2000 Euro brutto. Außerdem fordert DIE LINKE für Menschen mit niedrigen Einkommen, dass sie in der Rente besser gestellt werden. Durch die Wiedereinführung der Rente nach Mindestentgeltpunkten würde ein Bruttolohn von 1.200 Euro in der Rente so bewertet als hätte man 1.800 Euro verdient. So bekämpft man Ursachen und lindert nicht nur die Symptome!

**Anlage 8**

**Zu den Klagen vor dem Bundesverfassungsgericht**

Urteil
BUNDESVERFASSUNGSGERICHT

Verfahren: 1 BvR 1089/12, 1 BvR 1090/12, 1 BvR 363/13, 1 BvR 708/13, 1 BvR 2483/13, 1 BvR 2368/14, 1 BvR 455/16

In den Verfahren über die Verfassungsbeschwerden

I. des Herrn M...,
Bevollmächtigte:
1. Rechtsanwalt Benno Bleiberg,
Knesebeckstraße 32, 10623 Berlin,
2. Rechtsanwalt Dr. Bernfried Helmers,
Hultschiner Damm 52, 12623 Berlin

**1. unmittelbar gegen**
a) das Urteil des Bundessozialgerichts vom 14. Dezember 2011 - B 5 R 2/10 R -,
b) das Urteil des Landessozialgerichts Berlin-Brandenburg vom 10. Dezember 2009 - L 33 R 1162/08 -,
c) das Urteil des Sozialgerichts Berlin v. 3. Mai 2007 - S 13 RA 872/03 -,
d) den Widerspruchsbescheid der Deutschen Rentenversicherung Bund vom 1. März 2006 - 65 301126 M 029 BKZ 4970 SG -,
e) den Teilwiderspruchsbescheid der Bundesversicherungsanstalt für Angestellte vom 31. Januar 2003 65 301126 M 029 - BKZ 4370 SG -,
f) den Bescheid der Bundesversicherungsanstalt für Angestellte vom 28. Mai 2002 - 65 301126 M 029 -,
g) den Bescheid der Bundesversicherungsanstalt für Angestellte vom 22. Mai 2002 - 65 301126 M 029 -,
h) den Bescheid der Bundesversicherungsanstalt für Angestellte vom 30. April 2002 - 65 301126 M 029 -,

**2. mittelbar gegen**
a) § 7 Abs. 1 AAÜG i.d.F. des 2. AAÜG-ÄndG,
b) § 307b Abs. 1 Satz 1 i.V.m. § 259b Abs. 1 Satz 1 SGB VI, soweit demnach bei der Neuberechnung der Rente die Werte gemäß § 7 Abs. 1 AAÜG i.V.m. Anlage 6 zum AAÜG i.d.F. des 2. AAÜG-ÄndG zugrunde zu legen sind,
c) § 307b Abs. 1 Satz 2, Abs. 3 SGB VI, soweit demnach bei der Berechnung der zusätzlich zu ermittelnden Vergleichsrente

die Werte gemäß § 7 Abs. 1 Satz 1 AAÜG i.V.m. Anlage 6 zum AAÜG i.d.F. des 2. AAÜG-ÄndG zugrunde zu legen sind
- 1 BvR 1089/12 -,

II. der Frau R...,

Bevollmächtigte:
1. Rechtsanwalt Benno Bleiberg,
Knesebeckstraße 32, 10623 Berlin,
2. Rechtsanwalt Dr. Bernfried Helmers,
Hultschiner Damm 52, 12623 Berlin

**1. unmittelbar gegen**
a) das Urteil des Bundessozialgerichts vom 14. Dezember 2011 - B 5 R 2/11 R -,
b) das Urteil des Landessozialgerichts Berlin-Brandenburg vom 11. Dezember 2009 - L 1 R 1467/08 -,
c) den Gerichtsbescheid des Sozialgerichts Berlin vom 8. September 2003 - S 27 RA 2303/03 -,
d) den Widerspruchsbescheid der Bundesversicherungsanstalt für Angestellte vom 22. April 2003 - 65 180327 F 505 SG -,
e) den Bescheid der Bundesversicherungsanstalt für Angestellte vom 31. Oktober 2002 - 65 180327 F 505 -,
f) den Bescheid der Bundesversicherungsanstalt für Angestellte vom 17. Januar 2002 - 65 180327 F 505 -,
2. mittelbar gegen
§ 7 Abs. 1 AAÜG i.d.F. des 2. AAÜG-ÄndG
- 1 BvR 1090/12 -,

III. des Herrn G...,

Bevollmächtigter:
Rechtsanwalt Benno Bleiberg,
Knesebeckstraße 32, 10623 Berlin
1. unmittelbar gegen
a) das Urteil des Landessozialgerichts Berlin-Brandenburg vom 29. November 2012 - L 21 R 1972/08 -,
b) das Urteil des Sozialgerichts Berlin vom 27. Oktober 2008 - S 10 R 4810/06 -,
c) den Widerspruchsbescheid der Deutschen Rentenversicherung Knappschaft-Bahn-See vom 18. September 2006,
d) den Bescheid der Deutschen Rentenversicherung Knappschaft-Bahn-See vom 1. Juni 2006 - 58 061141 G 017 -,
2. mittelbar gegen
§ 7 Abs. 1 AAÜG i.d.F. des 2. AAÜG-ÄndG

- 1 BvR 363/13 -,

IV. des Herrn M... als Rechtsnachfolger des verstorbenen Herrn M...,

Bevollmächtigter:
Rechtsanwalt Benno Bleiberg,
Knesebeckstraße 32, 10623 Berlin

1. unmittelbar gegen
a) das Urteil des Landessozialgerichts Berlin-Brandenburg vom 24. Oktober 2012 - L 12 R 706/09 -,

b) das Urteil des Sozialgerichts Berlin vom 11. Mai 2009 - S 5 R 6416/08 -,
c) den Widerspruchsbescheid der Bundesversicherungsanstalt für Angestellte vom 23. Februar 1994 - 65 061231 M 013 / SG -,
d) den Bescheid der Bundesversicherungsanstalt für Angestellte vom 4. November 1993 - 65 061231 M 013 -,
e) den Bescheid der Bundesversicherungsanstalt für Angestellte vom 11. Januar 2000 - 65 061231 M 013 -,
2. mittelbar gegen
§ 7 Abs. 1 AAÜG i.d.F. des 2. AAÜG-ÄndG
- 1 BvR 708/13 -,

V. des Herrn R...,
Bevollmächtigter:
Rechtsanwalt Benno Bleiberg,
Knesebeckstraße 32, 10623 Berlin

1. unmittelbar gegen
a) das Urteil des Landessozialgerichts Berlin-Brandenburg vom 7. August 2013 - L 30 R 700/09 -,
b) das Urteil des Sozialgerichts Berlin vom 3. April 2009 - S 4 R 3644/08 -,
c) den Widerspruchsbescheid der Deutschen Rentenversicherung Bund vom 27. Mai 2008 - 65 051235 R 016 BKZ 4870 SG -,
d) den Bescheid der Deutschen Rentenversicherung Bund vom 11. März 2008 - 65 051235 R 016, 4870 -,
e) den Bescheid der Deutschen Rentenversicherung Bund vom 24. März 2006 - 65 051235 R 016, 4870 -,
f) den Bescheid der Deutschen Rentenversicherung Bund vom 23. Januar 2006 - 65 051235 R 016, 4870 -,

- Bevollmächtigter: Rechtsanwalt Benno Bleiberg, Knesebeckstraße 32, 10623 Berlin

2. mittelbar gegen
§ 7 Abs.1 AAÜG i.d.F. des 2. AAÜG-ÄndG
- 1 BvR 2368/14 -,

VII. des Herrn M...,
1. unmittelbar gegen
a) das Urteil des Landessozialgerichts Berlin-Brandenburg vom 15. Dezember 2015 - L 6 R 65/14 WA -,
b) das Urteil des Sozialgerichts Berlin vom 14. April 2011 - S 12 R 978/10 -,
c) den Widerspruchsbescheid der Deutschen Rentenversicherung Bund vom 1. Februar 2010 - 25 171144 M 026, 4817 SoT -,
d) den Bescheid der Deutschen Rentenversicherung Bund vom 7. Dezember 2009 - 25 171144 M 026 -,
2. mittelbar gegen
§ 7 Abs. 1 AAÜG i.d.F. des 2. AAÜG-ÄndG
- 1 BvR 455/16

hat die 1. Kammer des Ersten Senats des Bundesverfassungsgerichts durch den Vizepräsidenten Kirchhof, den Richter Eichberger und die Richterin Britz gemäß § 93b in Verbindung mit § 93a BVerfGG in der Fassung der Bekanntmachung vom 11. August 1993 (BGBl I S. 1473) am 7. November 2016 einstimmig beschlossen:

Die Verfassungsbeschwerden 1 BvR 1089/12, 1 BvR 1090/12, 1 BvR 363/13, 1 BvR 708/13, 1 BvR 2483/13, 1 BvR 2368/14 und 1 BvR 455/16 werden zur gemeinsamen Entscheidung verbunden.

**Die Verfassungsbeschwerden werden nicht zur Entscheidung angenommen.**

G r ü n d e : Die Verfassungsbeschwerden betreffen die Überleitung in der Deutschen Demokratischen Republik (DDR) erworbener Rentenansprüche und -anwartschaften aus dem Sonderversorgungssystem für Angehörige des Ministeriums für Staatssicherheit/Amtes für Nationale Sicherheit (MfS/AfNS) in die gesetzliche Rentenversicherung der Bundesrepublik Deutschland.

I. 1. a) Das Alterssicherungssystem der Deutschen Demokratischen Republik beruhte auf der Kombination einer - vergleichsweise geringen - Rente aus der Sozialpflichtversicherung, der Möglichkeit einer freiwilligen Zusatzrentenversicherung und zahlreicher Zusatz- und Sonderversorgungssysteme, die sehr unterschiedlich ausgestaltet waren. Für die Angehörigen des MfS/AfNS bestand ein Sonderversorgungssystem, das eine eigenständige Sicherung seiner Mitglieder außerhalb der Rentenversicherung in einer der Beamtenversorgung der Bundesrepublik Deutschland vergleichbaren Weise gewährleistete (vgl. näher BVerfGE 100, 138 <140 ff.>). Noch im Sommer 1990 wurde durch das von der letzten Volkskammer verabschiedete Gesetz über die Aufhebung der Versorgungsordnung des ehemaligen MfS/AfNS (AufhebG) vom 29. Juni 1990 (GBl I S. 501) das Sonderversorgungssystem für Angehörige des MfS/AfNS geschlossen und die bestehenden Versorgungsansprüche auf einen Betrag von 990 DM begrenzt.

II. Bei der Überführung der ostdeutschen Rentenansprüche und -anwartschaften in das Rentenversicherungssystem der Bundesrepublik Deutschland sind für Zeiten der Zugehörigkeit zu einem Zusatz- oder Sonderversorgungssystem Entgeltpunkte (Ost) nach dem Gesetz zur Überführung der Ansprüche und Anwartschaften aus Zusatz- und Sonderversorgungssystemen des Beitrittsgebiets (Anspruchs- und Anwartschaftsüberführungsgesetz - AAÜG) zu ermitteln (§ 259b Sozialgesetzbuch Sechstes Buch - SGB VI). § 7 Abs. 1 Satz 1 AAÜG sieht in diesem Zusammenhang vor, dass die überführten Verdienste, soweit sie auf einer Zugehörigkeit zum Sonderversorgungssystem des MfS/AfNS beruhen, auf die Werte der Anlage 6 zum AAÜG zu begrenzen sind, die ursprünglich Höchstwerte in Höhe von 70 % des Durchschnittseinkommens in der DDR vorsah.

III. Für die Überführung von Bestandsrenten aus den Versorgungssystemen und damit auch für die Angehörigen des MfS/AfNS bestand eine weitere Sonderregelung, die typischerweise mit Nachteilen für die Betroffenen verbunden war: Während § 307a Abs. 2 SGB VI bei der Überführung von Bestandsrenten aus der Sozialversicherung oder der Freiwilligen Zusatzrentenversicherung auf die in den letzten 20 Jahren vor dem Renteneintritt erzielten und also die regelmäßig höheren Verdienste am Ende des Berufslebens abstellt, machte § 307b SGB VI in seinen bis 30. April 1999 maßgeblichen Fassungen für Renten aus den Versorgungssystemen die gesamte Versicherungszeit zum Maßstab, so dass

zwingend auch die typischerweise niedrigeren Einkommen der ersten Berufsjahre in die Berechnung einflossen.
IV. b) Die Überführung war Gegenstand einer Vielzahl von Entscheidungen des Bundesverfassungsgerichts.
V. Dabei erklärte das Gericht in einer seiner Leitentscheidungen zur Rentenüberleitung vom 28. April 1999 (BVerfGE 100, 138) § 7 Abs. 1 Satz 1 AAÜG in Verbindung mit den Werten der Anlage 6 zum AAÜG für mit Art. 3 Abs. 1 und Art. 14 GG nicht vereinbar und nichtig, soweit für die Rentenberechnung das zugrunde zu legende Arbeitsentgelt oder Arbeitseinkommen unter das jeweilige Durchschnittseinkommen im Beitrittsgebiet abgesenkt wurde. Zur Begründung führte es unter anderem aus (BVerfGE 100, 138 <183>), im Hinblick auf das mit der Begrenzungsregelung verfolgte legitime Ziel, überhöhte Arbeitsverdienste in der gesetzlichen Rentenversicherung nicht zu berücksichtigen, erscheine es verfassungsrechtlich geboten, jedenfalls bei einer Kürzung das jeweilige Durchschnittsentgelt im Beitrittsgebiet nicht zu unterschreiten. Dies sichere den in § 7 AAÜG genannten Personen typischerweise eine Altersversorgung, die sie von sonstigen Sozialleistungen unabhängig mache. Es sei dem Gesetzgeber allerdings unbenommen, im Zusammenhang mit der Frage, in welcher Höhe Arbeitsverdienste von Angehörigen des MfS/AfNS bei der Rentenberechnung berücksichtigt werden sollten, eine für die Betroffenen günstigere Lösung vorzusehen und bei einer Neuregelung auch über dem Durchschnitt liegende Einkommensanteile als rentenwirksam anzuerkennen. Verfassungsrechtlich verpflichtet sei er hierzu nicht.
VI. In einem weiteren Urteil ebenfalls vom 28. April 1999 (BVerfGE 100, 104), das die Verfassungsmäßigkeit von § 307b SGB VI zum Gegenstand hatte, sprach das Bundesverfassungsgericht aus, es sei mit Art. 3 Abs. 1 GG unvereinbar, dass bei der Neuberechnung von Bestandsrenten aus Zeiten der Zugehörigkeit zu einem Zusatz- oder Sonderversorgungssystem für die Ermittlung der persönlichen Entgeltpunkte (Ost) die während der gesamten Versicherungszeit bezogenen tatsächlichen Arbeitsentgelte oder Arbeitseinkommen zugrunde gelegt würden, während für die sonstigen Bestandsrentner im Beitrittsgebiet nach § 307a Abs. 2 Satz 1 SGB VI ein 20-Jahres-Zeitraum maßgeblich sei. Zwar sei die für das Beitrittsgebiet geltende Sonderregelung des § 307a Abs. 2 Satz 1 SGB VI für sich genommen verfassungsrechtlich nicht zu beanstanden, da das Ziel einer raschen Umsetzung des neuen Rentenversicherungsrechts im Beitrittsgebiet nur durch ein vereinfachtes maschinelles Verfahren auf der Grundlage der

vorhandenen Daten erreicht werde. Mit Art. 3 Abs. 1 GG unvereinbar sei jedoch, dass Berechtigte aus Zusatz- und Sonderversorgungssystemen, bei denen sich die gleichen Schwierigkeiten bei der Feststellung der notwendigen Daten ergäben, an dieser verfassungsmäßigen Vergünstigung für Bestandsrentner aus dem Beitrittsgebiet nicht teilhätten.

VII. c) Die Konsequenzen aus den Urteilen vom 28. April 1999 zog der Gesetzgeber durch das Zweite Gesetz zur Änderung und Ergänzung des Anspruchs- und Anwartschafts-überführungsgesetzes (2. AAÜG-ÄndG) vom 27. Juli 2001 (BGBl I S. 1939): Nach § 7 Abs. 1 Satz 1 AAÜG in Verbindung mit der geänderten Anlage 6 zum AAÜG erfolgt nunmehr eine Absenkung der während der Zugehörigkeit zu dem Versorgungssystem des MfS/AfNS erzielten Arbeitsentgelte und Arbeitseinkommen nur auf das Durchschnittseinkommen im Beitrittsgebiet, so dass alle Betroffenen, sofern ihr Einkommen den Durchschnittsverdienst erreichte oder überstieg, einheitlich einen Entgeltpunkt (Ost) pro Jahr der Zugehörigkeit zum Sonderversorgungssystem erhalten. Über die Vorgaben des Bundesverfassungsgerichts wollte der Gesetzgeber allerdings nicht hinausgehen, um „erneute ideologisch geführte Diskussionen" zu vermeiden (vgl. BTDrucks 14/5640, S. 13). Auch wurde für die Überführung von Bestandsrenten aus Zusatz- oder Sonderversorgungssystemen in § 307b Abs. 1 Satz 2, Abs. 3 SGB VI ein alternativer Berechnungsmodus zum fortbestehenden § 307b Abs. 1 Satz 1, Abs. 2 SGB VI, die sogenannte Vergleichsrente, eingeführt. Ist dies für den Betroffenen günstiger, erfolgt danach die Neuberechnung - wie bei der Überführung von Bestandsrenten aus der DDR-Sozialversicherung und der freiwilligen Zusatzrentenversicherung nach § 307a Abs. 2 SGB VI anhand der Summe der Arbeitsentgelte und Arbeitseinkommen der letzten 20 Kalenderjahre vor dem Ende der letzten versicherungspflichtigen Beschäftigung oder Tätigkeit (§ 307b Abs. 3 Nr. 3 SGB VI i.d.F. des 2. AAÜG-ÄndG).

2. Die Verfassungsbeschwerdeführer, die alle hauptamtliche Mitarbeiter des MfS/AfNS waren und dem Sonderversorgungs-system des MfS/AfNS angehörten, wenden sich gegen Bescheide, mit denen der jeweils zuständige Renten-versicherungsträger nach der Entscheidung des Bundes-verfassungsgerichts aus dem Jahre 1999 eine bereits zuvor bezogene Rente neu festgesetzt oder erstmals Rente bewilligt hat.

a) Der Beschwerdeführer zu I. gehörte dem Sonderversorgungssystem vom 1. Januar 1953 bis zum 29. November 1957 und vom 1. September 1958 bis zum 30. Juni

1988 an und war beim MfS zuletzt als Oberst tätig. Er erhielt bereits vor der Vereinigung eine Invalidenrente, die in eine Erwerbsunfähigkeitsrente überführt wurde. Seit dem 1. Dezember 1991 bezieht er Altersrente. Mit den angegriffenen Bescheiden vom 30. April 2002, 22. Mai 2002 und 28. Mai 2002 stellte der Rentenversicherungsträger die Renten unter Berücksichtigung der geänderten Anlage 6 zum AAÜG neu fest; die Widersprüche des Beschwerdeführers wies er durch Widerspruchsbescheide vom 31. Januar 2003 und 1. März 2006 zurück. Die dagegen gerichtete Klage blieb erfolglos (Urteile des Sozialgerichts Berlin vom 3. Mai 2007, des Landessozialgerichts Berlin-Brandenburg vom 10. Dezember 2009 und des Bundessozialgerichts vom 14. Dezember 2011). Das Bundessozialgericht führte zur Begründung unter anderem aus, § 7 Abs. 1 Satz 1 AAÜG in Verbindung mit der Anlage 6 zum AAÜG in der Fassung des 2. AAÜG-ÄndG setze die Vorgaben des Bundesverfassungsgerichts vom 28. April 1999 (BVerfGE 100, 138) um. Einer erneuten Vorlage an das Bundesverfassungsgericht habe es nicht bedurft. Die Revision könne nicht mit der Behauptung durchdringen, die tatsächlichen Entscheidungsgrundlagen des Urteils vom 28. April 1999 würden durch die von ihr vorgelegten Unterlagen so nachhaltig in Frage gestellt, dass eine andere Entscheidung des Bundesverfassungsgerichts in Betracht kommen könnte. Das Bundesverfassungsgericht habe die Berechtigung des Gesetzgebers, bei der Bestimmung der Rechtsfolge des § 7 Abs. 1 AAÜG von einer Sonderstellung der Gesamtheit der Angehörigen des MfS/AfNS auszugehen, auf deren Vergleich mit dem Gesamtverdienstniveau aller Beschäftigten gestützt. Dabei bedürfe es für eine verfassungsrechtlich zulässige Typisierung ausdrücklich keiner weiteren Differenzierung innerhalb des Kreises der Angehörigen des MfS/AfNS. Soweit von der Revision darauf hingewiesen werde, dass sich der Einkommensvorsprung des MfS auf den ersten Blick auch innerhalb des militärischen Sektors fortzusetzen scheine, während sich unter Berücksichtigung der differierenden Karrierezeiten „überraschend geringe Unterschiede" ergäben, bleibe offen, welche relevante Änderung gegenüber den Grundlagen des Urteils vom 28. April 1999 hierin zum Ausdruck kommen solle.
Zu den Modalitäten der Überführung einer Bestandsrente aus dem Sonderversorgungssystem des MfS/AfNS führte das Bundessozialgericht im Wesentlichen aus, bei der Berechnung einer überführten Rente nach § 307b Abs. 1 Satz 1 SGB VI werde für Zeiten der Zugehörigkeit zu einem Versorgungssystem bei der Ermittlung der Entgeltpunkte allein

(§ 259b SGB VI) der nach dem Anspruchs- und Anwartschaftsüberführungsgesetz ermittelte und bundesrechtlich als berücksichtigungsfähig anerkannte Verdienst zugrunde gelegt. Damit seien insbesondere die §§ 5 bis 7 AAÜG von Bedeutung. Zur Bestimmung des Werts der sogenannten Vergleichsrente würden gemäß § 307b Abs. 3 Nr. 3 SGB VI durchschnittliche Entgeltpunkte pro Monat auf der Basis eines 20-Jahres
Zeitraums vor dem Ende der letzten versicherungspflichtigen Beschäftigung oder Tätigkeit ermittelt. Auch dies geschehe insbesondere auf der Grundlage „der vorhandenen Daten des bereits geklärten ... Versicherungsverlaufs" (§ 307b Abs. 3 Satz 1 SGB VI). Andernfalls würde insbesondere das verfassungsmäßige Konzept der Aussonderung nicht auf Arbeit und Leistung beruhender Entgeltbestandteile zunichte gemacht.
b) Die Beschwerdeführerin zu II. gehörte dem Sonderversorgungssystem des MfS/AfNS in der Zeit vom 1. Februar 1965 bis zum 28. Februar 1987 an; sie war zuletzt als „leitende Spezialistin" tätig. Sie bezog vor dessen Schließung eine Altersrente aus dem Sonderversorgungssystem.
Der zuständige Rentenversicherungsträger stellte die überführte Rente nach den Änderungen durch das Zweite Änderungsgesetz zum Anspruchs- und Anwartschaftsüberführungsgesetz durch den angegriffenen Bescheid vom 17. Januar 2002 neu fest. Die Beschwerdeführerin ließ diesen zunächst bestandskräftig werden, beantragte dann aber - ohne Erfolg - seine Überprüfung (Bescheid vom 31. Oktober 2002 in Gestalt des Widerspruchsbescheides vom 22. April 2003). Die hiergegen gerichtete Klage blieb ebenfalls erfolglos (Gerichtsbescheid des Sozialgerichts Berlin vom 8. September 2003, Urteil des Landessozialgerichts Berlin-Brandenburg vom 11. Dezember 2009). Die gegen das Urteil des Landessozialgerichts eingelegte Revision verwarf das Bundessozialgericht durch Urteil vom 14. Dezember 2011 als unzulässig.
c) Der Beschwerdeführer zu III. hatte beim MfS zuletzt die Stelle eines Referatsleiters in einer Hauptabteilung inne. Dem Sonderversorgungssystem gehörte er vom 1. Mai 1968 bis zum 28. Februar 1990 an.
Der zuständige Rentenversicherungsträger gewährte ihm durch Bescheid vom 1. Juni 2006 Altersrente ab 1. August 2006, wobei er die zu überführenden Verdienste aus der Zeit der Zugehörigkeit zum Sonderversorgungssystem des MfS/AfNS gemäß § 7 AAÜG in Verbindung mit der Anlage 6 zum AAÜG begrenzte. Der Widerspruch hiergegeben blieb ebenso erfolglos

wie das nachfolgende Klageverfahren (Widerspruchsbescheid vom 18. September 2006, Urteil des Sozialgerichts Berlin vom 27. Oktober 2008). Zuletzt wies das Landessozialgericht Berlin-Brandenburg die Berufung unter Verweis auf die im Verfahren des Beschwerdeführers zu I. ergangene Entscheidung des Bundessozialgerichts durch Urteil vom 29. November 2012 zurück.

d) Der inzwischen verstorbene Vater des Beschwerdeführers zu IV. gehörte dem Sonderversorgungssystem für Angehörige des MfS/AfNS zwischen dem 1. Oktober 1957 und dem 31. Januar 1990 an. Er war beim MfS zuletzt ebenfalls als Referatsleiter in einer Hauptabteilung tätig.

Der zuständige Rentenversicherungsträger gewährte ihm mit dem angegriffenen Bescheid vom 4. November 1993 in Gestalt des Widerspruchsbescheides vom 23. Februar 1994 Altersrente ab dem 1. Oktober 1993, wobei er die während der Zeit der Zugehörigkeit zum Sonderversorgungssystem für Angehörige des MfS/AfNS erzielten Arbeitseinkommen und -entgelte entsprechend der damaligen Fassung der Anlage 6 zum AAÜG nur bis zu 70 % des Durchschnittsverdienstes in der DDR berücksichtigte. Dies korrigierte er im Hinblick auf die Entscheidung des Bundesverfassungsgerichts aus dem Jahre 1999 durch Bescheid vom 11. Januar 2000. Das Sozialgericht Berlin wies die schon nach Erlass des ursprünglichen Bewilligungsbescheids erhobene Klage, zu deren Gegenstand auch der Bescheid vom 11. Januar 2000 geworden war, durch Urteil vom 11. Mai 2009 ab. Die Berufung blieb erfolglos, wobei das Landessozialgericht Berlin-Brandenburg in seinem Urteil vom 24. Oktober 2012 wiederum zentral auf das Urteil des Bundessozialgerichts im Verfahren des Beschwerdeführers zu I. verwies.

e) Der Beschwerdeführer zu V. war beim MfS zuletzt als Offizier im besonderen Einsatz tätig. Er gehörte dem Sonderversorgungssystem vom 1. September 1977 bis zum 31. Dezember 1989 an.

Er erhielt Altersrente seit dem 1. Januar 1996, die der Rentenversicherungsträger durch Bescheid vom 19. Juni 2001 neu feststellte. Diesen Bescheid ließ der Beschwerdeführer zunächst ebenso unangefochten wie zwei Änderungsbescheide hierzu vom 23. Januar 2006 und 24. März 2006. Im Jahre 2008 beantragte er dann jedoch die Überprüfung der Rentenbewilligung wegen der nur bis zum Durchschnittsverdienst in der DDR berücksichtigten Verdienste aus der Zeit seiner Zugehörigkeit zum Sonderversorgungssystem. Dieser Antrag blieb erfolglos (Bescheid vom 11. März 2008 in Gestalt des

Widerspruchsbescheides vom 27. Mai 2008, Urteil des Sozialgerichts Berlin vom 3. April 2009 und des Landessozialgerichts Berlin-Brandenburg vom 7. August 2013).
f) Der Beschwerdeführer zu VI. war zuletzt im Rang eines Oberstleutnants als Abteilungsleiter beim MfS tätig und gehörte dem Sonderversorgungssystem vom 1. Oktober 1957 bis zum 31. März 1990 an.
Der zuständige Rentenversicherungsträger bewilligte ihm mit Bescheid vom 5. Juli 2002 Altersrente ab 1. Juni 2002 unter Begrenzung der während der Zeit der Zugehörigkeit zum Sonderversorgungssystem erzielten Verdienste auf den Durchschnittsverdienst in der DDR; den dagegen gerichteten Widerspruch wies er durch Widerspruchsbescheid vom 24. Juni 2003 zurück. Die anschließend erhobene Klage wies das Sozialgericht Neuruppin durch Urteil vom 17. Mai 2005 ab, das Landessozialgericht Berlin Brandenburg die dagegen eingelegte Berufung durch Urteil vom 6. Februar 2014 zurück.
Das Bundessozialgericht verwarf die gegen die Nichtzulassung der Revision gerichtete Beschwerde durch Beschluss vom 8. Juli 2014 als unzulässig, da der Beschwerdeführer weder die Entscheidungserheblichkeit der von ihm aufgeworfenen Fragen noch ausreichend dargelegt habe, dass die mit der Verfassungsmäßigkeit von § 7 AAÜG in Verbindung mit Anlage 6 zum AAÜG zusammenhängenden Fragen trotz der im Verfahren des Beschwerdeführers zu I. ergangenen Entscheidung erneut klärungsbedürftig geworden seien.
g) Der Beschwerdeführer zu VII. schließlich gehörte dem Sonderversorgungssystem in der Zeit vom 1. Oktober 1966 bis zum 31. Januar 1990 an. Er war zuletzt als Referatsleiter in einer Hauptabteilung des MfS tätig.
Der zuständige Rentenversicherungsträger bewilligte ihm unter begrenzter Berücksichtigung der während der Zeit der Zugehörigkeit zum Sonderversorgungssystem erzielten Verdienste durch Bescheid vom 7. Dezember 2009 Altersrente ab dem 1. Dezember 2009. Widerspruch und Klage wegen der Begrenzung der überführten Verdienste blieben auch in seinem Fall erfolglos (Widerspruchsbescheid vom 1. Februar 2010, Urteil des Sozialgerichts Berlin vom 14. April 2011, Urteil des Landessozialgerichts Berlin-Brandenburg vom 15. Dezember 2015), wobei das Landessozialgericht auch hier zentral auf das im Verfahren des Beschwerdeführers zu I. ergangene Urteil des Bundessozialgerichts verwies.
II. Mit ihren Verfassungsbeschwerden wenden sich die Beschwerdeführer unmittelbar gegen die genannten, sie beschwerenden Gerichts- und Verwaltungsentscheidungen und mittelbar gegen § 7 Abs. 1 AAÜG in Verbindung mit Anlage 6

zum AAÜG und rügen diesbezüglich eine fortbestehende Verletzung ihrer Grundrechte aus Art. 3 Abs. 1 und Art. 14 Abs. 1 GG auch nach den Änderungen durch das 2. AAÜG-ÄndG. Der Beschwerdeführer zu I. wendet sich darüber hinaus gegen § 307b SGB VI, der auch nach der Einführung der sogenannten Vergleichsrente gegen Art. 3 Abs. 1 GG verstoße. Der Beschwerdeführer zu VI. schließlich sieht durch die in seinem Verfahren ergangene Entscheidung des Bundessozialgerichts Art. 19 Abs. 4 GG verletzt.

1. Die Beschwerdeführer begründen ihre Verfassungsbeschwerden gegen die Entgeltbegrenzung im Kern übereinstimmend damit, dass sich aus den von ihnen vorgelegten Gutachten und Ausarbeitungen von Dr. Miethe/Prof. Dr. Weißbach, von Kranz u.a., von Dr. Wellschmied und von Prof. Dr. Dr. Merten neue rechtserhebliche Tatsachen ergäben, die eine erneute und andere Entscheidung des Bundesverfassungsgerichts „über das MfS-Sonderreglement" aus § 7 AAÜG notwendig machten.
a) Zur Zulässigkeit einer neuerlichen verfassungsgerichtlichen Prüfung haben die Beschwerdeführer zunächst geltend gemacht, im Urteil vom 28. April 1999 (BVerfGE 100, 134) finde sich noch gar keine Entscheidung, sondern nur obiter dicta hinsichtlich der Verfassungskonformität von Kürzungen bis zum allgemeinen Durchschnittseinkommen und auch keine darauf bezogene Begründung, so dass dieses insoweit keine Bindungswirkung entfalten könne. Vielmehr beschränke sich der damalige Ausspruch darauf, die Begrenzung auf 70 % des Durchschnitts-einkommens für verfassungswidrig und nichtig zu erklären. Auch der Beschluss der 3. Kammer des Ersten Senates vom 22. Juni 2004 (BVerfGK 3, 270), mit dem eine erneute Überprüfung auf der Grundlage der damals vorliegenden Gutachten abgelehnt worden sei, stehe dem nicht entgegen.
b) Jedenfalls sei auf Grund der nunmehr vorliegenden neuen Tatsachen, die sich aus den von ihnen vorgelegten Unterlagen ergäben, eine erneute Prüfung geboten.
So bestehe eine Pflicht des Gesetzgebers, eine Norm, die bislang als verfassungsgemäß angesehen worden sei, nachzubessern, wenn sich die maßgeblichen Verhältnisse geändert oder sich die früher zugrunde gelegten Tatsachen im Nachhinein als unrichtig erwiesen hätten. Dies müsse auch eine erneute verfassungsgerichtliche Prüfung ermöglichen.
Vor allem ergebe sich bereits aus der Senatsentscheidung aus dem Jahre 1999, dass eine erneute verfassungsrechtliche Überprüfung des § 7 AAÜG zulässig sei, wenn neue

rechtserhebliche Tatsachen gegen die tragenden Feststellungen des Gerichts vorlägen, die eine andere Entscheidung rechtfertigen könnten. Nach dem Beschluss vom 22. Juni 2004 bedürfe es dazu (nur) einer sachlich und zeitlich umfassenden, auf der Grundlage neuer Erkenntnisse erarbeiteten Analyse des Besoldungs- und Versorgungssystems im Bereich des MfS. Eine solche liege nunmehr vor.
Das von ihnen eingebrachte Gutachten von Dr. Miethe und Prof. Dr. Weißbach zur Einkommensentwicklung und den Einkommensstrukturen der hauptamtlichen Mitarbeiter des MfS zeige zwar, dass ein gewisser Abstand zwischen den Verdiensten beim MfS/AfNS und dem Durchschnittseinkommen bestanden habe. Ein Vergleich der Einkommen im zivilen und militärischen Bereich der DDR sei aber offensichtlich problematisch, da er den Unterschied zwischen den zugrunde liegenden Tätigkeiten völlig außer Acht lasse: Die Angehörigen des MfS/AfNS hätten hauptberuflich Wehrdienst geleistet und unter Fahneneid gestanden. Sie hätten daher besonderen Zwängen des Befehlsgehorsams und der Pflichterfüllung bis hin zur physischen Aufopferung unterlegen.
Hieraus folgten die dienst- und versorgungsrechtlich bestimmten Einkommens- und Vermögensverhältnisse, die einen Vergleich nur mit anderen Angehörigen des sogenannten X-Bereichs sinnvoll erscheinen ließen. Diesbezüglich zeigten die von ihnen vorgelegten Unterlagen jedoch einen überraschend geringen Unterschied der Verdienste, aber auch der wirtschaftlichen Situation im Übrigen. Namentlich hätten die Versorgungs-ordnungen beim MfS einerseits, bei der Nationalen Volksarmee (NVA) und dem Ministerium des Inneren (MdI) andererseits im Wesentlichen übereingestimmt. Unter dem Gesichtspunkt einer gruppengerechten Versorgungsüberleitung lasse sich die Schlechterstellung der MfS-Angehörigen gegenüber diesen Gruppen nicht rechtfertigen.
Vor diesem Hintergrund müsse zudem davon ausgegangen werden, dass sich die maßgebliche Rechtslage zwischenzeitlich wesentlich geändert habe. So sei die besondere Beitragsbemessungsgrenze für hauptamtliche Mitarbeiter des Staatsapparates und in bestimmten gesellschaftlichen Organisationen gemäß § 6 Abs. 2 und 3 AAÜG durch den Beschluss des Bundesverfassungsgerichts vom 23. Juni 2004 (BVerfGE 111, 115) nochmals als verfassungswidrig verworfen und anschließend durch das Erste Gesetz zur Änderung des Anspruchs- und Anwartschaftsüberführungsgesetzes vom 21. Juni 2005 (BGBl I S. 1672) neu gestaltet und stark begrenzt worden. Die ursprünglich dreistufige Systematik der

Beitragsbemessungsgrenzen sei damit aufgegeben worden, weil die Grenze des § 6 Abs. 2 AAÜG faktisch weggefallen sei. Dies bewirke eine Verschärfung der die Beschwerdeführer treffenden Benachteiligungen aufgrund der Sonderregel nach § 7 AAÜG im Vergleich zu Angehörigen von NVA, Polizei und von anderen Diensten des militärischen Beschäftigungssektors der DDR, die verfassungsrechtlich nicht hinnehmbar sei.
c) Zur Begründetheit der Verfassungsbeschwerde machen die Beschwerdeführer im Kern übereinstimmend geltend, die Regelung des § 7 Abs. 1 Satz 1 AAÜG in Verbindung mit der Anlage 6 zum AAÜG verstoße auf Grund der dargelegten Umstände auch nach der Neuregelung durch das 2. AAÜG-ÄndG gegen Art. 3 Abs. 1 und Art. 14 Abs. 1 GG.
2. Der Beschwerdeführer zu I., der seit Juli 1998 eine Rente aus dem Sonderversorgungssystem bezog („Bestandsrentner"), macht darüber hinaus geltend, die diesbezüglichen Regelungen zur Überführung aus § 307b SGB VI seien auch nach der Änderung durch das 2. AAÜG-ÄndG verfassungswidrig; das gelte jedenfalls in der Interpretation, die ihnen Verwaltung und Gerichte, insbesondere das Bundessozialgericht in der angegriffenen Entscheidung, gegeben hätten. Bestandsrentner aus dem Sonderversorgungssystem des MfS/AfNS würden dadurch sowohl gegenüber allen anderen Bestandsrentnern benachteiligt, als auch in verfassungswidriger Weise mit Zugangsrentnern aus dem Sonderversorgungssystem des MfS/AfNS gleichgestellt. Die Begrenzung der überführten Entgelte führe nämlich dazu, dass die Vorteile der Begrenzung des für die Berechnung der überführten Rente maßgeblichen Zeitraums auf 20 Jahre den Bestandsrentnern des MfS generell und auf Dauer vorenthalten würden.
Auch ergebe sich aus diesen Umständen und der Auslegung, die Verwaltungen und Gerichte und namentlich das Bundessozialgericht der Vorschrift gegeben hätten, ein Verstoß gegen Art. 20 GG. Der Normgehalt selbst sehe nämlich weder eine Differenzierung nach bestimmten Versichertengruppen noch eine Begrenzung der Entgelte vor, die der überführten Rente - insbesondere im Rahmen der Vergleichsberechnung nach § 307 Abs. 1 Satz 2, Abs. 3 SGB VI - zugrunde zu legen seien. Auch der Zweck der Regelung könne eine Begrenzung der in die Vergleichsberechnung einzustellenden Entgelte nicht tragen, da es dem Gesetzgeber gerade um eine Besserstellung der Bestands- gegenüber den Zugangsrentnern gegangen sei, die bei der vom Bundessozialgericht präferierten Vorgehensweise unmöglich gemacht werde. Hätte der Gesetzgeber dagegen das von Verwaltung und Gerichten für richtig gehaltene Ergebnis gewollt, hätte er dies auf Grund der

sogenannten Wesentlichkeitstheorie auch selbst regeln müssen.
3. Der Beschwerdeführer zu VI. macht geltend, durch die Verwerfung der von ihm erhobenen Nichtzulassungsbeschwerde als unzulässig habe das Bundessozialgericht entgegen der Anforderungen aus Art. 19 Abs. 4 GG eine vollständige Sachprüfung unterlassen. Diese hätte hier eine Prüfung der Verfassungsmäßigkeit von § 7 Abs. 1 Satz 1 AAÜG in Verbindung mit Anlage 6 zum AAÜG und deren Vorlage an das Bundesverfassungsgericht nach Art. 100 Abs. 1 GG erfordert.
III. Die Verfassungsbeschwerden sind nicht zur Entscheidung anzunehmen. Annahmegründe im Sinne von § 93a Abs. 2 BVerfGG liegen nicht vor, da die Verfassungsbeschwerden unzulässig sind. Das gilt sowohl, soweit die Beschwerdeführer übereinstimmend die aus § 7 AAÜG in Verbindung mit Anlage 6 zum AAÜG folgende begrenzte Überführung ihrer Ansprüche und Anwartschaften aus dem Sonderversorgungssystem des MfS/AfNS beanstanden (dazu 1.), als auch, soweit sich der Beschwerdeführer zu I. zusätzlich gegen die Regelungen des § 307b SGB VI und deren Auslegung, insbesondere die Berechnung der sogenannten Vergleichsrente, wendet (dazu 2.) und der Beschwerdeführer zu VI. die Verletzung von Art. 19 Abs. 4 GG durch die ihm gegenüber ergangene Entscheidung des Bundessozialgerichts rügt (dazu 3.).
1. Soweit sie sich gegen § 7 Abs. 1 Satz 1 AAÜG in Verbindung mit Anlage 6 zum AAÜG in der seit der Änderung durch das 2. AAÜG-ÄndG geltenden Fassung richten, haben die Verfassungsbeschwerden jedenfalls deswegen keinen Erfolg, weil auch das Vorbringen der hiesigen Beschwerdeführer und die von ihnen vorgelegten Unterlagen keinen ausreichenden Grund darstellen, inhaltlich in eine erneute verfassungsrechtliche Prüfung der nur begrenzten Überführung der Verdienste aus der Zeit der Zugehörigkeit zum Sonderversorgungssystem des MfS/AfNS einzutreten.
a) Zunächst hat das Bundesverfassungsgericht mit dem Urteil vom 28. April 1999 (BVerfGE 100, 138) - entgegen der Auffassung der Beschwerdeführer - § 7 Abs. 1 Satz 1 AAÜG (in Verbindung mit Anlage 6 zum AAÜG) in der damals zur Überprüfung stehenden Fassung des Änderungsgesetzes zum Rentenüberleitungsgesetz vom 18. Dezember 1991 (BGBl I S. 2207) nicht uneingeschränkt für mit Art. 3 Abs. 1 und Art. 14 Grundgesetz unvereinbar und nichtig erklärt; es hat vielmehr den diesbezüglichen Ausspruch ausdrücklich darauf beschränkt, dass dies (nur) gelte, soweit für die Rentenberechnung das zugrunde zu legende Arbeitsentgelt oder Arbeitseinkommen

unter das jeweilige Durchschnittsentgelt im Beitrittsgebiet abgesenkt werde.
Die Einwände der Beschwerdeführer hiergegen greifen nicht durch. Zunächst ist bereits der Tenor in der soeben wiedergegebenen Weise differenziert und begrenzt. Auch die Begründung ist bezüglich der Reichweite der damaligen Entscheidung eindeutig: Insbesondere hat das Gericht (vgl. BVerfGE 100, 138 <178 ff.>) ausführlich erläutert, dass und warum der Gesetzgeber prinzipiell berechtigt war und ist, für Angehörige des MfS/AfNS eine Sonderregelung zu treffen und Umfang und Wert der zu berücksichtigenden Arbeitsentgelte und Arbeitseinkommen grundsätzlich und in typisierender Weise niedriger einzustufen als bei anderen Versicherten aus dem Beitrittsgebiet. Aus den nachfolgenden Ausführungen (BVerfGE 100, 138 <180 ff.>) ergeben sich - zum Teil im Gegenschluss - auch hinreichend deutlich die Gründe, wegen derer eine Absenkung gerade bis zum Durchschnittsentgelt verfassungsrechtlich gerechtfertigt ist. Für die Lesart der Beschwerdeführer spricht zwar auf den ersten Blick die Formulierung (BVerfGE 100, 138 <183>), es erscheine verfassungsrechtlich geboten, bei einer Kürzung „jedenfalls" das jeweilige Durchschnittsentgelt im Beitrittsgebiet nicht zu unterschreiten (ähnlich die Formulierung auf S. 182). Durch die im gleichen Absatz folgenden, unzweideutigen und zum gewählten Tenor passenden Formulierungen wird jedoch deutlich, dass das „jedenfalls" sich nur darauf bezieht, dass es dem Gesetzgeber - selbstverständlich - freisteht, eine für die Grundrechtsinhaber vorteilhaftere Regelung zu treffen, dies aber eine Frage seiner politischen Entscheidung, nicht einer verfassungsrechtlichen Verpflichtung ist.
Auch ist - wiederum entgegen der Auffassung der Beschwerdeführer - eine Eingrenzung der Vorlagefrage darauf, ob die Entgeltbegrenzung gerade auf die damals maßgebliche Höhe von 70 % des Durchschnittsverdienstes verfassungswidrig ist, weder dem Entscheidungssatz im Vorlagebeschluss des Bundessozialgerichts vom 14. Juni 1995 - 4 RA 54/94 - noch dessen Begründung zu entnehmen. Ohnehin wäre das Bundesverfassungsgericht an einer über die Formulierung des vorlegenden Gerichts hinausgehenden Entscheidung nicht gehindert gewesen, da es wegen seiner besonderen Aufgabe und Stellung - konkret wegen der Befriedungsfunktion der Normenkontrolle - befugt ist, diese erweiternd auszulegen (vgl. BVerfGE 44, 322 <337 f.>; 121, 241 <253>; 135, 1 <12 Rn. 33>; 139, 285 <297 Rn. 38>).
b) Wegen des Zeitbezugs einer gerichtlichen Entscheidung (vgl. zu diesem Gesichtspunkt BVerfGE 33, 199 <203>) ist eine

erneute Prüfung dennoch nicht unter allen Umständen ausgeschlossen. Sie wäre jedoch nur zulässig, sofern neue rechtserhebliche, gegen die damals tragenden Feststellungen sprechende Tatsachen vorlägen, die dadurch eine andere Entscheidung rechtfertigen könnten (BVerfGE 33, 199 <203 f.>; 65, 179 <181>; 70, 242 <249 f.>; BVerfGK 3, 270 <273>; vgl. auch BVerfGE 128, 326 <365>; 131, 316 <333>). Argumente, die bei unveränderter Sach- und Rechtslage nur die Richtigkeit der damaligen Entscheidung in Frage stellen, sind dagegen von vornherein nicht geeignet, eine erneute Überprüfung zu eröffnen. Maßgeblich ist daher, ob sich - ausgehend von der Begründung der damaligen Entscheidung (vgl. hierzu BVerfGE 33, 199 <204>; 70, 242 <250>) - zwischenzeitlich neue Umstände ergeben haben, die geeignet sind, die Grundlagen des Urteils vom 28. April 1999 in Frage zu stellen.

aa) Mit einigen ihrer zentralen Argumente können die Beschwerdeführer daher von vorneherein nicht durchdringen. Dies gilt namentlich für ihr Vorbringen, ein Vergleich der Einkommen und Entgelte der MfS-Mitarbeiter mit denen der allgemeinen Volkswirtschaft sei wegen der unterschiedlichen Struktur der Tätigkeit beim MfS/AfNS einerseits und in einer zivilen Beschäftigung andererseits - etwa wegen des Besoldungscharakters der von ihnen bezogenen Entgelte und der Versorgungsähnlichkeit der Altersbezüge, der besonderen Treuepflichten und der mit der Tätigkeit verbundenen Risiken sowie der Herausgehobenheit des sogenannten X-Bereichs - grundsätzlich nicht sachgerecht und könne eine Begrenzung der Verdienste nicht tragen. Das Bundesverfassungsgericht hat nämlich, wie bereits das Bundessozialgericht in der im Verfahren des Beschwerdeführers zu I. ergangenen Entscheidung ausführlich dargelegt hat, im Urteil aus dem Jahre 1999 gerade auf diesen Vergleich abgestellt und darin grundsätzlich eine Rechtfertigung für eine das Sonderversorgungssystem des MfS/AfNS betreffende Sonderregelung gesehen (vgl. BVerfGE 100, 138 <178 ff.>). Auch die rechtlichen Fragen, die die Beschwerdeführer insbesondere im Anschluss an das von ihnen eingebrachte Gutachten von Prof. Dr. Dr. Merten („Probleme gruppengerechter Versorgungsüberleitung - § 7 AAÜG im Lichte des Grundgesetzes") aufwerfen und auf Grund derer sie ihre eigene Rechtsauffassung der damaligen Entscheidung entgegensetzen, stellten sich 1999 bereits in gleicher Weise; nur als Beispiele seien ihre Kritik an der einheitlichen (und nicht prozentualen) Reduzierung auf das Durchschnittseinkommen, am „Kürzungsmechanismus" und dessen Sachgerechtigkeit, an der vermeintlich fehlerhaften, weil zu groben Typisierung durch die undifferenzierte Anknüpfung an die Zugehörigkeit zum MfS/AfNS, der Verweis auf die von ihnen für realisierbar und geboten erachteten Möglichkeiten einer „milderen" Reduzierung und die Unverhältnismäßigkeit der bestehenden Regelung sowie ihre Behauptung, der weite Gestaltungsspielraum des Gesetzgebers bei der Herstellung der Rechtseinheit auf dem Gebiet der Rentenversicherung beschränke sich auf Übergangsregelungen, genannt. Insoweit tragen die Beschwerdeführer keine neuen Umstände vor, sondern kritisieren die gesetzliche Regelung mit Argumenten, die für das Bundesverfassungsgericht 1999 kein Grund waren, eine Reduzierung auf das Durchschnittseinkommen nicht als verfassungsrechtlich zulässig zu bestätigen.

bb) Inhaltlich stehen die im hiesigen Verfahren eingebrachten Gutachten und Unterlagen mit den dem Urteil aus dem Jahre 1999 zugrunde liegenden Annahmen nicht im Widerspruch oder aber wären nur dann von Bedeutung, wenn man nicht von der damaligen Begründung auszugehen hätte. Daher kann offen bleiben, ob sich aus neuen (geschichts-)wissenschaftlichen Erkenntnissen heute überhaupt noch neue rechtlich relevante Tatsachen zu dem hier streitigen Fragenkomplex ergeben können; immerhin verändern sich die tatsächlichen historischen Umstände seit der Abschaffung des MfS, der Schließung des Versorgungssystems und der Vereinigung der beiden deutschen Staaten nicht mehr. Auch hat das Bundesverfassungsgericht den Gesetzgeber 1999 ausdrücklich für befugt gehalten, im Rahmen der Rentenüberleitung eine pauschalierende Einstufung und Bewertung der Tätigkeiten beim MfS vorzunehmen, ohne etwa noch vorhandene Unterlagen des MfS/AfNS auswerten oder sonstige langwierige Ermittlungen vornehmen zu müssen (BVerfGE 100, 138 <179 f.>).

(1) Die tatsächlichen Grundlagen für die zentralen Argumente des Urteils aus dem Jahre 1999 werden durch die von den Beschwerdeführern eingebrachten Unterlagen eher bestätigt als widerlegt. So haben Dr. Miethe/Prof. Dr. Weißbach hinsichtlich des Abstandes zwischen den Einkommen beim MfS/AfNS und dem Durchschnitt der Volkswirtschaft ausgeführt, insoweit bestehe über den gesamten Entwicklungsverlauf der DDR hinweg eine signifikante Diskrepanz. Zwar habe diese sich im Zeitverlauf abgeschwächt und hinsichtlich verschiedener Volkswirtschaftszweige variiert, das im MfS/AfNS erzielte durchschnittliche Bruttoeinkommen habe aber noch im Jahre 1988 um 59 % über dem

Einkommensniveau der Volkswirtschaft als Ganzer gelegen (für frühere Zeiträume ergibt sich nach den vorgelegten Daten eine zum Teil noch merklich höhere Differenz). Damit sind die von den Beschwerdeführern eingebrachten Zahlen sogar noch etwas deutlicher als die 1999 vom Bundesverfassungsgericht zugrunde gelegten (BVerfGE 100, 138 <178>).

Auch trifft es sicher zu, dass die Einkommen im MfS/AfNS über den gesamten Zeitraum der Existenz dieses Dienstes hinweg in sich differenziert waren; auch das stellt allerdings die maßgeblichen Annahmen aus dem Urteil von 1999 nicht in Frage. Vielmehr haben Dr. Miethe und Prof. Dr. Weißbach festgehalten, dass im Jahr 1988 nur 21 % der Mitarbeiter des MfS/AfNS lediglich über ein Einkommen verfügt hätten, das unter dem Niveau der Volkswirtschaft gelegen habe. Eine Differenzierung wegen der internen Einkommensspreizung hat das Bundesverfassungsgericht 1999 im Übrigen gerade nicht für notwendig erachtet, ebenso wenig eine persönliche Überprüfung der einzelnen Mitarbeiter (vgl. BVerfGE 100, 138 <176>).

Weiter waren Überlegungen zu der Frage, ob die Einkommensdiskrepanzen zum zivilen Sektor Ergebnis einer „internen Bereicherungsmentalität" des MfS waren oder - wie für die anderen Dienste und auch für die Volkswirtschaft - durch politische Grundsatzentscheidungen der Partei- und Staatsführung gesetzt wurden, für die Entscheidung des Jahres 1999 nicht tragend.

Auch das Argument der Beschwerdeführer, dass der Einkommensabstand bei Reduzierung der gröbsten Disparitäten der 50er in den 60er Jahren „auf der Zeitschiene quasi fortgeschrieben" worden sei, ist nicht geeignet, die tragenden Feststellungen aus dem damaligen Urteil in Frage zu stellen und im Übrigen auch inhaltlich wenig überzeugend: Nur weil die Besserstellung der MfS-Mitarbeiter nicht immer größer geworden ist, steht diese nicht als solche in Frage. Selbst wenn zudem die wichtigsten „Einflussfaktoren auf die Entwicklung des Durchschnittseinkommens" beim MfS/AfNS dessen Organisationsstrukturen, seine Tätigkeitsstrukturen und die mit ihnen verknüpften Qualifikationsanforderungen, die sich in einem höheren Anteil von Hoch- und Fachschulabsolventen unter den Mitarbeitern im Vergleich zu den Beschäftigten in der Volkswirtschaft gespiegelt hätten, sowie das Dienst- und Lebensalter gewesen sein mögen, stehen die zentralen Ausführungen des Urteils aus dem Jahre 1999 damit nicht in Frage, nachdem damit überwiegend Kriterien angesprochen sind, die für die interne Differenzierung der Einkommen verantwortlich gewesen sein mögen. Die Unterschiede im

Qualifikationsniveau reichen im Übrigen nach dem Gutachten von Dr. Miethe/Prof. Dr. Weißbach „zur Begründung der Einkommensunterschiede zwischen dem MfS und der Volkswirtschaft nicht aus" (S. 78 des Gutachtens).
Inwiefern es gerechtfertigt sein kann, unter den Bedingungen der DDR von „Quasi-Marktbedingungen bei der Entgeltfindung im MfS/AfNS zu sprechen und dabei auf die „praktisch unbegrenzten Arbeitszeiten", eine permanente Verfügbarkeit und Mobilität, die Unmöglichkeit des Wechsels in eine zivile Karriere und eine durch die Erfordernisse des militärischen Dienstes eingeschränkte Lebensführung zu verweisen, kann offenbleiben. Die zentral mit der Vergleichbarkeit der Einkommen im MfS/AfNS einerseits und der NVA und dem MdI andererseits begründete Studie von Dr. Miethe und Prof. Dr. Weißbach beleuchtet diese Gesichtspunkte nur sehr kursorisch und befasst sich auch nicht näher mit den vom Bundesverfassungsgericht in der Entscheidung aus dem Jahr 1999 herausgestellten weiteren Privilegien wie dem System von Einrichtungen für Mitarbeiter des MfS im Verhältnis zu Beziehern durchschnittlicher ziviler Einkommen. Der hierzu von Kranz u.a. erstellte Bericht ist empirisch unzureichend belegt und beruht erkennbar - neben der Auswertung einiger Dokumente - auf den persönlichen Erfahrungen der Autoren, wie diese selbst ausführen. Ein systematischer und empirisch belegter Vergleich der wirtschaftlichen Situation der MfS-Mitarbeiter und in der allgemeinen Volkswirtschaft liegt damit nicht vor.
Hinsichtlich der Versorgung etwa im Alter und beim Ausscheiden aus dem Dienst argumentieren die Beschwerdeführer zwar sehr ausführlich, dass die Versorgungsordnung des MfS sich nicht wesentlich von den versorgungsrechtlichen Regelungen bei NVA und MdI unterschieden hätte; damit steht eine Besserstellung im Vergleich zum Bevölkerungsdurchschnitt jedoch nicht in Frage.
(2) Im Kern machen die Beschwerdeführer - und die von ihnen vorgelegten Gutachten und Berichte geltend: Sowohl die Einkommens- wie die Versorgungsstruktur und die Privilegien etwa bei der Wohnraumversorgung seien beim MfS/AfNS strukturell nicht anders gewesen als bei der NVA und im MdI. Damit werden aber die tragenden Feststellungen des Urteils aus dem Jahre 1999 nicht in Frage gestellt: Im Gegenteil hatte das Bundesverfassungsgericht die Einbettung des MfS/AfNS in den sogenannten X-Bereich, zu dem auch NVA und MdI gehörten, damals gesehen und - entgegen der Auffassung der Beschwerdeführer - nicht als Argument gegen, sondern für die

Annahme einer Privilegierung der MfS-Mitarbeiter angeführt (BVerfGE 100, 138 <178>).

Die auf einen Gruppenvergleich zwischen dem MfS/AfNS einerseits und der NVA und dem MdI andererseits abstellende Begründung der Beschwerdeführer, die sie rechtlich im Anschluss an das Gutachten von Prof. Dr. Dr. Merten und tatsächlich unter Verweis auf das Gutachten von Dr. Miethe und Prof. Dr. Weißbach sowie die Analysen von Kranz u.a. und Dr. Wellschmied entwickelt haben, verfehlt daher die Argumentationslinie der damaligen Begründung. Insoweit müsste sie selbst dann außer Betracht bleiben, wenn die Differenzierung zwischen § 6 AAÜG einerseits und § 7 AAÜG andererseits keine sachlichen Gründe für sich hätte.

Ein weiterer, vom Bundesverfassungsgericht in der Entscheidung aus dem Jahre 1999 bereits angesprochener Unterschied ergibt sich daraus, dass schon der DDR-Gesetzgeber für das Sonderversorgungssystem des MfS/AfNS im Aufhebungsgesetz die Schließung angeordnet (§ 1 Satz 1 AufhebG) und die aus der Überführung der Versorgungsleistungen in das Rentenversicherungssystem resultierenden Renten pauschalierend auf höchstens 990 DM gekürzt hatte (§ 2 AufhebG). Hieran durfte der bundesdeutsche Gesetzgeber anknüpfen (BVerfGE 100, 138 <179>).

Inhaltlich widerspricht bereits dies einer Argumentation, die die Begrenzungsregelung als eine ausschließlich dem Gesetzgeber der Bundesrepublik Deutschland zuzuschreibende Kürzungs- und sanktionsähnliche Regelung versteht und deren vermeintliche Verfassungswidrigkeit - neben Art. 3 Abs. 1 GG - mit Art. 14 Abs. 1 GG und dem Schuldgrundsatz begründen will. Der Eigentumsschutz für Anwartschaften und Ansprüche aus dem DDR-Alterssicherungssystem beruht darauf, dass der Einigungsvertrag, der im Übrigen selbst auch die Abschaffung ungerechtfertigter und die Kürzung überhöhter Leistungen als Regelungsauftrag bei der Überführung vorsah, diese anerkannt hat (grundlegend BVerfGE 100, 1 <37>; außerdem BVerfGE 100, 138 <182>; 126, 233 <256>). Im Falle der Ansprüche und Anwartschaften aus dem Sonderversorgungssystem der Angehörigen des MfS/AfNS hatte aber bereits der DDR-Gesetzgeber diese modifiziert und begrenzt.

In diesem Zusammenhang mag zwar der Vortrag zutreffen, dass die Volkskammer bei ihrer Entscheidung keine detaillierten Kenntnisse über geheimgehaltene interne Organisations-, Befehls- und Besoldungsstrukturen und deren (nichtveröffentlichte) Grundlagen sowie über die Einkommenssituation der Angehörigen des MfS/AfNS im

Vergleich zur Volkswirtschaft hatte. Es ist aber gar nicht erkennbar, dass das Bundesverfassungsgericht seinem Urteil eine so enge und auf die formalen Regelungen bezogene Vorstellung von der Vertrautheit der letzten Volkskammer mit den Verhältnissen in der DDR zugrunde gelegt hätte. Im Übrigen stellen die Beschwerdeführer hier nur ihre Bewertung der Arbeit der DDR-Volkskammer der damals vom Bundesverfassungsgericht vorgenommenen entgegen; neue Tatsachen, die die damalige Entscheidungsgrundlage in Frage stellen könnten, bringen sie damit nicht vor.

Wegen der Besonderheit des MfS/AfNS und seines Sonderversorgungssystems, die das Bundesverfassungsgericht durchgängig betont hat (vgl. zuletzt BVerfGE 126, 233 <259>), können auch die wiederholten, einschränkenden Änderungen von § 6 AAÜG und die diesen zugrunde liegenden Entscheidungen des Bundesverfassungsgerichts nicht als maßgebliche Änderungen im rechtlichen Umfeld und damit neue Tatsachen begriffen werden. Das Gericht hat vielmehr schon in den Urteilen vom 28. April 1999 die Regelungen des § 7 AAÜG einerseits (BVerfGE 100, 138) und die des § 6 AAÜG andererseits (BVerfGE 100, 59) substantiell unterschiedlich beurteilt und auch in den nachfolgenden Entscheidungen zu § 6 AAÜG auf die Spezifik der MfS-Versorgung, die die Vorschrift des § 7 AAÜG trägt, wiederholt hingewiesen (BVerfGE 111, 115 <145>; 126, 233 <259>).

2. Soweit der Beschwerdeführer zu I. die fortbestehende Verfassungswidrigkeit von § 307b SGB VI auch nach dessen Änderung durch das 2. AAÜG-ÄndG geltend macht, weil bei der Überführung einer Bestandsrente die gekürzten Entgelte zugrunde gelegt werden, ist die Verfassungsbeschwerde ebenfalls unzulässig. Ihre Begründung zeigt nicht entsprechend den Anforderungen der § 23 Abs. 1 Satz 2, § 92 BVerfGG substantiiert und schlüssig die Möglichkeit der Verletzung von Grundrechten oder grundrechtsgleichen Rechten auf.

Nach diesen Vorschriften ist ein Beschwerdeführer gehalten, den Sachverhalt, aus dem sich die Grundrechtsverletzung ergeben soll, substantiiert und schlüssig darzulegen. Ferner muss sich die Verfassungsbeschwerde mit dem zugrunde liegenden einfachen Recht sowie mit der verfassungsrechtlichen Beurteilung des vorgetragenen Sachverhalts auseinandersetzen. Es muss deutlich werden, inwieweit durch die angegriffene Maßnahme das bezeichnete Grundrecht verletzt sein soll (vgl. BVerfGE 78, 320 <329>; 99, 84 <87>; 115, 166 <180>). Werden gerichtliche Entscheidungen angegriffen, so muss sich der

Beschwerdeführer auch mit deren Gründen auseinandersetzen (vgl. BVerfGE 101, 331 <345>; 105, 252 <264>).
Diesen Anforderungen genügt die Verfassungsbeschwerde des Beschwerdeführers zu I., soweit sie sich gegen § 307b SGB VI und dessen Anwendung in den angegriffenen Entscheidungen richtet, nicht. Mit der Regelberechnung der überführten Rente nach § 307b Abs. 1 Satz 1, Abs. 2 in Verbindung mit § 259b SGB VI befasst sich der Beschwerdeführer nicht näher, so dass es an einer ausreichenden Substantiierung schon deswegen fehlt. Ein möglicher Verfassungsverstoß ist aber auch hinsichtlich der Berechnung auf der Grundlage der durch das 2. AAÜG-ÄndG eingeführten Vergleichsrente (§ 307b Abs. 1 Satz 2, Abs. 3 SGB VI) nicht hinreichend dargelegt.
a) Der allgemeine Gleichheitssatz des Art. 3 Abs. 1 GG gebietet dem Normgeber, wesentlich Gleiches gleich und wesentlich Ungleiches ungleich zu behandeln. Er gilt sowohl für ungleiche Belastungen als auch für ungleiche Begünstigungen (vgl. BVerfGE 79, 1 <17>; 126, 400 <416>). Verboten ist auch ein gleichheitswidriger Begünstigungsausschluss, bei dem eine Begünstigung dem einen Personenkreis gewährt, dem anderen aber vorenthalten wird (vgl. BVerfGE 110, 412 <431>; 112, 164 <174>; 126, 400 <416>). Dabei gilt ein stufenloser, am Grundsatz der Verhältnismäßigkeit orientierter Prüfungsmaßstab, dessen Inhalt und Grenzen sich nicht abstrakt, sondern nur nach den jeweils betroffenen unterschiedlichen Sach- und Regelungsbereichen bestimmen lassen (vgl. BVerfGE 88, 87 <96>; 130, 240 <254>). Differenzierungen, die dem Gesetzgeber verboten sind, dürfen auch von den Gerichten nicht im Wege der Auslegung oder Fortbildung gesetzlicher Vorschriften für Recht erkannt werden (BVerfGE 112, 164 <174>).
Dem Beschwerdeführer obliegt es, bei der Rüge eines Verstoßes gegen den allgemeinen Gleichheitssatz darzulegen, zwischen welchen konkreten Vergleichsgruppen eine Ungleichbehandlung bestehen soll (vgl. BVerfGK 16, 245 <248>; 18, 328 <332>) und inwieweit es sich bei den von ihm gebildeten Vergleichsgruppen um im Wesentlichen gleiche Sachverhalte handelt (BVerfGE 130, 151 <174 f.>). Außerdem muss er sich mit naheliegenden Gründen für eine Differenzierung zwischen den Vergleichs-gruppen auseinandersetzen (vgl. BVerfGK 18, 328 <332 f.>; BVerfG, Beschluss der 1. Kammer des Ersten Senats vom 18. Mai 2016 - 1 BvR 2217/11 u.a. - juris, Rn. 22).
b) Ausgehend von diesen Anforderungen erscheint die Argumentation des Beschwerdeführers zu I., Bestandsrentner aus dem Sonderversorgungssystem des MfS/AfNS würden

durch § 307b SGB VI und dessen Auslegung in den angegriffenen Entscheidungen gegenüber allen anderen Bestandsrentnern benachteiligt und in gleichheitswidriger Weise mit Zugangsrentnern aus dem Sonderversorgungssystem des MfS/AfNS gleichgestellt, bereits im Ausgangspunkt nicht plausibel. § 307b SGB VI enthält nämlich zur Höhe der in die Berechnung einzustellenden Arbeitsverdienste gar keine Regelung; er knüpft vielmehr für die Vergleichsrentenberechnung - die sich wie § 307a Abs. 2 SGB VI an den letzten 20 Arbeitsjahren orientiert, um damit die vom Bundesverfassungsgericht (BVerfGE 100, 104) beanstandete Ungleichbehandlung zu beseitigen - ausdrücklich an den bereits geklärten oder noch zu klärenden Versicherungsverlauf und damit an außerhalb der Vorschrift liegende Normen hinsichtlich der zu überführenden Verdienste an.
Im Übrigen übersieht der Beschwerdeführer, dass es das Bundesverfassungsgericht nur als gleichheitswidrig angesehen hat, dass bei der Neuberechnung von Bestandsrenten aus Zeiten der Zugehörigkeit zu einem Zusatz- oder Sonderversorgungssystem die während der gesamten Versicherungszeit bezogenen tatsächlichen Arbeitsentgelte oder Arbeitseinkommen zugrunde gelegt wurden, während für die sonstigen Bestandsrentner aus dem Beitrittsgebiet nach § 307a Abs. 2 Satz 1 SGB VI ein 20-Jahres-Zeitraum maßgeblich war (und ist). Auch die Begründung (vgl. BVerfGE 100, 104 <129 und 134 ff.>) zielte nur auf den zeitlichen Aspekt der Regelung, die den Zusatz- und Sonderversorgungsberechtigten die Vorteile vorenthielt, die sich regelmäßig aus der Maßgeblichkeit nur der letzten 20 Arbeitsjahre und der in diesem Zeitraum auch in der DDR typischerweise höheren Verdienste ergeben. Dem damaligen Urteil sind dagegen, wie bereits das Bundessozialgericht in der angegriffenen Entscheidung dargelegt hat, keine Anhaltspunkte dafür zu entnehmen, dass damit auch eine Änderung hinsichtlich der Ermittlung und gegebenenfalls Begrenzung der in diesem Zeitraum erzielten Entgelte und Einkommen verbunden sein sollte.
Auch verkennt der Beschwerdeführer ersichtlich den Regelungszweck von § 307a Abs. 2 SGB VI, wenn er davon ausgeht, dass mit der Vorschrift eine Privilegierung der Bestandsrentner um ihrer selbst willen verbunden sein solle - die ihrerseits auch mit Blick auf Art. 3 Abs. 1 GG kaum zu rechtfertigen wäre -; tatsächlich sollten auf diese Weise die ohnehin erheblichen Schwierigkeiten der Überführung von rund vier Millionen laufender Renten beherrschbar gemacht werden

(vgl. BVerfGE 100, 104 <133>). Die mit der Regelung typischerweise einhergehende Besserstellung der Bestandsrentner war nur eine aus Typisierungsgründen hinnehmbare Nebenfolge, die dann allerdings für die Überführung von Bestandsrenten aus allen Alterssicherungssystemen der DDR gelten muss. Tritt diese Besserstellung wegen der Besonderheiten des individuellen Lebenslaufes oder der berücksichtigungsfähigen Entgelte nicht ein, so lässt sich ein Gleichheitsverstoß damit nicht nachvollziehbar begründen.
Zudem ist die Beschwerdebegründung auch deswegen nicht hinreichend substantiiert, weil es an einer Auseinandersetzung mit naheliegenden Rechtfertigungsgründen für einen unterstellten Verstoß gegen den Gleichheitssatz fehlt. Solche Gründe könnten sich zum einen daraus ergeben, dass das Bundesverfassungsgericht ganz generell eine Reduzierung der überführten MfS-Entgelte auf den Durchschnittsverdienst für zulässig erachtet hat, und zum anderen aus dem Umstand, dass eine andere Lösung ihrerseits eklatant gleichheitswidrig wäre: So hätte das vom Beschwerdeführer für zutreffend erachtete Verständnis der Vorschrift zur Folge, dass bei der Überführung der Bestandsrenten nicht nur ein anderer Zeitraum als bei der Überführung der Anwartschaften von „Zugangsrentnern" - 20 Jahre statt des gesamten Versicherungslebens - maßgeblich wäre, sondern für jene gleichzeitig die Begrenzung aus § 7 AAÜG in Verbindung mit Anlage 6 zum AAÜG entfiele. Es ist aber kein Grund erkennbar, der es sachlich gerechtfertigt erscheinen lassen könnte, diese Entgeltbegrenzung nur bei Zugangsrentnern wirksam werden zu lassen, die Bestandsrentner aber von dieser über die Regelung des § 307b SGB VI zu dispensieren, zumal diese einen ganz anderen Zweck verfolgt.
c) Der Beschwerdeführer zu I. rügt weiter einen Verstoß von § 307b Abs. 1 Satz 2, Abs. 3 SGB VI gegen das Rechtsstaatsprinzip, den er im Wesentlichen auf eine Verletzung des Gebots der Normenklarheit und die sogenannte Wesentlichkeitstheorie gründet.
§ 307b Abs. 3 SGB VI enthält jedoch für die Ermittlung der sogenannten Vergleichsrente mit der Formulierung, dabei sei auf die vorhandenen Daten des bereits geklärten oder noch zu klärenden Versicherungsverlaufs zurückzugreifen, einen ausreichenden normativen Anhaltspunkt dafür, die Begrenzungen, die sich für die berücksichtigungsfähigen Entgelte aus § 7 AAÜG in Verbindung mit der Anlage 6 zum AAÜG ergeben, auch in diesem Zusammenhang für maßgeblich zu erachten. Unter systematischen Gesichtspunkten findet sich

in § 307b Abs. 3 SGB VI (entsprechend § 307a Abs. 2 SGB VI) nur eine der Verwaltungsvereinfachung dienende Sonderregelung zum maßgeblichen Zeitraum, während die Höhe der berücksichtigungsfähigen Verdienste an einem anderen Ort geregelt ist, nämlich für Verdienste aus Zeiten der Zugehörigkeit zu einem Zusatz- und Sonderversorgungssystem im AAÜG. Berücksichtigt man weiter, dass die vom Beschwerdeführer favorisierte Auslegung zu dem dargelegten Gleichheitsverstoß im Verhältnis von Bestands- zu Zugangsrentnern führen müsste, erscheint das Verständnis der Vorschrift, das die Verwaltung und Gerichte, insbesondere das Bundessozialgericht, ihren Entscheidungen zugrunde gelegt haben, zumindest sehr naheliegend und durch Systematik und Zweck der maßgeblichen Vorschriften deutlich vorgezeichnet.
Vor diesem Hintergrund hätte sich der Beschwerdeführer - soweit er die Verfassungswidrigkeit des Gesetzes rügt - intensiv mit der Frage befassen müssen, unter welchen Voraussetzungen eine Norm wegen zu weiter Auslegungsspielräume und trotz bestehender Konkretisierungsmöglichkeiten durch die Rechtsprechung (vgl. zu der sehr viel offener formulierten polizeirechtlichen Generalklausel BVerfGE 54, 143 <144 f.>) als nicht hinreichend bestimmt anzusehen ist. Soweit er die Auslegung namentlich durch das Bundessozialgericht angreift, hätte er sich mit den verfassungsrechtlichen Maßstäben auseinandersetzen müssen, unter welchen Umständen die Rechtsprechung die Grenzen richterlicher Rechtsfindung verletzt (vgl. hierzu etwa BVerfGE 133, 168 <205 f. Rn. 66>). Das hat er nicht getan, so dass ein Verstoß gegen den Bestimmtheitsgrundsatz und die sogenannte Wesentlichkeitstheorie und damit das Rechtsstaatsprinzip nicht hinreichend substantiiert dargelegt ist.
3. Der Beschwerdeführer zu VI. schließlich hat, ausgehend von den bereits dargelegten Maßstäben, eine Verletzung von Art. 19 Abs. 4 GG nicht hinreichend substantiiert dargetan.
In der Rechtsprechung des Bundesverfassungsgerichts ist geklärt, dass es verfassungsrechtlich unbedenklich ist, das Beschreiten des Rechtsweges von der Erfüllung bestimmter formaler Voraussetzungen abhängig zu machen (BVerfGE 10, 264 <267 f.>; 128, 90 <99>). Dies gilt insbesondere für Begründungs-, Darlegungs- und Bezeichnungserfordernisse im Verfahren vor den Revisionsgerichten (vgl. BVerfG, Beschluss der 2. Kammer des Ersten Senats vom 11. September 2008 - 1 BvR 1616/05 -, juris, Rn. 6).
Mit dieser Rechtsprechung hat sich der Beschwerdeführer nicht hinreichend auseinandergesetzt. Insoweit ist die umfangreiche

Wiedergabe seines Vorbringens im Nichtzulassungsbeschwerdeverfahren und der Gründe der angegriffenen Entscheidung nicht ausreichend, um darzulegen, dass vorliegend eine Sachentscheidung von Verfassungs wegen geboten gewesen wäre.

Diese Entscheidung ist unanfechtbar.
Kirchhof Eichberger Britz

BUNDESVERFASSUNGSGERICHT
- 1 BvR 2369/14 -

**In dem Verfahren über die Verfassungsbeschwerde**

des Herrn K...,

- Bevollmächtigter:

1. Rechtsanwalt Dr. Bernfried Helmers, Hultschiner Damm 52, 12623 Berlin -

21. unmittelbar gegen

a) den Beschluss des Bundessozialgerichts vom 8. Juli 2014 - B 5 RS 5/14 B -,

b) das Urteil des Landessozialgerichts Berlin-Brandenburg vom 30. Januar 2014 - L 8 R 83/11 -,

c) das Urteil des Sozialgerichts Berlin vom 25. November 2010 - S 27 R 1103/07 -,

d) den Rentenbescheid der Deutschen Rentenversicherung Bund vom 6. Dezember 2007 - 65 220529 K 015, 4877 -,

2. mittelbar gegen

§ 6 Absatz 2 Nummer 4 des Gesetzes zur Überführung der Ansprüche und Anwartschaften aus Zusatz- und Sonderversorgungssystemen des Beitrittsgebiets (Anspruchs- und Anwartschaftsüberführungsgesetz) in der Fassung des Artikel 1 Nummer 1 Buchstabe a des Ersten Gesetzes zur Änderung des Anspruchs- und Anwartschafts-überführungsgesetzes vom 21. Juni 2005 (BGBl I S.1672)

hat die 1. Kammer des Ersten Senats des Bundesverfassungsgerichts durch
den Vizepräsidenten Kirchhof,
den Richter Schluckebier
und die Richterin Ott
gemäß § 93b in Verbindung mit § 93a BVerfGG in der Fassung der Bekanntmachung
vom 11. August 1993 (BGBl I S. 1473) am 9. November 2017 einstimmig beschlossen:

1. Die Verfassungsbeschwerde wird nicht zur Entscheidung angenommen.

**G r ü n d e :**

1

Die Verfassungsbeschwerde betrifft die Überführung in der Deutschen Demokratischen Republik (DDR) erworbener Versorgungsanwartschaften in die gesetzliche Rentenversicherung der Bundesrepublik Deutschland im Falle eines stellvertretenden Ministers der DDR.

**I.**

2

1. Das Alterssicherungssystem der DDR beruhte auf der Kombination einer vergleichsweise geringen Rente aus der Sozialpflichtversicherung, der Möglichkeit einer freiwilligen Zusatzrentenversicherung (FZR) und zahlreicher Zusatz- und Sonderversorgungssysteme, die im Einzelnen sehr unterschiedlich ausgestaltet waren (vgl. hierzu ausführlich BVerfGE 100, 1 <3 ff.>). In die verschiedenen Zusatzversorgungssysteme waren so unterschiedliche Berufsgruppen wie etwa die hauptamtlichen Mitarbeiter des Staatsapparates oder der Parteien, aber zum Beispiel auch Ärzte und Zahnärzte mit eigener Praxis, künstlerisch Beschäftigte des Rundfunks, Fernsehens und Filmwesens sowie Angehörige der sogenannten technischen und wissenschaftlichen Intelligenz einbezogen.

3

Nach der Wiedervereinigung wurden die ostdeutschen Rentenansprüche und -anwartschaften einschließlich der Anwartschaften aus den Versorgungssystemen in das Rentenversicherungssystem der Bundesrepublik überführt. Bei der Ermittlung der für die Rentenhöhe maßgeblichen Entgeltpunkte sind danach für Zeiten der Zugehörigkeit zu einem Zusatz- oder Sonderversorgungssystem die berücksichtigungsfähigen Verdienste nach dem Gesetz zur Überführung der Ansprüche aus Zusatz- und Sonderversorgungssystemen des Beitrittsgebiets (Anspruchs- und Anwartschaftsüberführungsgesetz - AAÜG) heranzuziehen (vgl. § 259b Abs. 1 Satz 1 Sozialgesetzbuch Sechstes Buch <SGB VI>).

4

Nach § 6 Abs. 1 Satz 1 AAÜG sind den entsprechenden Pflichtbeitragszeiten beziehungsweise den hierfür zu ermittelnden Entgeltpunkten grundsätzlich die erzielten Arbeitsentgelte oder -einkommen - höchstens bis zu der für das jeweilige Kalenderjahr geltenden allgemeinen Beitragsbemessungsgrenze der Rentenversicherung - zugrunde zu legen. Für bestimmte Entgelte sind allerdings in Umsetzung der Vorgaben des Vertrages zwischen der Bundesrepublik Deutschland und der Deutschen Demokratischen Republik über die Herstellung der Einheit Deutschlands - Einigungsvertrags

(EV) - hinsichtlich der Abschaffung ungerechtfertigter und des Abbaus überhöhter Leistungen (vgl. Anlage II Kapitel VIII Sachgebiet H Abschnitt III Nr. 9 Buchstabe b Satz 3 EV) zusätzlich besondere Bemessungsgrenzen zu beachten (vgl. §§ 6 f. AAÜG).

5

Nachdem das Bundesverfassungsgericht zwei Fassungen der zu diesem Zweck geschaffenen Regelungen in § 6 Abs. 2 und Abs. 3 AAÜG wegen ihrer konkreten Ausgestaltung für verfassungswidrig erklärt hatte (vgl. BVerfGE 100, 59 und BVerfGE 111, 115), erhielt § 6 Abs. 2 AAÜG durch das Erste Gesetz zur Änderung des Anspruchs- und Anwartschaftsüberführungsgesetzes (1. AAÜG-ÄndG) vom 21. Juni 2005 (BGBl I S. 1672) folgenden Wortlaut: „Für Zeiten der Zugehörigkeit zu einem Versorgungssystem nach Anlage 1 oder Anlage 2 Nr. 1 bis 3 bis zum 17. März 1990, in denen eine Beschäftigung oder Tätigkeit ausgeübt wurde als (1.) [...], (4.) Minister, stellvertretender Minister oder stimmberechtigtes Mitglied von Staats- oder Ministerrat oder als ihre jeweiligen Stellvertreter, (5.) [...] ist den Pflichtbeitragszeiten als Verdienst höchstens der jeweilige Betrag der Anlage 5 zugrunde zu legen." Für den von § 6 Abs. 2 AAÜG in der neuen Fassung erfassten, gegenüber der früheren Regelung deutlich verkleinerten Personenkreis sieht die Vorschrift somit bei der Ermittlung der Entgeltpunkte eine Kürzung der berücksichtigungsfähigen Entgelte aus den Zeiten der Zugehörigkeit zu den in Bezug genommenen Versorgungssystemen - zu denen sowohl das Zusatzversorgungssystem für hauptamtliche Mitarbeiter des Staatsapparates (Nr. 19 der Anlage 1 zum AAÜG) als auch die Zusatzversorgungssysteme der technischen Intelligenz (Nr. 1 der Anlage 1 zum AAÜG) wie der wissenschaftlichen Intelligenz (Nr. 4 der Anlage 1 zum AAÜG) gehören - auf den Durchschnittsverdienst der Beschäftigten in der DDR im jeweiligen Kalenderjahr vor.

6

Mit Beschluss vom 6. Juli 2010 (BVerfGE 126, 233) bestätigte das Bundesverfassungsgericht die Verfassungsmäßigkeit dieser Neufassung von § 6 Abs. 2 AAÜG gerade für dessen hier maßgebliche Nummer 4. Sowohl im Hinblick auf den grundrechtlichen Eigentumsschutz für Rentenanwartschaften aus Art. 14 Abs. 1 GG als auch im Hinblick auf den Gleichheitssatz aus Art. 3 Abs. 1 GG hielt es die Begrenzung der zu überführenden Entgelte für verfassungsgemäß. Namentlich sei die Regelung durch hinreichende sachliche Gründe gerechtfertigt, nachdem der Gesetzgeber mit der

Regelung das Ziel verfolgt habe, überhöhte Arbeitsentgelte oder Arbeitseinkommen bestimmter Personengruppen aus Tätigkeiten, in denen diese im Vergleich mit anderen Personengruppen bei typisierender Betrachtung einen erheblichen Beitrag zur Stärkung oder Aufrechterhaltung des politischen Systems der DDR geleistet hätten, nicht in vollem Umfang in die Rentenversicherung zu übernehmen und bei der künftigen sozialen Sicherung fortwirken zu lassen. Der Kritik des vorlegenden Sozialgerichts, der Gesetzgeber habe durch die Lückenhaftigkeit des Katalogs in § 6 Abs. 2 AAÜG das von ihm gewählte Ordnungsprinzip verletzt, weil die Vorschrift nur einen kleinen Teil des Führungspersonals der DDR erfasse, ohne dass ein sachlicher Grund erkennbar sei, warum nur diese Personengruppen und nicht zum Beispiel auch weitere Mitglieder des Zentralkomitees der Sozialistischen Einheitspartei Deutschlands (SED) oder das Führungspersonal in der Wirtschaft wie General- oder Kombinatsdirektoren ausgewählt worden seien, folgte das Bundesverfassungsgericht nicht. In diesem Zusammenhang führte es aus, für die Angehörigen der Zusatzversorgungssysteme der technischen und wissenschaftlichen Intelligenz, denen Generaldirektoren oder Kombinatsdirektoren typischerweise angehört hätten, habe § 6 AAÜG zu keinem Zeitpunkt Begrenzungen des zu berücksichtigenden Einkommens auf Werte unterhalb der allgemeinen Beitragsbemessungsgrenze vorgesehen; es habe daher kein Anlass bestanden, die Verdienste dieser Berufsgruppen anlässlich der Neufassung von § 6 Abs. 2 AAÜG erstmals zu begrenzen (vgl. BVerfGE 126, 233 <268>).

7

2. Der am 22. Mai 1929 geborene Beschwerdeführer studierte nach kaufmännischer Lehre und kaufmännischer Tätigkeit in der Zeit von September 1952 bis August 1955 an der Deutschen Akademie für Staats- und Rechtswissenschaften in Potsdam-Babelsberg und der Hochschule für Finanzwissenschaft Berlin. Anschließend war er als Parteisekretär der SED tätig, danach - zuletzt als Werksdirektor - bei dem Volkseigenen Betrieb (VEB) Maxhütte Unterwellenborn. In dem im Ausgangsverfahren streitigen Zeitraum vom 22. Januar 1964 bis zum 31. März 1968 war er Stellvertreter des Ministers im Ministerium der Finanzen der DDR. Anschließend übte er weitere Tätigkeiten als „politischer Mitarbeiter", als Vorstandsmitglied der Deutschen Außenhandelsbank und als Staatssekretär aus.

8

Mit Urkunde vom 2. März 1962, also während seiner Tätigkeit für den VEB Maxhütte, wurde ihm mit Wirkung vom 1. August

1960 Versorgung nach dem zusätzlichen Altersversorgungssystem der technischen Intelligenz (AVItech) zugesagt. Ein mit dem Ministerium der Finanzen der DDR vor Beginn der Tätigkeit als stellvertretender Finanzminister geschlossener Einzelvertag vom 11. Januar 1964 sah einen Anspruch auf zusätzliche Altersversorgung vor. Dabei wurde auf die „Vorschriften der VO vom 12.07.1951" verwiesen, womit offenbar die Verordnung über die Altersversorgung der Intelligenz an wissenschaftlichen, künstlerischen, pädagogischen und medizinischen Einrichtungen der DDR vom 12. Juli 1951 (VO AVIwiss) gemeint war. Später - nach dessen Einführung im Jahre 1971 - gehörte er dem Zusatzversorgungssystem für hauptamtliche Mitarbeiter des Staatsapparates an.

9

3. Nachdem zuvor bereits mehrere Überführungsbescheide des zuständigen Versorgungsträgers und mehrere Rentenbescheide ergangen waren, stellte der im Ausgangsverfahren beklagte Rentenversicherungsträger (im Folgenden: Beklagte) nach der Entscheidung des Bundesverfassungsgerichts vom 23. Juni 2004 (BVerfGE 111, 115), dem Erlass des Ersten Gesetzes zur Änderung des Anspruchs- und Anwartschaftsüberführungsgesetzes und einer weiteren, daraufhin vom Versorgungsträger geänderten Überführungsentscheidung die Altersrente des Beschwerdeführers durch den angegriffenen Rentenbescheid ab Rentenbeginn neu fest. Dabei berücksichtigte sie die im streitigen Zeitraum erzielten Arbeitsverdienste wie bereits in den früheren Bescheiden nur begrenzt auf die Werte der Anlage 5 zum AAÜG.

10

Der neue Bescheid wurde über § 96 Sozialgerichtsgesetz Gegenstand eines bereits anhängigen Klageverfahrens gegen vorangegangene Rentenbescheide, die durch den angegriffenen Bescheid ersetzt wurden. Die Klage blieb ebenso wie die anschließende Berufung erfolglos. Das Landessozialgericht führte zur Begründung im Wesentlichen aus, trotz der auf die AVItech bezogenen Ausführungen des Bundesverfassungsgerichts in der Entscheidung vom 6. Juli 2010 (BVerfGE 126, 233), auf die sich der Beschwerdeführer berufe, zeige sich an der Entscheidung im Übrigen, dass das Bundesverfassungsgericht wie auch der Gesetzgeber zur Rechtfertigung von § 6 Abs. 2 AAÜG allein an die ausgeübte Funktion und nicht zusätzlich an die Zugehörigkeit zu einem bestimmten Versorgungssystem, etwa der Altersversorgung für hauptamtliche Mitarbeiter des Staatsapparates, anknüpfe. Es habe sich bei der Tätigkeit als Stellvertreter des Ministers der

Finanzen ungeachtet der Zuordnung zur AVItech tatsächlich um eine Tätigkeit im Staatsapparat gehandelt. Ein Beitritt zur Altersversorgung für hauptamtliche Mitarbeiter des Staatsapparates sei dem Beschwerdeführer im streitigen Zeitraum noch nicht möglich gewesen, da dieses Versorgungssystem erst mit Wirkung zum 1. März 1971 eingeführt worden sei. Er habe auch nicht dargelegt, aus welchen Gründen er gegenüber einem Minister oder stellvertretenden Minister, der dem Versorgungssystem für hauptamtliche Mitarbeiter des Staatsapparates beigetreten sei, bessergestellt werden sollte. Es sei nicht dargetan, dass er - bezüglich der erhaltenen Vergünstigungen - anders behandelt worden sei als ein Minister, der dem Versorgungssystem für hauptamtliche Mitarbeiter des Staatsapparates oder einem anderen - systemnäheren - Versorgungssystem angehört habe.

11

Die anschließend erhobene Beschwerde wegen der vom Landessozialgericht nicht zugelassenen Revision verwarf das Bundessozialgericht als unzulässig.

12

4. Mit seiner Verfassungsbeschwerde rügt der Beschwerdeführer in erster Linie die Verletzung von Art. 3 Abs. 1 und Art. 14 Abs. 1 GG durch die Entgeltbegrenzung, insbesondere soweit die Auslegung von § 6 Abs. 2 Nr. 4 AAÜG durch die Beklagte und die Fachgerichte dazu führe, dass auch die Zeiten seiner Zugehörigkeit zur AVItech von dieser erfasst würden. Insoweit stehe die Regelung in der Auslegung, die ihr das Landessozialgericht gegeben habe, auch im Widerspruch zur Entscheidung des Bundesverfassungsgerichts vom 6. Juli 2010 (BVerfGE 126, 233), nachdem das Bundesverfassungsgericht selbst dort davon ausgegangen sei, dass Zeiten der Zugehörigkeit zur AVItech von einer Kürzung ausgenommen werden müssten. Er habe auch nicht die vom Gesetzgeber angenommene privilegierte Position innegehabt; insbesondere gelte dies für die Zeiten seiner Zugehörigkeit zur AVItech. Er sei nicht in den Genuss der vom Bundesverfassungsgericht angenommenen Privilegien gekommen, sein Gehalt sei im Vergleich zur vorherigen Tätigkeit als Werksdirektor beim VEB Maxhütte nicht angestiegen.

13

Ergänzend macht er unter anderem geltend, dass es an Rechtsschutzmöglichkeiten zur Abwehr des Grundrechtseingriffs mangele und ihm auf Grund der Struktur der gesetzlichen Regelung rechtliches Gehör, insbesondere zur Angemessenheit der Vergütung als stellvertretender Minister

und zur Unangemessenheit der Anwendung der Rechtsfolgen nach dem AAÜG, nicht gewährt werde.
14
Bezüglich des Beschlusses des Bundessozialgerichts macht er zudem eine Verletzung des Rechts auf effektiven Rechtsschutz geltend. Das Bundessozialgericht habe die Anforderungen an die Darlegung eines Revisionszulassungsgrundes in verfassungswidriger Weise überspannt.
**II.**
15
Die Verfassungsbeschwerde ist nicht zur Entscheidung anzunehmen. Annahmegründe liegen nicht vor. Die Verfassungsbeschwerde ist unzulässig, weil sie nicht den Anforderungen aus § 23 Abs. 1 Satz 2, § 92 BVerfGG entsprechend substantiiert und schlüssig die Möglichkeit einer Verletzung des Beschwerdeführers in Grund- oder grundrechtsgleichen Rechten aufzeigt.
16
1. Nach diesen Vorschriften ist ein Beschwerdeführer gehalten, den Sachverhalt, aus dem sich die Grundrechtsverletzung ergeben soll, substantiiert und schlüssig darzulegen. Ferner muss sich die Verfassungsbeschwerde mit dem zugrunde liegenden einfachen Recht sowie mit der verfassungsrechtlichen Beurteilung des vorgetragenen Sachverhalts auseinandersetzen (vgl. BVerfGE 140, 229 <232>; stRspr). Es muss deutlich werden, inwieweit durch die angegriffene Maßnahme das bezeichnete Grundrecht verletzt sein soll (vgl. BVerfGE 78, 320 <329>; 99, 84 <87>; 115, 166 <180>; stRspr). Liegt zu den mit der Verfassungsbeschwerde aufgeworfenen Verfassungsfragen bereits Rechtsprechung des Bundesverfassungsgerichts vor, so ist der behauptete Grundrechtsverstoß in Auseinandersetzung mit den darin entwickelten Maßstäben zu begründen (vgl. BVerfGE 99, 84 <87>; 101, 331 <346>; 123, 186 <234>; 142, 234 <251 Rn. 28>; stRspr).
17
Richtet sich die Verfassungsbeschwerde gegen eine gerichtliche Entscheidung, bedarf es in der Regel einer ins Einzelne gehenden argumentativen Auseinandersetzung mit dieser und ihrer konkreten Begründung. Dabei ist auch darzulegen, inwieweit das bezeichnete Grundrecht oder grundrechtsgleiche Recht durch die angegriffene Entscheidung verletzt sein soll (vgl. BVerfGE 99, 84 <87>; 130, 1 <21>; 140, 229 <232>; stRspr) und dass sie auf diesem Verstoß beruht (vgl. BVerfGE 105, 252 <264>; stRspr).
18

2. Zentral macht der Beschwerdeführer geltend, durch die nur begrenzte Überführung der Entgelte aus der Zeit seiner Tätigkeit als stellvertretender Minister bei gleichzeitiger Zugehörigkeit zur AVItech würden seine Grundrechte aus Art. 3 Abs. 1 und Art. 14 Abs. 1 GG verletzt. Er stützt sich dabei zum einen auf grundsätzliche Erwägungen zur behaupteten Verfassungswidrigkeit der besonderen Beitragsbemessungsgrenze aus § 6 Abs. 2 Nr. 4 AAÜG in Verbindung mit Anlage 5 zum AAÜG (dazu a), zum anderen auf Ausführungen des Bundesverfassungsgerichts im Beschluss vom 6. Juli 2010, denen er entnimmt, dass jedenfalls für Zeiten der Zugehörigkeit zur AVItech oder AVIwiss eine Begrenzung der berücksichtigungsfähigen Verdienste auf der Grundlage dieser Vorschrift verfassungsrechtlich nicht zulässig sei (dazu b). Dies, aber auch eine Verletzung rechtlichen Gehörs (dazu c) oder eine Grundrechtsverletzung wegen der gerügten Verschärfung der Regelungen über die Entgeltbegrenzung durch das Erste Gesetz zur Änderung des Anspruchs- und Anwartschaftsüberführungsgesetzes (dazu d) oder wegen der Verwerfung der Nichtzulassungsbeschwerde als unzulässig (dazu e) sind jedoch nicht hinreichend substantiiert dargelegt.
19
a) Soweit der Beschwerdeführer allgemein die Verfassungswidrigkeit der gesetzlichen Regelung aus § 6 Abs. 2 Nr. 4 AAÜG in Verbindung mit Anlage 5 zum AAÜG geltend macht, kann er damit schon deswegen nicht durchdringen, weil das Bundesverfassungsgericht die Regelung in der Entscheidung vom 6. Juli 2010 ausdrücklich und damit mit der aus § 31 Abs. 2 Satz 2 in Verbindung mit Satz 1 BVerfGG folgenden Gesetzeskraft für mit dem Grundgesetz vereinbar erklärt hat (BVerfGE 126, 233 <234>). Neue rechtserhebliche, gegen die damals tragenden Feststellungen sprechende Tatsachen, die eine andere Entscheidung rechtfertigen könnten (vgl. zu diesem Maßstab für eine erneute Prüfung BVerfGE 33, 199 <203 f.>; 65, 179 <181>; 70, 242 <249 f.>; BVerfGK 3, 270 <272>), hat der Beschwerdeführer nicht substantiiert dargelegt.
20
b) Aber auch soweit er unter Berufung auf den Beschluss des Bundesverfassungsgerichts vom 6. Juli 2010 (BVerfGE 126, 233) rügt, die Auslegung von § 6 Abs. 2 Nr. 4 AAÜG durch die Beklagte und die Fachgerichte sei verfassungswidrig, weil sie zu einer Begrenzung auch der Entgelte aus einer Zeit der Zugehörigkeit zur AVItech (oder der AVIwiss) führe, ist eine mögliche Verletzung in Grund- oder grundrechtsgleichen Rechten nicht hinreichend dargetan.

21
aa) Bei der Entscheidung, § 6 Abs. 2 Nr. 4 AAÜG auch in diesem Falle anzuwenden, handelt es sich zunächst um die Auslegung und Anwendung einfachen Rechts, die grundsätzlich den Fachgerichten obliegt. Sie ist daher vom Bundesverfassungsgericht nicht umfassend auf ihre Richtigkeit hin zu untersuchen (vgl. BVerfGE 122, 248 <257 f.>; stRspr). Das Bundesverfassungsgericht beschränkt seine Überprüfung gerichtlicher Entscheidungen vielmehr auf die Verletzung spezifischen Verfassungsrechts (vgl. BVerfGE 18, 85 <92>; 106, 28 <45>; stRspr).
22
Ausgehend von diesen Grundsätzen überschreitet die Auslegung, die die Fachgerichte § 6 Abs. 2 Nr. 4 AAÜG für die hiesige Fallkonstellation gegeben haben, die ihnen gezogene Grenze nicht. Im Gegenteil führt eine am Wortlaut orientierte Auslegung von § 6 Abs. 2 Nr. 4 AAÜG gerade zu dem Ergebnis, das auch die Fachgerichte gefunden haben: Die Entgeltbegrenzung, die aus § 6 Abs. 2 Nr. 4 AAÜG in Verbindung mit Anlage 5 zum AAÜG für Zeiten folgt, während derer der Betroffene eine Tätigkeit als Minister, stellvertretender Minister oder stimmberechtigtes Mitglied von Staats- oder Ministerrat oder als einer ihrer jeweiligen Stellvertreter ausgeübt hat, bezieht sich nämlich - ohne dass der Gesetzeswortlaut eine Differenzierung auch nur andeutete - auf alle Zeiten der Zugehörigkeit zu einem der in Anlage 1 zum AAÜG oder in Nr. 1-3 der Anlage 2 zum AAÜG genannten Versorgungssysteme; dazu gehören ohne Unterschied unter anderem die zusätzliche Altersversorgung für hauptamtliche Mitarbeiter des Staatsapparates (Nr. 19 der Anlage 1 zum AAÜG) wie auch die AVItech (Nr. 1 der Anlage 1 zum AAÜG) und die AVIwiss (Nr. 4 der Anlage 1 zum AAÜG).
23
bb) Von der Verfassungswidrigkeit der angegriffenen Entscheidungen und der Auslegung von § 6 Abs. 2 Nr. 4 AAÜG, die ihnen zugrunde liegt, müsste man allerdings ausgehen, wenn das Bundesverfassungsgericht in dem Beschluss vom 6. Juli 2010 mit Bindungswirkung für die Gerichte (§ 31 Abs. 1 BVerfGG) ausgesprochen hätte, dass Entgelte für Zeiten der Zugehörigkeit zur AVItech oder der AVIwiss in keinem Fall einer besonderen Beitragsbemessungsgrenze unterworfen werden dürften. Die Ausführungen, auf die der Beschwerdeführer seine entsprechende Argumentation in erster Linie stützt (BVerfGE 126, 233 <267 f.>), zielen aber ersichtlich nicht darauf, dass § 6 Abs. 2 Nr. 4 AAÜG nach Auffassung des Bundesverfassungsgerichts für den hier

vorliegenden Fall einer einschränkenden, verfassungskonformen Auslegung bedürfte oder gar die tenorierte Übereinstimmung der Vorschrift mit dem Grundgesetz nur unter der Maßgabe angenommen werden könnte, dass Zeiten der Zugehörigkeit zur AVItech oder auch zur AVIwiss von der Entgeltbegrenzung nicht umfasst werden.

24

Eine bindende Vorgabe des Bundesverfassungsgerichts zu einer aus Verfassungsgründen zwingenden einschränkenden Auslegung wäre zunächst zweifellos deutlicher zum Ausdruck gebracht worden. Vor allem aber beziehen sich die vom Beschwerdeführer herangezogenen Ausführungen des Bundesverfassungsgerichts ihrem Kontext nach allein darauf, dass das Gericht - in Auseinandersetzung mit entsprechenden Argumenten aus dem Vorlagebeschluss des Sozialgerichts Berlin, der (unter anderem) zum damaligen Verfahren geführt hatte - eine Erstreckung der besonderen Beitragsbemessungsgrenze aus § 6 Abs. 2 AAÜG in Verbindung mit Anlage 5 zum AAÜG auf die Entgelte von Generaldirektoren und Kombinatsdirektoren oder „besonders hervorragender Spezialisten" nicht für notwendig erachtet hat. Das Gericht ging in diesem Zusammenhang wie selbstverständlich von einer Parallelität der jeweiligen Tätigkeit und des entsprechenden Versorgungssystems aus, konkret der Arbeit als technischer oder wissenschaftlicher Spezialist oder in der Leitung eines entsprechenden Unternehmens und der Zugehörigkeit zum Altersversorgungssystem der technischen oder der wissenschaftlichen Intelligenz. Damit fehlt es an einer Grundlage für die Annahme, der damaligen Entscheidung sei eine bindende Aussage für den hier zu entscheidenden Fall zu entnehmen, der dadurch gekennzeichnet ist, dass ein stellvertretender Minister außerhalb des regulären Anwendungsbereichs der AVItech nach den Regelungen der Zweiten Durchführungsbestimmung zur Verordnung über die zusätzliche Altersversorgung der technischen Intelligenz in den volkseigenen und ihnen gleichgestellten Betrieben vom 24. Mai 1951 (2. DB AVItech) weiterhin in diese einbezogen blieb oder entgegen dem regulären Anwendungsbereich nach § 2, § 6 VO AVIwiss erstmals in die AVIwiss einbezogen wurde - ein Vorgang, für den, wenn überhaupt, allenfalls die in § 1 Abs. 3 der 2. DB AVItech beziehungsweise § 7 VO AVIwiss vorgesehene und ihrem Wortlaut nach nicht auf die Zielgruppe des Versorgungssystems beschränkte Möglichkeit der Einbeziehung durch einzelvertragliche Regelung als Rechtsgrundlage angesehen werden kann.

25

cc) Der Beschwerdeführer hat auch im Übrigen nicht hinreichend substantiiert dargelegt, dass aus verfassungsrechtlichen Gründen die von ihm geforderte einschränkende Auslegung der Vorschrift geboten sein könnte. Zwar trifft es zu, dass das Bundesverfassungsgericht in der Entscheidung vom 6. Juli 2010 korrespondierend auf die Einbeziehung in das Versorgungssystem für hauptamtliche Mitarbeiter des Staatsapparates einerseits und die Funktionshöhe im System der DDR andererseits (vgl. z.B. BVerfGE 126, 233 <263>) als gemeinsam tragende Grundlage für die Entgeltbegrenzung nach § 6 Abs. 2 Nr. 4 AAÜG in Verbindung mit Anlage 5 zum AAÜG abgestellt hat. Es ging aber auch in diesem Zusammenhang erkennbar von der Übereinstimmung des Tätigkeitsfeldes des Betroffenen und der Einbeziehung in das zugehörige Versorgungssystem aus, nicht aber von der Zugehörigkeit von Regierungsmitgliedern zu einem Versorgungssystem, das der Absicherung der technischen oder wissenschaftlichen Intelligenz dienen sollte.

26

Erkennbar entscheidend für die damalige Argumentation war überdies, dass der Gesetzgeber mit der Neufassung von § 6 Abs. 2 AAÜG durch das Erste Gesetz zur Änderung des Anspruchs- und Anwartschaftsüberführungsgesetzes nur noch Funktionen auf höchster Staatsebene erfasst hat, bei denen in typisierender Betrachtungsweise der Schluss gerechtfertigt ist, dass die Position entscheidend durch Parteilichkeit und Systemtreue erlangt wurde und die gewährte Besoldung und Versorgung eben dies honorierte (BVerfGE 126, 233 <261>). Vor diesem Hintergrund kann man, wenn durch die fortdauernde Einbeziehung in ein Versorgungssystem mit einer anderen Zielgruppe einem entsprechenden Funktionär ein außergewöhnlich erscheinender Vorteil gewährt wurde, gerade darin einen Gesichtspunkt sehen, der die Entgeltbegrenzung legitimiert. Man kann aber daraus nicht entnehmen, es sei willkürlich oder sonst verfassungswidrig, dass die Beklagte und die Fachgerichte auch diese Entgelte entsprechend dem Wortlaut von § 6 Abs. 2 Nr. 4 AAÜG in Verbindung mit Anlage 5 zum AAÜG behandelt haben. Es würde im Gegenteil einen kaum zu rechtfertigenden Gleichheitsverstoß darstellen, wenn ein (stellvertretender) Minister einer besonderen Entgeltbegrenzung hinsichtlich der bei ihm vorliegenden Zeiten der Zugehörigkeit zu einem Versorgungssystem unterläge, ein anderer (stellvertretender) Minister dagegen davon verschont bliebe, nur weil er einem anderen - noch dazu seiner Tätigkeit nicht unmittelbar entsprechenden - Versorgungssystem angehörte.

27
Auch die vom Beschwerdeführer diesbezüglich vorgebrachten Einwände sind nicht geeignet, eine mögliche objektive Willkür oder sonstige Verfassungswidrigkeit der angegriffenen Entscheidungen und der ihnen zugrunde liegenden Auslegung von § 6 Abs. 2 Nr. 4 AAÜG substantiiert aufzuzeigen. Das gilt namentlich für den Umstand, dass die Berücksichtigung der Entgelte aus den Zeiten der Zugehörigkeit zur AVItech oder zur AVIwiss nicht schon durch den DDR-Gesetzgeber einer Begrenzung in rentenrechtlichen Zusammenhängen unterworfen worden waren. Das trifft zwar zu; die Anknüpfung der bundesdeutschen Überführungsvorschriften an die noch von der letzten Volkskammer geschaffenen Regelungen ist aber keine zwingende Voraussetzung für die Ausgestaltung der Entgeltbegrenzung im Detail: Zwar darf der Gesetzgeber an die diesen zugrunde liegenden Wertungen anknüpfen (vgl. BVerfGE 100, 138 <193 f.>; 126, 233 <258>); sie bilden jedoch keinen bis in die Einzelheiten abschließenden Rahmen für die Überführungsregelungen. Namentlich lassen sich die Vorgaben des Einigungsvertrags zur Abschaffung ungerechtfertigter und zum Abbau überhöhter Leistungen nicht ausschließlich als bloße Fortführung bereits bestehender Regelungen der DDR verstehen.
28
Der Beschwerdeführer macht weiter geltend, bei Personen, die der AVItech zugehört hätten, sei die Grundannahme des Bundesverfassungsgerichts, es handele sich um Funktionsträger auf höchster Staatsebene mit entsprechenden Privilegien, nicht zutreffend. Dieses Vorbringen ist aber - gerade in seiner Allgemeinheit - sichtlich nicht geeignet, um die Auslegung, die die Fachgerichte § 6 Abs. 2 Nr. 4 AAÜG gegeben haben, als möglicherweise willkürlich oder sonst verfassungswidrig auszuweisen. Ein (stellvertretender) Minister bleibt vielmehr Funktionsträger auf höchster Staatsebene, auch oder gerade wenn ihm die Einbeziehung in ein Versorgungssystem einzelvertraglich zugebilligt wird, dessen Anwendungsbereich primär auf ganz andere Berufsgruppen zielte. Dass Personen wie er, die als Minister in die AVItech oder AVIwiss einbezogen waren, deswegen (oder aus sonstigen Gründen) anders und weniger privilegiert behandelt worden wären als andere Minister, hat er allenfalls allgemein behauptet, aber nicht konkret dargetan.
29
Schließlich beruft er sich auf den Umstand, dass er wie eine Reihe anderer jüngerer Funktionäre im Rahmen der wirtschaftlichen Reformbestrebungen der DDR, die mit dem

„Neuen Ökonomischen System" verbunden gewesen seien, stellvertretender Minister geworden sei und sich die Berufung vor diesem Hintergrund als ausschließlich seiner fachlichen Qualifikation als früherer Werksdirektor geschuldet darstelle. Das ändert aber nichts daran, dass er in eine herausgehobene politisch-gubernative Funktion berufen worden ist, an deren Innehabung der Gesetzgeber ohne Verfassungsverstoß eine Begrenzung der in die bundesdeutsche Rentenversicherung zu überführenden Anwartschaften knüpfen durfte. Es kommt daher nicht einmal darauf an, dass der Beschwerdeführer lediglich eine kaufmännische, nicht aber eine technische Ausbildung durchlaufen hat, so dass schon der Aufstieg zum Werksdirektor beim VEB Maxhütte nach vorhergehendem Studium an der Deutschen Akademie für Staats- und Rechtswissenschaft in Potsdam-Babelsberg und der Hochschule für Finanzwissenschaft Berlin sowie einer Tätigkeit unter anderem als Parteisekretär der SED keineswegs als Beleg für einen ausschließlich von wissenschaftlichen oder technischen Qualifikationen abhängigen beruflichen Aufstieg angesehen werden kann.

30

c) Weiter sieht der Beschwerdeführer in der fehlenden Möglichkeit, sei es im Überführungs-, sei es im Rentenverfahren, im Einzelfall zu belegen, dass die Begrenzung auf die besondere Beitragsbemessungsgrenze trotz der Ausübung einer der in § 6 Abs. 2 AAÜG aufgeführten Tätigkeiten nicht gerechtfertigt sei, einen Gehörsverstoß. Damit verkennt er die Reichweite des Rechts auf rechtliches Gehör aus Art. 103 Abs. 1 GG.

31

Der Umstand, dass entsprechendes Vorbringen im Ausgangsverfahren „nicht gehört" wurde, liegt allein daran, dass § 6 Abs. 2 AAÜG in Verbindung mit Anlage 5 zum AAÜG eine diesbezüglich pauschalierende Regelung trifft, die auf die individuellen Umstände nicht abstellt. Es ist aber weder - auf der Ebene der gesetzlichen Regelung der hier maßgeblichen Problematik - eine Frage rechtlichen Gehörs, ob eine entsprechende Typisierung zulässig ist, noch gewährt Art. 103 Abs. 1 GG - auf der Ebene der Rechtsanwendung durch die Gerichte - Schutz gegen Entscheidungen, die den Sachvortrag eines Beteiligten insoweit unberücksichtigt lassen, als es auf diesen aus Gründen des formellen oder materiellen Rechts nicht ankommt (vgl. BVerfGE 21, 191 <194>; 70, 288 <294>; 96, 205 <216>; stRspr). Im Kern macht der Beschwerdeführer mit seiner Rüge des rechtlichen Gehörs nur erneut die nach seiner Auffassung zu grobe und gegen den Gleichheitssatz verstoßende Typisierung der gesetzlichen Regelung geltend.

32

d) Soweit der Beschwerdeführer zudem pauschal rügt, durch das Erste Gesetz zur Änderung des Anspruchs- und Anwartschaftsüberführungsgesetzes sei die Entgeltbegrenzung ungeachtet der Vertrauensschutzregelung in § 14a AAÜG in verfassungsrechtlich unzulässiger Weise erweitert und verschärft worden, führt er nicht aus, inwieweit er hiervon selbst betroffen gewesen sein könnte, nachdem in seinem Fall die zu überführenden Entgelte für den streitigen Zeitraum (und ursprünglich noch darüber hinaus) von Anfang an nur begrenzt auf die Werte der Anlage 5 zum AAÜG berücksichtigt worden sind.

33

e) Schließlich macht der Beschwerdeführer geltend, die Verwerfung der Nichtzulassungsbeschwerde durch das Bundessozialgericht sei verfassungswidrig gewesen. Dabei verkennt er allerdings die verfassungsgerichtlichen Maßstäbe für die Annahme eines Verstoßes gegen Art. 19 Abs. 4 GG oder auch gegen Art. 101 Abs. 1 Satz 2 GG durch die Nichtzulassung der Revision. Nach der ständigen Rechtsprechung des Bundesverfassungsgerichts verletzt die Nichtzulassung der Revision nur dann das vom Beschwerdeführer ausdrücklich herangezogene Recht auf effektiven Rechtsschutz aus Art. 19 Abs. 4 GG (oder auch die Gewährleistung des gesetzlichen Richters gemäß Art. 101 Abs. 1 Satz 2 GG), wenn sich die Entscheidung insoweit als objektiv willkürlich erweist und den Zugang zur nächsten Instanz unzumutbar erschwert (vgl. BVerfGE 67, 90 <94 f.>; BVerfGK 2, 202 <204>; stRspr). Hierfür genügt selbst eine als fehlerhaft unterstellte Handhabung der maßgeblichen Vorschriften allein nicht (vgl. BVerfGE 67, 90 <95>; 87, 282 <284 f.>).

34

Weder hat der Beschwerdeführer dies zum Maßstab seiner Ausführungen gemacht noch ist inhaltlich eine möglicherweise willkürliche Handhabung des Revisionszulassungsrechts durch das Bundessozialgericht erkennbar. Ob dessen Beurteilung einfach-rechtlich in jedem Punkt zwingend ist, ist verfassungsrechtlich nicht von Bedeutung.

35

Diese Entscheidung ist unanfechtbar.

Kirchhof Schluckebier Ott

**Mail des OKV an Mitglieder des Bundestages der Partei DIE LINKE**

Dank für das bisherige Engagement für Rentengerechtigkeit durch die Partei DIE LINKE und die eindeutige klare Antwort auf die gemeinsame Erklärung (siehe auch 3/2018 ISOR aktuell) durch Genossen Matthias Birkwald.

Ihnen zur Kenntnis. Wir schreiben die Bundestagsabgeordneten der FDP, SPD, CDU/CSU und die Grünen an und bitten diese persönlich um Kenntnisnahme und um ein Eintreten für die Beseitigung des Trennenden zwischen OST und West.

Dabei zitieren wir u.a. auch den Koalitionsvertrag:
„Wir wollen, dass **Deutschland ein wirtschaftlich starkes und sozial gerechtes Land** ist – und dass **alle daran teilhaben**."

„Wir honorieren **Lebensleistung und bekämpfen Altersarmut**: Einführung einer Grundrente 10 Prozent über der Grundsicherung für alle, die ein Leben lang gearbeitet haben, unter Einbeziehung von Kindererziehungs- und Pflegezeiten."

Natürlich stehen für uns Fragen zu einer Politik der Erhaltung des Friedens im Vordergrund. Ohne Frieden sind soziale Leistungen unbedeutend und in die Herrschaftsregel „Brot und Spiele" einzuordnen. Aggression in Worten und Taten, Änderungsbestrebungen im Grundgesetz, um auch außerhalb eines Verteidigungsfalls militärische Aktionen führen zu können, Versuche der Entmachtung des Parlaments, dürfen nicht akzeptiert werden. Vergleiche auch Arbeitspapier zur Sicherheitspolitik 2/2018 (Anlage) der Bundesakademie für Sicherheit, verfasst vom persönlichen Referenten des Präsidenten der Akademie.

Anlage: gemeinsame Erklärung (Dateianhang) vom 24.1.2018 durch:

Präsidium des Ostdeutschen Kuratoriums e.V., Präsident Dr. Matthias Werner,

Initiativgemeinschaft zum Schutz der sozialen Rechte ehemaliger Angehöriger bewaffneter Organe und der Zollverwaltung der DDR e.V., (ISOR), Vorsitzender Horst Parton,

Gesellschaft zur rechtlichen und humanitären Unterstützung e.V. (GRH), Vorsitzender GRH Hans Bauer, Vizepräsident des OKV,

Gesellschaft zum Schutz von Bürgerrecht und Menschenwürde e.V. (GBM), Vorsitzende GBM Helga Hörning, Vizepräsidentin des OKV,

Verband zur Pflege der Tradition der Nationalen Volksarmee und der Grenztruppen der DDR e.V., Vorsitzender Manfred Grätz,

Bündnis für soziale Gerechtigkeit und Menschenwürde e.V. (BÜSGM), Vorsitzender Gert Julius

**Erfolglose Verfassungsbeschwerden gegen Nichtberücksichtigung von Versorgungsanwartschaften hochrangiger Funktionäre der DDR**

Pressemitteilung Nr. 110/2017 vom 13. Dezember 2017
Beschlüsse vom 9. November 2017 1 BvR 1069/14, 1 BvR 2369/14

Der Gesetzgeber durfte an herausgehobene Funktionen im DDR-Staatsapparat ohne Verfassungsverstoß eine Begrenzung der in die bundesdeutsche Rentenversicherung zu überführenden Versorgungsanwartschaften knüpfen. Zu diesen Funktionen zählt auch die
eines Staatsanwaltes beim Generalstaatsanwalt. Die in früheren Entscheidungen des Bundesverfassungsgerichts zur Nichtberücksichtigung solcher Anwartschaften entwickelten Maßstäbe gelten auch, wenn hochrangigen Funktionären per Einzelvertrag eine Versorgung aus einem für andere Berufsgruppen vorgesehenen Versorgungssystem zugesichert wird. Dies hat die 1. Kammer des Ersten Senats des Bundesverfassungsgerichts mit heute veröffentlichten Beschlüssen entschieden und zwei Verfassungsbeschwerden nicht zur Entscheidung angenommen, mit denen sich die Beschwerdeführer gegen die jeweils nur eingeschränkte Berücksichtigung der in der DDR erworbenen Ansprüche wandten.
**Sachverhalt:**

Das Alterssicherungssystem der DDR beruhte auf der Kombination einer vergleichsweise geringen Rente aus der Sozialpflichtversicherung, der Möglichkeit einer freiwilligen Zusatzrentenversicherung (FZR) und zahlreichen Zusatz- und Sonderversorgungssystemen. Nach der Wiedervereinigung wurden die ostdeutschen Rentenansprüche und -anwartschaften sowohl aus der gesetzlichen Sozialversicherung als auch aus der FZR und den Versorgungssystemen in das Rentenversicherungssystem der Bundesrepublik überführt. Bei der Rentenberechnung werden für Zeiten der Zugehörigkeit zu einem Zusatz- oder Sonderversorgungssystem die berücksichtigungsfähigen Verdienste nach dem Anspruchs- und Anwartschaftsüberführungsgesetz (AAÜG) zugrunde gelegt.
Das AAÜG sieht für einen bestimmten Personenkreis - darunter stellvertretende Minister und Staatsanwälte beim Generalstaatswalt - in Umsetzung von Vorgaben des Einigungsvertrags eine Kürzung der bei der Rentenberechnung berücksichtigungsfähigen Entgelte aus den Zeiten der Zugehörigkeit zu Zusatzversorgungssystemen auf die Werte, die dem Durchschnittsverdienst der Beschäftigten in der DDR im jeweiligen Kalenderjahr entsprechen, vor.
Aufgrund dessen wurden bei der Festsetzung der Rente der Beschwerdeführer, eines ehemaligen Stellvertreters des Ministers der Finanzen und der Witwe eines dem Generalstaatsanwalt - zuletzt als Abteilungsleiter - beigeordneten Staatsanwalts, die Verdienste aus dem Zusatzversorgungssystem für hauptamtliche Mitarbeiter des Staatsapparates jeweils nur mit dem Durchschnittsverdienst in der DDR entsprechenden Werten berücksichtigt. Im Falle des stellvertretenden Ministers galt dies auch für eine ihm aufgrund einer früheren Tätigkeit zugesagte Versorgung nach dem zusätzlichen Altersversorgungssystem der technischen Intelligenz (AVItech), soweit diese nach der Ernennung zum stellvertretenden Minister fortgeführt wurde, und eines anlässlich seiner Ernennung durch Einzelvertrag vereinbarten Anspruchs auf Altersversorgung der Intelligenz an wissenschaftlichen, künstlerischen, pädagogischen und medizinischen Einrichtungen (AVIwiss). Die hiergegen gerichteten Klagen vor dem jeweiligen Sozialgericht blieben, ebenso wie die Berufungen und die Beschwerden gegen die Nichtzulassung der Revisionen, erfolglos. Mit ihren Verfassungsbeschwerden rügen die Beschwerdeführer in erster Linie die Verletzung von Art. 3 Abs. 1 und Art. 14 Abs. 1 GG.
**Wesentliche Erwägungen der Kammer:**
Eine Grundrechtsverletzung ist nicht hinreichend substantiiert dargetan.

1. Nach der Rechtsprechung des Bundesverfassungsgerichts sind die Rentenansprüche und
-anwartschaften aus Zusatz- und Sonderversorgungssystemen lediglich in dem Umfang nach Art. 14 Abs. 1 GG geschützt, den sie aufgrund der Regelungen des Einigungsvertrags erhalten haben. Dem Gesetzgeber kommt bei der notwendigen Neuordnung sozialrechtlicher Rechtsverhältnisse im Zusammenhang mit der Wiedervereinigung und insbesondere bei der Herstellung der Rechtseinheit in der gesetzlichen Rentenversicherung und der Überführung der im Beitrittsgebiet erworbenen Ansprüche und Anwartschaften ein besonders großer Gestaltungsspielraum zu. Er ist berechtigt, Rentenansprüche und Rentenanwartschaften zu beschränken, Leistungen zu kürzen und Ansprüche und Anwartschaften umzugestalten, sofern dies einem Gemeinwohlzweck, insbesondere der Abschaffung ungerechtfertigter und dem Abbau überhöhter Leistungen, dient und dem Grundsatz der Verhältnismäßigkeit genügt; er darf dabei Differenzierungen weiterführen, die schon der mit den Verhältnissen vertraute Gesetzgeber der DDR zur Grundlage von Entgeltkürzungen gemacht hat - namentlich die Zugehörigkeit zu bestimmten Versorgungssystemen. Der Gesetzgeber kann dabei auch berücksichtigen, dass die Empfänger von Zusatz- und Sonderversorgungen grundsätzlich weniger schutzbedürftig sind als sonstige Rentner. Er kann auch an die Ausübung bestimmter leitender Funktionen im Partei- und Staatsapparat anknüpfen. Art. 3 Abs. 1 GG und Art. 14 Abs. 1 GG verlangen für eine solche Kürzung nicht zwingend eine individuelle Prüfung in jedem Einzelfall. Der Gesetzgeber durfte - eng zugeschnittene - Gruppen bilden, für deren Angehörige die Anwendung der besonderen Bemessungsgrenze als gerechtfertigt angesehen werden kann.
2. Soweit der frühere stellvertretende Minister als Beschwerdeführer allgemein die Verfassungswidrigkeit der gesetzlichen Regelung aus § 6 Abs. 2 Nr. 4 AAÜG in Verbindung mit Anlage 5 zum AAÜG geltend gemacht hat, kann er damit schon deswegen nicht durchdringen, weil das Bundesverfassungsgericht die Regelung ausdrücklich und damit mit Gesetzeskraft für mit dem Grundgesetz vereinbar erklärt hat (Beschluss des Ersten Senats vom 6. Juli 2010 - 1 BvL 9/06 u. a. -). Weder zeigt das Vorbringen des Beschwerdeführers auf, dass diese Maßstäbe unzutreffend sein könnten, noch wurden neue rechtserhebliche, gegen die damals tragenden Feststellungen sprechende Tatsachen, die eine andere Entscheidung rechtfertigen könnten, substantiiert dargelegt. Auch im Verfahren des Staatsanwaltes bei dem

Generalstaatsanwalt waren die dort entwickelten Maßstäbe jedenfalls Ausgangspunkt der Argumentation, obwohl eine ausdrückliche Entscheidung zu der insoweit maßgeblichen Nummer 7 von § 6 Abs. 2 AAÜG noch nicht vorlag.

3. a) Soweit gerügt wird, die Auslegung von § 6 Abs. 2 Nr. 4 AAÜG durch die Fachgerichte sei verfassungswidrig, weil sie zu einer Begrenzung der Entgelte aus einer Zeit der Zugehörigkeit des stellvertretenden Ministers zur AVItech (oder der AVIwiss) führe, ist eine mögliche Verletzung in Grund- oder grundrechtsgleichen Rechten ebenfalls nicht hinreichend dargetan, zumal der Wortlaut des AAÜG diese Versorgungssysteme unterschiedslos mit einbezieht. Die insoweit durch den betreffenden Beschwerdeführer geforderte einschränkende Auslegung folgt weder aus früheren Entscheidungen des Bundesverfassungsgerichtes noch ist dargelegt, dass eine solche aus verfassungsrechtlichen Gründen geboten sein könnte. Es würde im Gegenteil einen kaum zu rechtfertigenden Gleichheitsverstoß darstellen, wenn ein stellvertretender Minister im Gegensatz zu anderen von einer Entgeltbegrenzung verschont bliebe, nur weil das ihm zusätzlich gewährte Versorgungssystem seiner Tätigkeit nicht unmittelbar entspricht. Soweit geltend gemacht wird, dass bei Personen, die der AVItech zugehört hätten, die Grundannahme des Bundesverfassungsgerichts, es handele sich um Funktionsträger auf höchster Staatsebene mit entsprechenden Privilegien, nicht zutreffe, ist dieses Vorbringen nicht geeignet, die Auslegung des AAÜG durch die Fachgerichte als verfassungswidrig auszuweisen. Ein (stellvertretender) Minister bleibt vielmehr Funktionsträger auf höchster Staatsebene, auch oder gerade wenn ihm die Einbeziehung in ein Versorgungssystem einzelvertraglich zugebilligt wird, dessen Anwendungsbereich primär auf ganz andere Berufsgruppen zielte. Dass Personen wie er, die als Minister in die AVItech oder AVIwiss einbezogen waren, deswegen (oder aus sonstigen Gründen) anders und weniger privilegiert behandelt worden wären als andere Minister, ist nicht konkret dargetan. Der Gesetzgeber durfte an herausgehobene politisch-gubernative Funktionen wie die des stellvertretenden Ministers ohne Verfassungsverstoß eine Begrenzung der in die bundesdeutsche Rentenversicherung zu überführenden Anwartschaften knüpfen. Vor diesem Hintergrund folgt auch aus dem Vortrag, dass der Beschwerdeführer im Zuge der wirtschaftlichen Reformbestrebungen der DDR, die mit dem „Neuen Ökonomischen System" verbunden gewesen seien, stellvertretender Minister geworden sei und seine Berufung

ausschließlich seiner fachlichen Qualifikation geschuldet sei, nicht die Verfassungswidrigkeit der Begrenzung.
b) Ebensowenig ist substantiiert dargelegt, dass die genannten Grundsätze auf die Gruppe der Staatsanwälte bei dem Generalstaatsanwalt, mit denen sich das Bundesverfassungsgericht in den vorherigen Entscheidungen zum AAÜG nicht zu befassen hatte, nicht übertragbar sein könnten. Für eine substantiierte Darlegung, dass die Entgeltbegrenzung zwar für andere hohe Funktionsträger, nicht aber für die Staatsanwälte bei dem Generalstaatsanwalt gerechtfertigt wäre, fehlt es an einer konkreten Befassung mit der Bedeutung des Generalstaatsanwalts und der ihm beigeordneten Staatsanwälte. So hätte sich das Beschwerdevorbringen damit auseinandersetzen müssen, dass dem Generalstaatsanwalt als Leiter der Staatsanwaltschaft mit all ihren Untergliederungen eine herausgehobene Funktion zukam und die Staatsanwaltschaft als zentrales Organ der einheitlichen sozialistischen Staatsmacht wiederum eine wichtige Rolle bei der Absicherung des auf die Führungsrolle der SED ausgerichteten Systems spielte. Hinzu kamen - wie in den realsozialistischen Staaten üblich - die allgemeine Gesetzlichkeitsaufsicht und die damit verbundene Rolle bei der Durchsetzung der sozialistischen Staats- und Herrschaftsordnung in Zusammenarbeit mit anderen Organen des Staates, der Partei und der Gesellschaft, wozu auch eine Abstimmung bezüglich politisch relevanter Verfahren zählte. Die Behörde des Generalstaatsanwaltes war für eine der führenden Rolle der Arbeiterklasse entsprechende Auswahl, Entwicklung und Erziehung der Kader der Staatsanwaltschaft verantwortlich. Die Besetzung der Positionen des Generalstaatsanwalts selbst, seiner Stellvertreter und der Abteilungsleiter waren dem Zentralkomitee der SED vorbehalten. Diese Zusammenhänge prägten auch die Stellung der einzelnen Staatsanwälte, die der Arbeiterklasse und dem sozialistischen Staat treu ergeben zu sein hatten und zuletzt nahezu ausnahmslos Mitglieder in der SED und somit zugleich als Funktionäre des Staates und als Parteifunktionäre tätig waren.

**Anlage 9**

**Zu den Klagen vor dem Europäischen Gerichtshof für Menschenrechte**

**Handreichung zu den 6 Individualbeschwerden von ISOR-Mitgliedern beim Europäischen Gerichtshof für Menschenrechte**

Am 20. und 21. Juli 2017 wurden im Auftrag von ISOR fristgerecht 6 Individualbeschwerden beim Europäischen Gerichtshof für Menschenrechte (EGMR) eingereicht. Damit wird das Ziel verfolgt, die innerstaatlich ausgefochtene, vom Bundesverfassungsgericht (BVerfG) in der Sache jedoch nicht behandelte MfS-Rentenkürzung möglichst einer zeitnahen internationalen gerichtlichen Kontrolle zu unterziehen.

Hierfür stellte sich ein großer Komplex verschiedener Anforderungen; neben den verfahrensrechtlichen Besonderheiten beim EGMR sind inhaltlich die vielfältig entwickelten Maßstäbe der Europäischen Menschenrechtskonvention (EMRK) und die umfangreiche bisherige Rechtsprechung des Gerichtshofs beachtlich, u. a. zu Problemen des politischen Systemwechsels und damit zusammenhängenden staatlichen Eingriffen in Eigentums- und Rentenrechtspositionen.

Angesichts dessen erarbeiteten die Rechtsanwälte Bleiberg und Dr. Helmers unter breiter Einbindung der Experten Dr. Kleine-Cosack und Prof. Dr. Dr. Merten die Individualbeschwerden auf der Grundlage einer neuen Konzeption, wonach die Individualbeschwerden hauptsächlich die Verletzung des Rechts auf Schutz des Eigentums gemäß Art. 1 des Ersten Zusatzprotokolls der EMRK (Art. 1 1. ZP EMRK) und damit verbundenen die Verletzung des Diskriminierungsverbotes gemäß Art. 14 EMRK angreifen.

1. Der Eingriff in das Renteneigentum der Beschwerdeführer (Bf.) aufgrund des geltenden § 7 AAÜG verletzt menschenrechtswidrig den Schutz des Eigentums nach Art. 1 1. ZP EMRK, weil mit der Rentenkürzung keine berechtigten Ziele verfolgt werden und der Eingriff mit dem Gebot der Verhältnismäßigkeit unvereinbar ist.

Bereits die die Tatsachenbasis der gesetzgeberischen Entscheidung für § 7 AAÜG bildenden Annahmen und Hinweise treffen nicht zu. Neue Forschungsergebnisse belegen weder eine Sonderstellung des MfS/AfNS bei der Besoldung und Versorgung, noch privilegierten Verdienste der MfS-Angehörigen. Die Zielsetzung des Gesetzes wird verfehlt, ungerechtfertigte Vorteile zu beseitigen und überhöhte Leistungen zu kürzen. Es liegt nicht im öffentlichen Interesse, Ansprüche auf Renteneigentum abzuerkennen oder zu entwerten, für das tatsächliche adäquate, also nicht überhöhte Arbeitsleistung erbracht und gleiche Beiträge gezahlt wurden wie im übrigen Militärbereich der DDR.

Der Eingriff ist mit Blick auf die Zielsetzung des § 7 AAÜG unangemessen, weil mit den erheblichen monatlichen Rentenkürzungen (in der Summe seit 1992 im Einzelnen bis über 200.000 EUR) unzumutbare Belastungen ohne gerechten Ausgleich auferlegt werden. Unerreicht bleibt für die Bf. das durch eigene Arbeit und Leistung gerechtfertigte Rentenniveau, das Verdienste bis zur allgemeinen Beitragsbemessungsgrenze berücksichtigt.

2. Insbesondere erweist sich der Entzug der Rentenansprüche rechtswidrig am Maßstab des mit dem Schutz des Eigentums akzessorisch verbundenen Diskriminierungsverbotes nach Art. 14 EMRK.

Die MfS-Angehörigen werden vom Gesetz - trotz ihrer Vergleichbarkeit mit den Berufssoldaten der anderen Wehrdienstorgane, mit den Angehörigen der Volkspolizei und der Zollverwaltung der DDR sowie ungeachtet ihrer Vergleichbarkeit als Versicherte mit eigenen Mehrleistungen (wie die Versicherten der Zusatzversorgungssysteme) - schlechter gestellt, in dem bei ihnen die Verdienste - anders als bei den Versicherten der anderen Sonderversorgungssystemen bzw. der Zusatzversorgungssysteme - nur bis zum allgemeinen Durchschnittsverdienstes rentenwirksam anerkannt sind.

Die Bf. und die übrigen von § 7 AAÜG Betroffenen werden sogar im Hinblick auf höhere und höchste Repräsentanten der DDR schlechter gestellt, deren Verdienste nur für die Zeit der in § 6 Abs. 2 AAÜG bestimmten Funktionsausübung gekürzt werden. Letztlich werden die Betroffenen im Binnenvergleich zu den MfS-Militärs schlechter gestellt, deren Verdienste unterhalb des allg. Durchschnittsverdienstes lagen.

Zudem reicht es nach dem Urteil des BVerfG vom 28.04.1999 für die angebliche Überhöhung der MfS/AfNS-Verdienste aus, dass der Durchschnitt der Einkommen in diesem Teilbereich des Militärbereichs der DDR über den allgemeinen Durchschnittsverdienst der Volkswirtschaft lag. Sowohl mit einem solchen Vergleich als auch mit der Zugehörigkeit des MfS zum sog. „X-Bereich" kann eine Privilegierung der MfS-Verdienste aber nicht nachgewiesen werden. Ebenso ungeeignet ist hierfür der Verweis auf das DDR-Aufhebungsgesetz, dessen Regelung zumindest ein vorläufiges Rentenniveau gewährleistete, welches über dem lag, das der gesamtdeutsche Gesetzgeber mit § 7 AAÜG später festlegte.

Im Übrigen lässt der § 7 AAÜG unbeachtet, dass sich der gesetzgeberische Gestaltungsspielraum für die Schlechterstellung der MfS-Angehörigen wegen ihrer vergleichsweise weit höheren Beiträge zur Alterssicherung einengt.

3. Vorsorglich und ergänzend rügen die Bf. die Verletzung des Rechts auf faires Verfahren gemäß Art. 6 Abs. 1 EMRK.

Aus Sicht der Bf. wurde der ordnungsgemäße Zugang zum Gericht verwehrt, indem eine Sachentscheidung zur Frage der Übereinstimmung des § 7 AAÜG mit dem Grundgesetz verweigert und ausreichendes Gehör zu den vorgetragenen neuen rechtserheblichen Tatsachen nicht gewährt wurde.

Zwei Bf. haben außerdem die Verletzung des Beschleunigungsgebotes (eines Teilaspektes der Verfahrensfairness) geltend gemacht. In beiden Fällen reicht die innerstaatliche Rechtswegerschöpfung bis 1993 zurück. Die Gerichtsverfahren über das strittige Recht auf Rente dauerten hier evident unangemessen lang.

**Europäischer Gerichtshof für Menschenrechte erklärt die eingereichten Individualbeschwerden zum § 7 AAÜG für unzulässig**

Am 4. Oktober wurden unsere Anwälte vom Europäischen Gerichtshof für Menschenrechte (EGMR) informiert, dass der französische Richter Andre Potocki als Einzelrichter entschieden hat, die vorgelegten sechs Individualbeschwerden zum § 7 AAÜG für unzulässig zu erklären.
Es liege kein Verstoß gegen die in der Europäischen Menschenrechtskonvention geschützten Rechte und Freiheiten

vor und die Kriterien für eine Annahme zur Verhandlung seien nicht erfüllt.
Wie schon zuvor das Bundesverfassungsgericht entzog sich damit auch der EGMR einer Prüfung jener durch Gutachten belegten Tatsachen, die beweisen, dass die Rentenkürzungen für die ehemaligen Angehörigen des MfS allein aus politischen Motiven und willkürlich erfolgt sind.
Die in früheren Urteilen angeführten Gründe für diese Rentenkürzungen, die angeblich privilegierten Einkommen bzw. sonstige Privilegien der Mitarbeiter des MfS und selbst der angeführte Wille der letzten Volkskammer der DDR, sind nach der gutachterlichen Bewertung überzeugend widerlegt.
Das Bundesverfassungsgericht hat in sonst unüblicher Ausführlichkeit die Nichtannahme der Verfassungsbeschwerden zum § 7 AAÜG begründet, dabei aber die vorgelegten neuen rechtserheblichen Tatsachen ausgeklammert und pharisäerhaft auf die Möglichkeit politischer Entscheidungen verwiesen. Der EGMR hat sich noch nicht einmal diese Mühe gemacht.
Vor dem EGMR hatten wir nur eine geringe Chance, sie nicht zu nutzen, wäre jedoch verantwortungslos gewesen.
Damit ist der Rechtsweg in Deutschland und Europa erschöpft.
Was bleibt ist der Klageweg zur UNO, sofern die Bundesrepublik sich endlich dazu durchringt, das Fakultativprotokoll zum Wirtschafts- und Sozialpakt der UN zu ratifizieren.
An der politischen und sozialen Diskriminierung und Ausgrenzung der ehemaligen Angehörigen des MfS hat sich nichts geändert. Auch 27 Jahre nach der Annexion der DDR bestimmen noch Rachsucht, Hass und Hetze den Umgang mit ihnen. Ihre Lebensleistung, wie auch die der anderen Angehörigen der Sicherheitsorgane und engagierter DDR-Bürger wird weiter diffamiert.
Angeblich wurden die Einkommen im MfS nicht durch Arbeit und Leistung erzielt, was im Vergleich zum Wirken der heutigen Sicherheitsorgane eine mehr als fragwürdige Behauptung ist. Immerhin hat das MfS in enger Zusammenarbeit mit der Volkspolizei und den anderen Sicherheits- und Rechtspflegorganen die Bürger der DDR zuverlässig vor terroristischen Anschlägen geschützt. Das in der Zeit der offenen Grenze und angesichts des Wirkens einer USA-finanzierten Terrororganisation, der sog. Kampfgruppe gegen Unmenschlichkeit in Westberlin, aber auch später, als Geiselnahmen und Flugzeugentführungen das Gesicht des internationalen Terrors bestimmten.
Der Schutz der Bürger vor kriminellen Handlungen, eine umfangreiche vorbeugende und schadensverhütende Tätigkeit

wurde maßgeblich vom MfS unterstützt und führte in der DDR zu einem Standard der inneren Sicherheit, von dem die heutigen Bundesbürger nur träumen können. Auch in der DDR konnten nicht alle Straftaten aufgeklärt werden.
Unkontrollierter Waffenbesitz potentieller Amokläufer, Drogen- und Bandenkriminalität, mafiöse Strukturen, Ermittlungspannen wie im Fall des NSU oder das Versagen der Kooperation von Sicherheitsorganen im Vorfeld von Terroranschlägen waren jedoch undenkbar.
Wir haben deshalb keinen Grund offenkundiges Unrecht, eine lebenslange Vermögensstrafe ohne Nachweis einer individuellen Schuld und ohne das Recht auf Verteidigung, hinzunehmen. Unsere Menschenwürde gebietet es, auch angesichts der Übermacht unserer Gegner in der Justiz, der Politik und den Medien den Kampf für eine gerechte Bewertung unserer Lebensleistung, gegen Ausgrenzung und Diskriminierung fortzusetzen. Dazu gilt es die verfügbaren politischen Mittel zu nutzen, aber auch noch stärker den Zusammenschluss mit anderen politisch und sozial diskriminierenden ehemaligen DDR-Bürgern, in sozialen Bündnissen oder durch Ausbau der Zusammenarbeit unserer Organisationen zu suchen.
Mit dem Erhalt und der Festigung des Zusammenhaltes der ehemaligen Angehörigen der bewaffneten Organe und der Zollverwaltung der DDR verfügen wir über das notwendige politische Gewicht, um uns Gehör zu verschaffen, vor allem angesichts der wachsenden Kriegsgefahr, bei der selbst ein Atomkrieg nicht mehr ausgeschlossen werden kann, angesichts des Vormarsches faschistoider Kräfte in Deutschland und Europa, des wachsenden Einflusses neoliberaler Kräfte und der weiteren Existenz und Vertiefung sozialer Verwerfungen.
Darüber hinaus stehen wir als kompetente Zeitzeugen in der Verantwortung, gegen Lügen und Verleumdungen zur Verteidigung der historischen Wahrheit über die DDR beizutragen.
Wir werden ISOR als Organisation von Gleichgesinnten, als politische Heimat und als Mittler der solidarischen Hilfe und Unterstützung nicht leichtfertig aufs Spiel setzen. Unser Kampf wird nach der Entscheidung des EGMR nicht einfacher, aber nur wenn wir aufgeben, haben wir verloren.

**Das Grundgesetz als Bewertungsgrundlage für die Rentenrechtsanpassung und für Einschnitte bei den sozialen Sicherungssystemen**

**Vorbemerkung** von Dieter Bauer

Seit der industriellen Entwicklung in Deutschland nach 1848, verbunden mit der Bildung industrieller Zentren, der Konzentration von Arbeitern und damit verbunden der Erwirtschaftung großer Gewinne, findet die Auseinandersetzung zwischen den Arbeitenden und den Besitzern der Produktionsmittel statt.

Aus der Erkenntnis, dass *die Arbeiter es sind, die den Wohlstand einer Gesellschaft erarbeiten,* selbst aber in bescheidenen Verhältnissen leben müssen, mit Hungerlöhnen, ohne Absicherung bei Krankheit, Unfall und Invalidität, Arbeitslosigkeit und im Alter entstand eine Arbeiterbewegung, die sich immer besser organisierte und von den Besitzenden als Bedrohung empfunden wurde.

Aus der Erkenntnis, dass das Elend der Arbeiter radikal macht und dadurch der Wohlstand der Besitzenden und die Gesellschaftsordnung bedroht werden, reagierte der Reichskanzler Bismarck mit eiserner Konsequenz:

- (Peitsche): Mit dem *Sozialistengesetz* versuchte er, die Herausbildung einer gut organisierten Arbeiterbewegung zu verhindern - was nicht gelang.
- (Zuckerbrot): Setzte er gegen den erbitterten Widerstand der Unternehmer und Junker die ersten sozialen Sicherungssysteme durch: 1881 bis 1883 die *Krankenversicherung,* 1884 die *Unfallversicherung* und 1889 die *Rentenversicherung.* (Die reichseinheitliche *Arbeitslosenversicherung* konnte aufgrund des großen Unternehmerwiderstandes erst 1927 und das *Bundessozialhilfegesetz* erst 1961 in Kraft treten.)

Die Arbeitgeber wurden gezwungen, sich in erheblichem Maße an den finanziellen Lasten der Sicherungssysteme zu beteiligen, indem sie *einen Teil des von den Arbeitern erwirtschaftenden Gewinns* für die Erhaltung des sozialen Friedens ausgeben mussten.

Ohne auf die mehrfache Verschiebung des Kräftegleichgewichts zwischen Arbeiterschaft und Kapital eingehen zu wollen, sollte die Brisanz der Situation heute - und zwar europaweit - unter Berücksichtigung der Entwicklung in Deutschland nach 1932 bewertet werden:

- Kürzung der Arbeitslosenversicherung von 52 auf 6 Wochen bei Halbierung der Zahlbetragshöhe.
- Aufhebung der Tarifbindung der Löhne mit der Folge Hungerdemonstration, Besetzung von Ämtern, Plünderung, Schusswaffengebrauch gegen revoltierende Erwerbslose, Bandenbildung, Anwachsen der Kriminalitätsrate usw. usw.
- Zerschlagung der Gewerkschaften, Beschlagnahme ihres Besitzes
- Anwachsen des Arbeitslosenheeres auf über 8 Millionen

Vor dem Hintergrund der *gesamten historischen Entwicklung* mit den zyklischen Krisen, erwachsen aus einem weltweiten Ungleichgewicht zwischen Angebot und Nachfrage (Überproduktionskrise) erscheint es lächerlich, wolle man die Kosten des Sozialstaates für die Krise verantwortlich machen. Vielmehr sollte man sich bewusst machen, welche Folgen die seit 1990 ungeschminkt betriebene Politik der Kapitalgesellschaften und Unternehmerverbände haben wird, die der Maxime *„Maximaler Profit heute"* folgend durch Druck auf die Politik den Abbau aller sozialen Sicherungen betreibend eine neue moderne Sklaverei des 22. Jahrhunderts anstrebt, einer Sklaverei ohne Ketten.

**Im Folgenden sind einige Auszüge aus der Sammlung von Entscheidungen des Bundesverfassungsgerichtes, die vor der Wiedervereinigung 1990 gefällt wurden, dargestellt.**

Bedenken sollte man auch, dass dieses Grundgesetz in einem Nachkriegsdeutschland entstand, in dem zum Ingangsetzen der Wirtschaft nach den verheerenden europaweiten Zerstörungen und dem unsäglichen Leid und Elend des 2. Weltkrieges jede Hand gebraucht wurde. Vor diesem grauenhaften Hintergrund war der Wille zur Gestaltung einer besseren Welt ein entscheidender Faktor, der sich u. a. in Ludwig Erhards Ausspruch **„Wohlstand für alle"** ausdrückt.

**Heute ist die Situation eine ganz andere.**

Eine politische Klasse, die sich selbst privilegiert hat, nimmt die Garantien der Artikel 3, 14 und 20 für sich selbst voll in Anspruch, während z. B. im Sozial- und Rentenrecht der Bürger nach Forderungen der Vertreter des Kapitals gehandelt wird (Privatisierung der Vorsorgeleistungen). Leistungseinschnitte werden durch diejenigen betrieben, die sich selbst aus

Steuermitteln üppig versorgen, ohne selbst Angehörige einer Solidargemeinschaft zu sein.
Die folgenden Auszüge habe ich ab 1990 laufend mit der politischen Entwicklung im Sozial- und Eigentumsrecht und später mit der zugehörigen Rechtsprechung verglichen und musste feststellen, dass die Diskrepanz immer größer wird. Diese Verfassung wird nur so viel an sozialer Sicherheit, an Menschenrechten und Menschenwürde garantieren, wie wir, die Betroffenen, politisch erzwingen.
Der Umfang der Enteignungen der Beitrittsbürger im Boden-, Sachen- und Rentenrecht nach der Überführung unseres Volkseigentums in Privateigentum von dem die Beitrittsbürger wertmäßig ca. 3% erhielten und die noch immer anhält (z. B. Altschuldenlüge), dürfte der größte Raubzug in der deutschen Geschichte sein.

*Die folgenden Seiten sind ein Auszug aus „Meine Grundrechte" von Hubert Weis, 2. Aufl. vom 1.1.1989 vom dtv (heute nicht mehr erhältlich) mit Bezug von GG-Artikel und Bundesverfassungsgerichtsentscheidungen (BVerfGE). Dieser Auszug ist durch das Scannen der Seiten dieses Buches und Bearbeiten von einem fachkundigen Freund in dieses Format gebracht worden.*

**Artikel 3 GG (Gleichheit vor dem Gesetz)**
(1) Alle Menschen sind vor dem Gesetz gleich.
(2) Männer und Frauen sind gleichberechtigt.
(3) Niemand darf wegen seines Geschlechtes, seiner Abstammung, seiner Rasse, seiner Sprache, seiner Heimat und Herkunft, seines Glaubens, seiner religiösen und politischen Anschauungen benachteiligt oder bevorzugt werden.

**I. Allgemeiner Gleichheitssatz**
***1. Allgemeine Bedeutung.***
Das Prinzip der Gleichbehandlung vor dem Gesetz ist eine elementare Selbstverständlichkeit der freiheitlichen Demokratie (BVerfGE 5, 85, 205). Es bedeutet zunächst „gleiches Recht für alle", nämlich gleichmäßige Rechtsanwendung ohne Ansehen der Person. Die Bedeutung des allgemeinen Gleichheitssatzes geht aber über die eher formale Aussage, alle Menschen seien vor dem Gesetz gleich, weit hinaus. Denn das Bundesverfassungsgericht hat in ständiger Rechtsprechung den Gleichheitssatz zu einem umfassenden *Gerechtigkeitsgebot* und *Willkürverbot* für alle Bereiche staatlichen Handelns entwickelt. Nach dieser Rechtsprechung enthält der Gleichheitssatz „die allgemeine Weisung, bei steter Orientierung am

Gerechtigkeitsgedanken Gleiches gleich, Ungleiches seiner Eigenart entsprechend verschieden zu behandeln" (BVerfGE 3, 58, 135). Der Staat darf „weder wesentlich Gleiches willkürlich ungleich noch wesentlich Ungleiches willkürlich gleich behandeln" (BVerfGE 4, 144, 155). Der Gleichheitssatz ist verletzt, „wenn sich ein vernünftiger, sich aus der Natur der Sache ergebender oder sonst wie sachlich einleuchtender Grund für die Differenzierung oder Gleichbehandlung nicht finden lässt, kurzum, wenn die Bestimmung als willkürlich bezeichnet werden muss" (BVerfGE l, 14, 52).
Der durch diesen Inhalt geprägte allgemeine Gleichheitssatz ist nicht nur von der Verwaltung und den Gerichten zu beachten, also von den Organen, die die geltenden Gesetze gleichmäßig anwenden sollen. Das Willkürverbot gilt vielmehr auch für den Gesetzgeber selbst, also für diejenigen Organe, die die Gesetze erst schaffen, vor denen alle Menschen gleich sind.
Mit der Feststellung, eine Maßnahme sei willkürlich, ist kein subjektiver Schuldvorwurf gegenüber den handelnden Personen verbunden. Ob ein Gesetz, eine behördliche Entscheidung oder ein Gerichtsurteil willkürlich ist, hängt also nicht von der subjektiven Einstellung der jeweiligen Abgeordneten, Beamten oder Richter ab; vielmehr geht es nur darum, ob eine Maßnahme in der Situation, in der sie getroffen worden ist, objektiv und eindeutig unangemessen war (BVerfGE 51, l, 27).
Der allgemeine Gleichheitssatz schützt Inländer wie Ausländer (Menschenrecht) und wird sogar als überpositiver, also eigentlich auch ohne ausdrückliche Regelung geltender Rechtsgrundsatz bezeichnet, der durch Art. 3 Abs. l förmlich anerkannt worden ist (BVerfGE, l, 208, 243).
Die *Zielrichtung* des Gleichheitssatzes besteht in der Besserstellung Benachteiligter (und nicht etwa in der Schlechterstellung Bevorzugter - auch so könnte ja eine Gleichbehandlung erreicht werden). Wer zu Unrecht bevorzugt wird, ist nicht in seinen Grundrechten verletzt. Bei der Anwendung des Gleichheitssatzes geht es stets um die Frage, ob für die Schlechterstellung einer Personengruppe gegenüber einer vergleichbaren anderen ein sachlich vertretbarer Grund besteht (BVerfGE 22, 387, 415).

***2. Bindung des Gesetzgebers.***
Das Willkürverbot bindet auch den Gesetzgeber. Damit ist der Erlass willkürlicher Gesetze untersagt; gleichzeitig ist dem Bundesverfassungsgericht die Möglichkeit eröffnet, gesetzliche Regelungen unter dem Aspekt der Willkür zu überprüfen und

wegen Verstoßes gegen das Willkürverbot für nichtig zu erklären.

a) Bei der Überprüfung von Gesetzen am Maßstab des Willkürverbotes ist aber große *Zurückhaltung* geboten. Die zu regelnden Lebensverhältnisse sind niemals völlig identisch, sondern stets nur in einigen Elementen gleich, in anderen aber verschieden. Es ist in erster Linie Sache des Gesetzgebers zu entscheiden, welche dieser Elemente als ausschlaggebend, welche Sachverhalte also als gleich oder ungleich und welche Regelungen als gerecht anzusehen sind. Dem Gesetzgeber steht bei dieser Bewertung ein erheblicher Gestaltungsspielraum (Ermessen) zu, innerhalb dessen er frei entscheiden kann (BVerfGE 50, 57, 77). Das Willkürverbot bietet dem Bundesverfassungsgericht nicht die Möglichkeit, pauschal seine Auffassung von Gerechtigkeit an die Stelle derjenigen des Gesetzgebers zu setzen. Das Gericht kann grundsätzlich nur prüfen, ob der Gesetzgeber die äußersten Grenzen seines Ermessens überschritten hat, nicht aber, ob er im einzelnen die zweckmäßigste, vernünftigste oder gerechteste aller denkbaren Lösungen gefunden hat (BVerfGE 3, 162, 182). Ein Gesetz ist daher im allgemeinen nur dann willkürlich, wenn sich für die getroffene Regelung ein vernünftiger, sachgerechter Grund schlechterdings nicht erkennen lässt; ihre Unsachlichkeit muss evident sein (BVerfGE 13, 356, 361; 55, 72, 90). In besonderen Fällen kann allerdings ein schärferer Maßstab anzulegen sein(s. u. d).

b) Die *Maßstäbe* dafür, ob ein Gesetz als sachgerecht oder als willkürlich zu qualifizieren ist, sind in erster Linie dem *Grundgesetz* selbst zu entnehmen. Bei der Bewertung mehrerer Sachverhalte als gleich oder ungleich darf der Gesetzgeber die Wertentscheidungen, die in den Grundrechten zum Ausdruck kommen, und so fundamentale Grundsätze wie das Rechtsstaats- oder das Sozialstaatsprinzip nicht außer acht lassen (BVerfGE 17, 210, 217). Da Ehe und Familie gem. Art. 6 Abs. I unter dem besonderen Schutz der staatlichen Ordnung stehen, darf der Gesetzgeber also niemanden nur deshalb schlechter stellen, weil er verheiratet oder sonst Familienangehöriger ist. Eine steuerliche Vergünstigung darf Steuerpflichtigen nicht deshalb versagt werden, weil sie Ehegatten sind, selbst wenn hier eine erhöhte Missbrauchsgefahr bestehen mag (BVerfGE 13, 290ff. - Ehegatten-Arbeitsverträge). Ein für Beamte vorgesehener Kinderzuschlag durfte nicht deshalb entfallen, weil das Kind heiratete (BVerfGE 29, I ff.). Mit dem Sozialstaatsprinzip war es nicht vereinbar, bei der Frage, ob die Hinterbliebenenrente einer Kriegerwitwe nach Scheidung einer neuen Ehe wieder auflebt, danach zu differenzieren, ob die Kriegerwitwe schuldig geschieden wurde. Denn die Rente sollte den Unterhalt der Witwe sichern; ihr Verschulden am Scheitern ihrer zweiten Ehe stand mit dem aufgrund ihrer ersten Ehe erworbenen Rentenanspruch in keinerlei Zusammenhang (BVerfGE 38, 187ff.).

c) Neben den Wertentscheidungen der Verfassung gehört zu den im Rahmen des Willkürverbots zu beachtenden *Maßstäben* auch die *Eigengesetzlichkeit* der jeweils zu regelnden Materie.

d) Ob der Gesetzgeber bei Anwendung der genannten Maßstäbe über einen *engen oder weiten Ermessensspielraum* verfügt, hängt von den Besonderheiten der jeweils geregelten Materie ab. *Eng* ist der Gestaltungsspielraum etwa im Bereich der Ausübung demokratischer Rechte, der vom Grundsatz formaler Gleichheit beherrscht wird. Daher darf der Gesetzgeber die steuerliche Abzugsfähigkeit von Spenden an politische Parteien nicht in so großem Umfang zulassen, dass besonders wohlhabende Bürger - im Gegensatz zu den Beziehern kleinerer Einkommen — einen bestimmenden Einfluss auf die Entscheidungen von Parteien erlangen können (BVerfGE 73, 40, 71 ff. - Parteienfinanzierung). Dem gesetzgeberischen Gestaltungsspielraum sind auch dort engere Grenzen gezogen, wo es um Regelungen mit Auswirkungen auf die durch Art. 12 Abs. I geschützte Berufsfreiheit geht (BVerfGE 62, 256,274). So muss der Gesetzgeber die Chancengleichheit von Studienbewerbern bei der Hochschulzulassung und von Prüflingen bei der Prüfung so weit wie irgend möglich herstellen; differenzierende Bestimmungen können auch schon dann verfassungswidrig sein, wenn sie noch nicht evident unsachlich sind (BVerfGE 33, 303, 345; 37, 342, 353 f.).

Ein *weiter* Gestaltungsspielraum steht dem Gesetzgeber zu, wenn es nicht um staatliche Eingriffe, sondern um den Bereich der gewährenden Verwaltung geht (BVerfGE 61, 138, 147) Beispiele hierfür sind Entschädigungsregelungen (BVerfGE 27, 25 3 , 286), Subventionen (BVerfGE 22, 100, 103), Sozialleistungen
(BVerfGE 60, 113, 119), Bestimmungen des Besoldungs- und Versorgungsrechts (BVerfGE 61, 43, 63) oder auch die Gewährung einer Amnestie (BVerfGE 10, 234, 246). Besonders weit ist
der Ermessensspielraum bei Wertungen und Abstufungen, die in Gesetzen zur Sanierung des Staatshaushaltes getroffen werden.

Eine Willkürgrenze besteht aber auch hier, denn der Gleichheitssatz muss nicht nur bei der Verteilung von

Überfluss, sondern gerade auch bei der Verwaltung von Mangel beachtet werden
(BVerfGE 64, 158, 169).
e) Jede gesetzliche Regelung muss *generalisieren.* Der Gesetzgeber darf bei seinen Entscheidungen von typischen Fallkonstellationen (Regelfällen) ausgehen und, insbesondere bei der Ordnung von Massenerscheinungen (wie sie z.B. im Bereich des Sozialversicherungsrechts auftreten) entsprechend typisierende Regelungen treffen. Derartige Typisierungen sind schon aus Gründen der Praktikabilität notwendig. Sie können dazu führen, dass in Einzelfällen, nämlich bei seltenen, atypischen Sachverhalten, Härten auftreten, die unvermeidlich sind und hingenommen werden müssen. Allerdings muss nicht jede Härte oder Ungerechtigkeit im Einzelfall akzeptiert werden. Diese Folge einer Typisierung kann vielmehr nur dann gerechtfertigt werden, wenn nur eine verhältnismäßig kleine Zahl von Personen betroffen ist und der Verstoß gegen den Gleichheitssatz nicht gravierende Folgen, etwa in finanzieller Hinsicht, nach sich zieht (BVerfGE 63, 119, 128).
f) Der Gleichheitssatz steht *Stichtagsregelungen,* die dazu führen, dass Sachverhalte vor einem bestimmten Termin anders behandelt werden als spätere Sachverhalte, nicht grundsätzlich entgegen. Allerdings muss die Einführung eines Stichtages überhaupt notwendig, der gewählte Zeitpunkt außerdem auch sachlich vertretbar sein (BVerfGE 58, 81, 126).
g) Der Gesetzgeber ist grundsätzlich frei, *Gesetze* mit Wirkung für die Zukunft *zu ändern* und auf diese Weise Sachverhalte nach neuem Recht anders als Sachverhalte nach altem Recht zu behandeln. Dies gilt namentlich dann, wenn sich nicht von Anfang an übersehen ließ, ob ein Gesetz allen von ihm erfassten Sachverhalten gerecht werden würde und sich das Gesetz später als korrekturbedürftig erweist (BVerfGE 13, 39, 43).
h) Der Gleichheitssatz bindet den Gesetzgeber nur *innerhalb seines eigenen Herrschaftsbereichs.* Die Landesgesetze der einzelnen Bundesländer können für die Anwendung des Gleichheitssatzes also ebenso wenig miteinander verglichen werden wie Landesrecht und Bundesrecht; der Gesetzgeber des einen Landes ist nicht verpflichtet, sich im Rahmen seiner Zuständigkeit an den Regelungen eines anderen Landes oder des Bundes zu orientieren (BVerfGE 32, 346, 359f.).
i) Stellt das *Bundesverfassungsgericht* fest, dass Bestimmungen eines Gesetzes gegen den Gleichheitssatz verstoßen, so kann es entweder die begünstigenden Vorschriften für nichtig erklären oder aber feststellen, dass die Nichtbegünstigung bestimmter Personen verfassungswidrig ist.

Das Gericht kann im Regelfall aber nicht einfach die im Gesetz vorgesehene Begünstigung auf die dort nicht berücksichtigten Personen erstrecken, denn es ist grundsätzlich Sache des Gesetzgebers zu entscheiden, wie eine Ungleichbehandlung zu beseitigen ist. Etwas anderes gilt nur, wenn lediglich eine einzige Möglichkeit zur Beseitigung der Ungleichbehandlung besteht oder wenn von vornherein feststeht, wie der Gesetzgeber bei Beachtung des Gleichheitssatzes entschieden hätte (BVerfGE 55, 100, 113). Letzteres kann bejaht werden, wenn ein Gesetz grundsätzlich eine Leistung gewährt und sie nur im Ausnahmefall ausschließt, diese Ausnahme aber willkürlich ist; dann kann der Leistungsanspruch - durch Nichtigerklärung der Ausnahmevorschrift - vom Bundesverfassungsgericht auch auf die durch die Ausnahmevorschrift benachteiligten Personen erstreckt werden (BVerfGE 27, 220, 230f.). Andernfalls bleibt es bei der bloßen Feststellung, dass der Gleichheitssatz verletzt und der Gesetzgeber zu einer Neuregelung verpflichtet ist; die gegen den Gleichheitssatz verstoßende Norm darf aber nicht mehr angewandt werden (BVerfGE 37, 217- sog. Anwendungssperre).

***3. Bindung von Regierung und Verwaltung***

a) Die Ausführungen über die Bindung des Gesetzgebers an den Gleichheitssatz gelten auch für die Regierung, soweit sie Rechtsverordnungen erlässt und damit ebenso wie der Gesetzgeber Recht setzt *(normsetzende Exekutive).* Der Gestaltungsspielraum der Regierung als Verordnungsgeber ist aber enger als derjenige des Parlaments, weil sie von vornherein nur innerhalb des Rahmens der gesetzlichen Ermächtigungsnorm handeln darf, auf die die jeweilige Verordnung gestützt wird (BVerfGE 58, 68, 79).

b) Bei der *Rechtsanwendung* müssen Regierung und Verwaltung ohne Ansehen der Person vorgehen und „alle Menschen vor dem Gesetz gleich" behandeln. Sie dürfen keine willkürlichen Entscheidungen treffen und müssen die auch für den Gesetzgeber geltenden Maßstäbe beachten. Dies gilt insbesondere dort, wo den Behörden bei ihren Entscheidungen ein gewisses Ermessen eingeräumt ist. Dieses Ermessen ist niemals völlig frei, sondern darf nur unter sachlich vertretbaren Gesichtspunkten ausgeübt worden (BVerfGE 49, 168, 184). Sachlich vertretbar kann nur sein, was mit den Wertentscheidungen der Verfassung - Grundrechte, Rechts- und Sozialstaatsprinzip (s.o. 2b) - in Einklang steht. Entscheidet eine Behörde sich im Rahmen ihres Ermessens regelmäßig für ein bestimmtes Vorgehen und bildet sie so eine entsprechende Verwaltungspraxis, darf sie von dieser Praxis im Einzelfall nicht ohne sachlichen Grund wieder abweichen.

***4. Bindung der Gerichte.***

Ebenso wie Regierung und Verwaltung müssen auch die Gerichte bei der Rechtsanwendung ohne Ansehen der Person vorgehen. Sie müssen das Recht gleichmäßig anwenden, wozu auch eine gleichmäßige Strafpraxis gehört. Die Frage, ob der Gleichheitssatz beachtet worden ist, kann allerdings immer nur hinsichtlich der Entscheidungen ein und desselben Gerichtes gestellt werden; die verschiedenartige Strafpraxis verschiedener Gerichte stellt daher keine Verletzung des Art. 3 Abs. I dar (BVerfGE I, 332, 345).
Gerichtsentscheidungen verstoßen gegen den Gleichheitssatz, wenn sie bei der Auslegung eines Gesetzes zu Differenzierungen führen, die der Gesetzgeber selbst nicht hätte vornehmen dürfen *und* die im Gesetz auch gar nicht ausdrücklich vorgesehen sind (BVerfGE 58, 369, 374).
Gerichtsentscheidungen verstoßen auch dann gegen Art. 3 Abs. I, wenn sie willkürlich sind. Dies kann allerdings nur in seltenen Ausnahmefällen bejaht werden. Nicht jede fehlerhafte Rechtsanwendung bedeutet Willkür; vielmehr muss hinzukommen, dass eine Gerichtsentscheidung schlechthin nicht mehr verständlich ist und sich daher der Schluss aufdrängt, dass sie auf sachfremden Erwägungen beruht. Beispiele hierfür sind ein amtsgerichtliches Urteil, mit dem eine Klage abgewiesen wurde, weil der Kläger keinen Vorschuss für ein Sachverständigengutachten gezahlt hatte, obwohl das Gericht vorher nur den Beklagten zur Vorschusszahlung aufgefordert hatte (BVerfGE 58, 163 ff.), und eine Kostenfestsetzung, nach der die Beklagte der Klägerin mehr Geld erstatten sollte, als diese überhaupt an Kosten aufgewandt hatte, und das, obwohl die Klägerin ein Drittel der Kosten selbst tragen sollte (BVerfGE 62, 189ff.).

***5. Gleichheitssatz und Steuergerechtigkeit.***

Aus dem allgemeinen Gleichheitssatz als umfassendem Gerechtigkeitsgebot und Willkürverbot hat das Bundesverfassungsgericht den Grundsatz der Steuergerechtigkeit hergeleitet. Dieser Grundsatz verlangt eine möglichst gleichmäßige Belastung aller Steuerpflichtigen. Mit „gleichmäßig" ist allerdings nicht eine formale Gleichbehandlung von Arm und Reich durch Anwendung desselben Steuersatzes gemeint, sondern eine relative (wertende) Gleichbehandlung in dem Sinne, dass der wirtschaftlich Leistungsfähigere einen höheren Prozentsatz

seines Einkommens als Steuer zu zahlen hat als der wirtschaftlich Schwächere (BVerfGE 8, 51, 68 f.).
Es ist ein grundsätzliches Gebot der Steuergerechtigkeit, dass die Besteuerung nach der wirtschaftlichen Leistungsfähigkeit des Steuerpflichtigen ausgerichtet wird. Gleich Leistungsfähige müssen gleich, nicht gleich Leistungsfähige müssen unterschiedlich besteuert werden.
Aus dem Prinzip der Besteuerung nach der Leistungsfähigkeit ergibt sich, dass für die Berechnung der Lohn- und Einkommensteuer solche Ausgaben berücksichtigt werden müssen, die für den Steuerpflichtigen unvermeidbar sind. Hierzu gehören auch Unterhaltsleistungen gegenüber Kindern. Es ist daher mit dem Gebot der Steuergerechtigkeit nicht vereinbar, dass zwar Ehepaare mit Kindern durch die Anwendung des Splittingtarifs begünstigt werden, bei der Besteuerung Alleinstehender mit Kindern die zwangsläufig entstehenden Kinderbetreuungskosten aber weder als Minderung des steuerpflichtigen Einkommens berücksichtigt noch durch einen sozialrechtlichen Zuschuss ausgeglichen werden. Wie diese verfassungswidrige Besteuerung zu beseitigen ist, hat der Gesetzgeber zu entscheiden (BVerfGE 61, 319, 342 ff.). Er darf eine Gleichbehandlung aber nicht etwa einfach durch einen Abbau der sich aus dem Splittingverfahren ergebenden Vergünstigungen für Ehegatten herbeiführen. Denn das Ehegattensplitting ist „keine beliebig veränderbare Steuervergünstigung, sondern - unbeschadet der näheren Gestaltungsbefugnis des Gesetzgebers - eine an dem Schutzgebot des Art. 6 Abs. I und der wirtschaftlichen Leistungsfähigkeit der Ehepaare (Art. 3 Abs. 1) orientierte sachgerechte Besteuerung", also selbst Ausdruck der Steuergerechtigkeit (BVerfGE 61, 319, 347).

**Artikel 14 GG (Eigentum, Erbrecht und Enteignung)**

(1) Das Eigentum und das Erbrecht werden gewährleistet. Inhalt und Schranken werden durch die Gesetze bestimmt.
(2) Eigentum verpflichtet. Sein Gebrauch soll zugleich dem Wohle der Allgemeinheit dienen.
(3) Eine Enteignung ist nur zum Wohle der Allgemeinheit zulässig. Sie darf nur durch Gesetz oder auf Grund eines Gesetzes erfolgen, das Art und Ausmaß der Entschädigung regelt. Die Entschädigung ist unter gerechter Abwägung der Interessen der Allgemeinheit und der Beteiligten zu bestimmen. Wegen der Höhe der Entschädigung steht im Streitfalle der Rechtsweg vor

den ordentlichen Gerichten offen.

### *1. Allgemeine Bedeutung.*

Das Recht auf Eigentum ist ein elementares Grundrecht, das in engem Zusammenhang mit der Garantie der persönlichen Freiheit steht. Die Gewährleistung des Eigentums ergänzt die allgemeine Handlungsfreiheit, jedermann soll im vermögensrechtlichen Bereich ein Freiheitsraum gesichert werden, der eine eigenverantwortliche Gestaltung des Lebens ermöglicht. Das Eigentum soll Grundlage privater Initiative und dem Eigentümer in seinem privaten Interesse von Nutzen sein. Denn ohne Eigentum kann niemand am Wirtschaftsleben eigenverantwortlich, autonom und mit privatnütziger Zielsetzung teilnehmen (BVerfGE 42, 64, 76; 52, 1, 30).
Das Erbrecht, also das Recht, Vermögen zu erben und zu vererben, sichert den Schutz des Eigentums vor staatlichem Zugriff über den Tod hinaus. Art. 14 schützt nur das Eigentum Privater (Privateigentum), nicht aber das Eigentum staatlicher Stellen. Eine Gemeinde kann sich daher nicht unter Berufung auf Art. 14 dagegen wehren, dass ihr Eigentum durch Maßnahmen der Landesregierung beeinträchtigt wird (BVerfGE 61, 82, 100 ff.). Das Grundrecht auf Eigentum schützt den Bürger vor der Wegnahme von Sachen und Entziehung von Rechten durch den Staat. Es ist eine Bestandsgarantie dafür, dass jeder seine Sachen und Rechte behalten darf, und nicht etwa nur eine Wertgarantie in dem Sinne, dass bei einer Eigentumsentziehung Entschädigung zu leisten ist. legten (BVerfGE 38, 175, 184f.). Es schützt aber nicht vor der Verpflichtung zu Geldleistungen, also insbesondere nicht vor Steuern (BVerfGE 30, 250, 271 f.). Andernfalls müsste nämlich die Steuerpflicht als Enteignung angesehen werden, für die der Staat gem. Art. 14 Abs. 3 Entschädigung, zu leisten hätte, so dass praktisch überhaupt keine Steuer erhoben werden könnte.

### *2. Begriff des Eigentums.*

a) Im Bereich des *Privatrechts* schützt Art. 14 das Eigentum so, wie es vom bürgerlichen Recht und den allgemein gültigen Auffassungen geformt ist (BVerfGE I, 264, 278). In diesem Bereich sind alle Vermögenswerten Rechte Eigentum. Der Schutz erfasst das Eigentum an beweglichen Sachen und an Immobilien. Geschützt wird aber auch das Eigentum an Rechten (Inhaberschaft). Vertragliche Ansprüche wie etwa ein Kaufpreisanspruch sind Eigentum (BVerfGE 45, 142, 179). Aktien und Anteile an Unternehmen fallen unter den Eigentumsbegriff des Art.14 (BVerfGE 50, 290, 341f.). Dasselbe gilt für das sog. geistige Eigentum. Geschützt wird daher das Urheberrecht, das dem Urheber eines literarischen, wissenschaftlichen oder künstlerischen Werkes die wirtschaftliche Verwertung seiner Leistung sichert (BVerfGE 49, 382, 392). Geschützt werden auch Patente, die den Erfinder berechtigen, alle anderen von der Benutzung seiner Erfindung auszuschließen (BVerfGE 36, 281, 290). Als weiteres gewerbliches Schutzrecht wird das Warenzeichenrecht, das die ausschließliche Benutzung eines Warenzeichens (Marke) garantiert, von Art. 14 erfasst (BVerfGE 51, 193). Schließlich gehört auch der eingerichtete und ausgeübte Gewerbebetrieb, der rechtlich als eine Zusammenfassung von Sachen und Rechten anzusehen ist, zum Eigentum; bloße Erwerbschancen werden allerdings nicht geschützt (BVerfGE 51, 193, 221 f.). Denn der Eigentumsschutz ist eine Bestandsgarantie, keine Erwerbsgarantie.

b) Anders als im Privatrecht sind im Bereich des *öffentlichen Rechts* die Vermögenswerten Rechte des Bürgers in der Regel nicht durch Art. 14 geschützt. Denn diese Rechte beruhen überwiegend auf staatlicher Gewährung und nicht auf Leistungen des Einzelnen. Der Staat wird nicht durch Art. 14 gehindert, etwa zur Haushaltssanierung bisher bestehende öffentliche Leistungen einzuschränken oder ganz abzuschaffen; andernfalls wäre es unmöglich, die Gesetze an veränderte wirtschaftliche Verhältnisse anzupassen. Erst wenn eine vom Staat erbrachte Leistung als Gegenwert für eine Leistung des Bürgers anzusehen ist, wird der Anspruch des Bürgers auf die staatliche Leistung von Art. 14 geschützt (BVerfGE 58, 81, 112).

Nach diesen Grundsätzen sind Rechtspositionen, die sich aus einer staatlichen Zulassung oder einer staatlichen Aufgabenzuweisung ergeben, kein Eigentum. So wird die Rechtstellung eines Bezirksschornsteinfegers, die durch die Zuweisung eines bestimmten Bezirks mit Kehrzwang und Kehrmonopol gekennzeichnet ist, ebenso wenig durch Art. 14 geschützt wie die Verleihung des Beurkundungsrechts an eine kirchliche Stelle (BVerfGE l, 264, 278; 18, 392, 396). Kein Eigentum sind auch Ansprüche auf Leistungen, die der Staat in Erfüllung seiner Fürsorgepflicht den Bürgern gewährt (BVerfGE 2, 380f.; 53, 257, 292). Dies gilt nicht nur für den Bereich der Sozialhilfe, sondern auch für das Lastenausgleichsrecht oder etwa für den Anspruch auf Wohnungsbauprämie (BVerfGE 11, 64; 48, 403,413).

c) Im Bereich des *Sozialversicherungsrechts* sind die Versichertenrenten und die Rentenanwartschaften aus den gesetzlichen Rentenversicherungen Eigentum im Sinn des Art. 14. Denn die Ansprüche hierauf beruhen nicht ausschließlich auf staatlicher Gewährung, sondern auch auf Leistungen (Beiträgen) des jeweils Berechtigten. Zwar müssen sich Eigenleistung und Höhe des Rentenanspruchs nicht immer entsprechen. Daraus folgt aber nicht ein gänzlicher oder teilweiser Wegfall des Eigentumsschutzes, sondern nur, dass der Gesetzgeber bei der inhaltlichen Gestaltung und auch Änderung eines Rentenanspruchs oder einer sonstigen rentenversicherungsrechtlichen Position umso freier ist, je weniger die jeweilige Rechtsstellung auf eigenen Leistungen des Berechtigten beruht (BVerfGE 53, 257, 293). Dasselbe gilt für den Anspruch von Arbeitslosengeld (BVerfGE 74, 203, 313 f.).

***3. Schutz des Erbrechts.***
Das Erbrecht sichert das Recht des Erblassers, sein Vermögen entsprechend seinem („letzten") Willen zu vererben, und das Recht des Erben, dieses Vermögen nach dem Erbfall zu übernehmen. Für den Erblasser schützt es vor allem die sog. Testierfreiheit, nämlich das Recht, durch ein Testament festzulegen, wem das Vermögen nach dem Tode zufallen soll. Damit wird der enge Zusammenhang zwischen Erbrecht und Eigentumsgarantie deutlich; denn die Testierfreiheit ist nichts anderes als das Recht, letztmalig über das Eigentum zu verfügen. Für die Hinterbliebenen bedeutet die verfassungsmäßige Garantie des Erbrechts, dass gesetzliche Vorschriften über die Erbfolge in den Fällen bestehen müssen, in denen kein Testament errichtet wird. Dementsprechend bestimmt das BGB als gesetzliche Erben den Ehegatten und die Nachkommen oder die sonstigen Verwandten des Erblassers.

***4. Inhalt und Schranken des Eigentums.***
Eigentum im Rechtssinne ist ohne ausführliche gesetzliche Regelungen nicht denkbar. Denn erst aus derartigen Regelungen kann sich ergeben, in welcher Weise bewegliche Sachen, Immobilien und sonstige Vermögenswerte Rechte dem einzelnen Bürger zugeordnet werden und wie weit seine Verfügungsbefugnis jeweils reicht. Da das Grundgesetz derartige Bestimmungen nicht enthält, ist es Sache des Gesetzgebers, Inhalt und Schranken des Eigentums entsprechend den jeweils herrschenden sich wandelnden Anschauungen zu bestimmen (BVerfGE 20, 351, 355).
Diese Gestaltungsbefugnis ist allerdings begrenzt. Bei der Bestimmung von Inhalt und Schranken des Eigentums muss die Substanz des Eigentumsrechts und die Zuordnung des jeweiligen Eigentumsobjektes zu seinem Eigentümer erhalten bleiben. Keinesfalls darf der Gesetzgeber unter dem Etikett

einer Inhaltsbestimmung des Eigentums in Wahrheit eine Enteignung durchführen (BVerfGE 42, 263, 295).
Inhaltsbestimmung und Enteignung sind vielmehr klar voneinander zu trennen. Unter *Inhaltsbestimmung* ist die *generelle* (also auf eine unbestimmte Anzahl von Personen bezogene und abstrakte (also auf eine unbestimmte Anzahl von Fällen bezogene) Festlegung von Rechte und Pflichten hinsichtlich des Eigentums zu verstehen. Demgegenüber ist eine Enteignung dadurch gekennzeichnet, dass einer bestimmten Person oder einem bestimmten oder jedenfalls genau bestimmbaren Personenkreis *individuelle* und *konkrete* Eigentumsrechte entzogen werden (BVerfGE 52, l, 27; 58, 300, 330). Mit dieser Abgrenzung ist auch die Grenze zulässiger Inhaltsbestimmungen festgelegt. Auch soweit die Grenze der Enteignung nicht erreicht wird, ist es nicht in das Belieben des Gesetzgebers gestellt, wie Inhalt und Schranken des Eigentums bestimmt werden. Eigentumsbindungen müssen vielmehr sachlich geboten sein und dürfen nicht weiter gehen, als der jeweilige Schutzzweck, der sie rechtfertigen soll, es erfordert. Sie müssen also dem Prinzip der Verhältnismäßigkeit entsprechen. Überschreitet der Gesetzgeber bei einer Inhaltsbestimmung diese Grenze, so kann die - unzulässige - Inhaltsbestimmung nicht etwa in, eine - zulässige - Enteignung umgedeutet werden: die Inhaltsbestimmung ist vielmehr nichtig (BVerfGE 52, 1, 27f.).
Grundsätzlich ergibt sich aus der Befugnis, Inhalt und Schranken des Eigentums zu bestimmen, für den Gesetzgeber die Aufgabe, das Sozialmodell zu verwirklichen, das einerseits durch die Anerkennung des Privateigentums und andererseits durch dessen Sozialpflichtigkeit geprägt ist. Der Gesetzgeber muss beiden Elementen gleichermaßen Rechnung tragen und die Interessen aller Beteiligten in einen gerechten Ausgleich und ein ausgewogenes Verhältnis bringen; er darf weder diejenigen, die Eigentum haben, noch diejenigen, die auf die Nutzung fremden Eigentums angewiesen sind, einseitig bevorzugen oder benachteiligen (BVerfGE 52, l, 29). Beispiel für einen derartigen Interessenausgleich ist das Mietrecht, das dem Vermieter von Wohnräumen zwar den Anspruch auf die ortsübliche Vergleichsmiete sichert, aber Kündigungen weitgehend erschwert und solche zum Zwecke der Mieterhöhung ganz ausschließt (BVerfGE 37,132,141 ff.).
Eigentumsbindungen gibt es in vielfältiger Form. Bebauungsbeschränkungen für bebaubare Grundstücke (aber nicht totale Bauverbote, die eine Teilenteignung darstellen), landwirtschaftliche Anbaubeschränkungen, allgemeine Veräußerungsverbote, staatliche Preisregelungen, der

Mieterschutz und die Mitbestimmung der Arbeitnehmer im Betrieb sind Beispiele für Festlegungen von Inhalt und Schranken des Eigentums.

### *5. Sozialpflichtigkeit des Eigentums.*

Aus dem Eigentum ergeben sich nicht nur Rechte, sondern auch Pflichten; sein Gebrauch soll auch dem Wohl der Allgemeinheit dienen (Art. 14 Abs. 2). Diese Sozialpflichtigkeit ist eine Konkretisierung des Sozialstaatsprinzips (Art. 20 Abs. 1). Sie zieht der umfassenden Gebrauchs- und Verfügungsbefugnis des Eigentümers im Interesse des Gemeinwohls Grenzen.. Das Gebot sozialgerechter Nutzung enthält die Absage an eine Eigentumsordnung, in der das Individualinteresse den unbedingten Vorrang vor den Interessen der Gemeinschaft hat (BVerfGE 21, 73, 83). Es verlangt Rücksichtnahme auf diejenigen Bürger, die auf die Nutzung fremden Eigentums angewiesen sind (z.B. Mieter). Es ist aber nicht nur eine Anweisung für das konkrete Verhalten des Eigentümers, sondern in erster Linie eine Richtschnur für den Gesetzgeber bei der Bestimmung von Inhalt und Schranken des Eigentums. Die Sozialpflichtigkeit ist insoweit der wichtigste Maßstab für die Zulässigkeit von Eigentumsbindungen. Je stärker die Allgemeinheit auf die Nutzung fremden Eigentums angewiesen ist, um so weiter ist der Gestaltungsspielraum des Gesetzgebers; er verengt sich, wenn dies nicht oder nur in begrenztem Umfang der Fall ist (BVerfGE 42, 263, 294).

### *6. Enteignungen.*

Eine Enteignung liegt vor, wenn einer bestimmten Person oder einem bestimmten oder jedenfalls genau bestimmbaren Personenkreis individuelle und konkrete Eigentumsrechte entzogen werden, das Eigentum insoweit also weggenommen wird (BVerfGE 52, l, 27). Die Zulässigkeit von Enteignungen stellt die Eigentumsgarantie keineswegs generell in Frage; die Schutzfunktion des Art. 14 Abs. 3 besteht vielmehr gerade darin, dass Enteignungen nur unter den dort vorgesehenen - engen- Voraussetzungen möglich sind, über die der Gesetzgeber (und erst recht eine Behörde) sich nicht hinwegsetzen kann.
Enteignungen werden normalerweise von einer Behörde durchgeführt (Administrativenteignung); in seltenen Fällen gibt es aber auch Enteignungen durch Gesetz (Legalenteignung). Eine Legalenteignung ist dadurch gekennzeichnet, dass ein Gesetz mit seinem Inkrafttreten unmittelbar individuelle und konkrete Eigentumsrechte entzieht, ohne dass hierfür noch ein

Vollzugsakt erforderlich wäre. Legalenteignungen sind nur in Ausnahmefällen zulässig, weil sie den Rechtsschutz des Bürgers weitgehend ausschließen, da gegen Gesetze der übliche Rechtsweg verschlossen ist (es bleibt nur die Verfassungsbeschwerde). Einen derartigen Ausnahmefall hat das Bundesverfassungsgericht beim Hamburger Deichordnungsgesetz 1964 bejaht, weil die Behörden die für den Deichbau notwendigen Einzelenteignungen nicht in angemessener Zeit hätten durchführen können (BVerfGE 24, 367, 398 ff.).
Eine Enteignung liegt nicht nur dann vor, wenn das Eigentum vollständig entzogen wird, sondern auch bei einer teilweisen Entziehung (Teilenteignung). So ist die Belastung eines Grundstücks mit einer Dienstbarkeit (§ 1018 BGB), die einen anderen berechtigt, das Grundstück in bestimmter Weise zu nutzen (z.B. eine Schwebebahn darüber zu bauen), eine Teilenteignung (BVerfGE 56, 249, 260 - Bad Dürkheimer Gondelbahn).
Eine Enteignung ist *nur zum Wohl der Allgemeinheit zulässig.* Das Wohl der Allgemeinheit ist vom Gesetzgeber zu konkretisieren. Nur durch Gesetz kann festgelegt werden, welche Gemeinwohlaufgaben eine Enteignung legitimieren und für welche Vorhaben unter welchen Voraussetzungen eine Enteignung zulässig sein soll. Weder Behörden noch Gemeindeverwaltungen haben das Recht, anstelle des Gesetzgebers das Gemeinwohl zu definieren und auf diese Weise eigene Enteignungszwecke zu erfinden (BVerfGE 56, 249, 261 f.).
Eine Enteignung erfolgt nur dann zum Wohl der Allgemeinheit, wenn sie für einen konkreten Zweck erforderlich ist. Eine Enteignung nur zur Einsparung öffentlicher Mittel ist unzulässig; die Enteignung ist nämlich kein Instrument zur Vermehrung des Staatsvermögens (BVerfGE 38, 175, 180). Es genügt auch nicht, dass eine Enteignung allgemein dem Gemeinwohl wie etwa dem Bau einer U-Bahn dient; vielmehr kommt es darauf an, ob gerade die konkrete Enteignung für den U-Bahn-Bau notwendig ist (BVerfGE 45, 297, 321 f.).
Eine Enteignung erfolgt normalerweise zugunsten des Staates, weil er die Aufgabe hat, das Wohl der Allgemeinheit zu verwirklichen. Ausnahmsweise ist aber auch eine Enteignung zugunsten eines nichtstaatlichen (privaten) Unternehmens zulässig, wenn diesem durch Gesetz eine dem Gemeinwohl dienende Aufgabe übertragen ist (z.B. Energieversorgung - BVerfGE 66, 248, 257).
Das Prinzip der Verhältnismäßigkeit erfordert, dass eine Enteignung stets nur als *letztes Mittel (ultima ratio)*

durchgeführt wird. Sie ist nur dann zulässig, wenn es keine andere rechtlich und wirtschaftlich vertretbare Lösung gibt; sie ist solange unzulässig, wie der Zweck, dem sie dienen soll, auch auf andere, weniger schwer in die Rechte des Bürgers eingreifende Weise erreicht werden kann.

**Artikel 20 GG (Grundprinzipien der Verfassung, Widerstandsrecht)**

(1) Die Bundesrepublik Deutschland ist ein demokratischer und sozialer Bundesstaat.
(2) Alle Staatsgewalt geht vom Volke aus. Sie wird vom Volke in Wahlen und Abstimmungen und durch besondere Organe der Gesetzgebung, der vollziehenden Gewalt und der Rechtsprechung ausgeübt.
(3) Die Gesetzgebung ist an die verfassungsmäßige Ordnung, die vollziehende Gewalt und die Rechtsprechung sind an Gesetz und Recht gebunden.
(4) Gegen jeden, der es unternimmt, diese Ordnung zu beseitigen, haben alle Deutschen das Recht zum Widerstand, wenn andere Abhilfe nicht möglich ist.

**1. *Allgemeine Bedeutung***

Art. 20 enthält - abgesehen vom in Absatz 4 verankerten Widerstandsrecht - keine Grundrechte. Die Bestimmung enthält aber fundamentale Rechtsgrundsätze wie das Rechtsstaatsprinzip und das Sozialstaatsprinzip, die bei jeder Grundrechtsbeschränkung zu beachten sind und denen insoweit Bedeutung für alle Grundrechte zukommt. Die Verletzung dieser Prinzipien kann zwar nicht isoliert, wohl aber in Verbindung mit dem jeweils anwendbaren Grundrecht gerügt werden; greift kein spezielles Grundrecht ein, ist jedenfalls eine Rüge im Rahmen Auffanggrundrechts des Art. 2 Abs. I (s. o. Art. 216) möglich.

**2. *Rechtsstaatsprinzip.***

Zu den Leitgedanken der Verfassung gehört das Rechtsstaatsprinzip, das in Art. 20 Abs. 3 durch die Bindung des Gesetzgebers an die Verfassung und der Exekutive und Rechtsprechung an Gesetz und Recht verankert ist und außerdem in einer Reihe weiterer Bestimmungen des Grundgesetzes Ausdruck findet (Art. 1 Abs. 3: Bindung aller Gewalten an die Grundrechte; Art. 19 Abs. 4: Garantie des Rechtsweges; Art. 28 Abs. 1 S. 1: Verbindlichkeit des Rechtsstaatsprinzips für die Landesverfassungen). Das

Rechtsstaatsprinzip enthält keine von vornherein in allen Einzelheiten eindeutig bestimmten Gebote oder Verbote von Verfassungsrang, sondern bedarf der Konkretisierung. Zu seinen wesentlichen Bestandteilen gehören die Idee der Gerechtigkeit und das Prinzip der Rechtssicherheit, der Vertrauensschutz und der Grundsatz der Verhältnismäßigkeit und das Recht auf ein faires Verfahren.

a) Die Idee der Gerechtigkeit verlangt Bemühen um Gerechtigkeit nicht nur im allgemeinen, sondern gerade auch im Einzelfall. Damit ist gemeint, dass die Gesetze gerechte Regelungen enthalten müssen und ihre Anwendung im Einzelfall durch Behörden oder Gerichte zu gerechten, also inhaltlich - materiell - richtigen Ergebnissen führen muss (BVerfGE 7, 89, 92). Was im Einzelfall gerecht ist, wird sich jeweils nur unter Berücksichtigung aller relevanten Umstände sagen lassen. Ein Verstoß gegen das Gerechtigkeitsgebot liegt z.B. vor, wenn gegen einen Straftäter eine schlechthin unangemessene oder sogar grausame Strafe verhängt wird oder das Maß seiner Schuld unberücksichtigt bleibt (BVerfGE 54, 100, 108).

Ungerecht wäre es auch, einen Soldaten oder Beamten wegen desselben Dienstvergehens mehrfach disziplinarisch zu bestrafen oder bei Taten, die sowohl ein Dienstvergehen als auch eine Straftat darstellen, eine Disziplinarstrafe und eine allgemeine (Kriminal-) Strafe nebeneinander zu verhängen, ohne die eine auf die andere anzurechnen (BVerfGE 28, 264, 277; 21, 378, 388).

b) Das Prinzip der *Rechtssicherheit* dient dem Rechtsfrieden und der Verlässlichkeit der Rechtsordnung. Es besagt, dass jedes -streitige oder unstreitige - Verfahren, in dem es um die Anwendung von Recht geht, einmal zu einem endgültigen Abschluss kommen muss, dessen Rechtsbeständigkeit gesichert ist. Insofern ist die Rechtssicherheit eine notwendige Bedingung der Freiheit, weil selbstverantwortliche Lebensgestaltung nur auf der Grundlage sicheren Rechts möglich ist (BVerfGE 60, 253, 267ff.).

Rechtssicherheit und Gerechtigkeit im Einzelfall geraten miteinander in Konflikt, wenn sich nach dem rechtskräftigen Abschluss eines Verfahrens herausstellt, dass die getroffene Entscheidung - etwa ein Verwaltungsakt oder ein Gerichtsurteil - falsch war. Dann geht es um die Frage, ob die falsche Entscheidung aus Gründen der Rechtssicherheit bestehen bleiben oder aus Gründen der Gerechtigkeit .aufgehoben werden soll. Rechtssicherheit und Gerechtigkeit im Einzelfall sind grundsätzlich gleichrangige Prinzipien; das Grundgesetz räumt keinem von ihnen von vornherein den Vorrang ein. Es ist

Aufgabe des Gesetzgebers, diesen Konflikt zu lösen und jeweils zu entscheiden, ob und unter welchen Voraussetzungen eine Wiederaufnahme des Verwaltungs- oder des Gerichtsverfahrens möglich sein soll (BVerfGE 15, 313, 319). Eine besonders abgewogene Lösung ist in § 79 BVerfGE für die Fälle enthalten, in denen das Bundesverfassungsgericht ein Gesetz für nichtig erklärt. Handelt es sich um ein Strafgesetz, so ist die Wiederaufnahme der betroffenen Strafverfahren zulässig. Handelt es sich um ein anderes Gesetz, so bleiben die hierauf gestützten rechtskräftigen Entscheidungen bestehen. Sie dürfen aber nicht mehr vollstreckt werden. Sind sie aber bereits vollstreckt worden, so kann das Geleistete nicht wieder zurückgefordert werden.
c) der Grundsatz des Vertrauensschutzes steht mit dem Prinzip der Rechtssicherheit in engem Zusammenhang. In vielen Fällen bedeutet Rechtssicherheit in erster Linie Vertrauensschutz, nämlich Schutz des Vertrauens des Bürgers darauf, dass an sein Verhalten nicht nachträglich ungünstigere Rechtsfolgen geknüpft werden, als im Zeitpunkt seiner jeweiligen Dispositionen vorhersehbar war (BVerfGE 13, 261, 271). Der Vertrauensschutz bezieht sich also auf rückwirkende, nicht etwa auf zukünftige Rechtsänderungen.
Vertrauensschutz setzt schutzwürdiges Vertrauen voraus. Grundsätzlich kann der Bürger darauf vertrauen, dass das geltende Recht nicht später rückwirkend geändert wird. Das gilt allerdings nicht uneingeschränkt. Das Vertrauen ist nicht schutzwürdig, wenn bereits in dem Zeitpunkt, auf den der Eintritt der Rechtsfolgen eines Gesetzes zurück bezogen wird, mit dieser Neuregelung zu rechnen war. Mit einer Neuregelung muss aber nicht schon deshalb gerechnet werden, weil die Regierung einen entsprechenden Gesetzentwurf vorgelegt und das Parlament mit Beratungen begonnen hat, sondern erst dann, wenn der Bundestag ein Gesetz beschlossen hat (BVerfGE 27, 167, 173 f.). Nicht schutzwürdig ist das Vertrauen in eine Rechtslage, die unklar und verworren ist; der Gesetzgeber muss vielmehr die Möglichkeit haben, sie rückwirkend einwandfrei zu regeln (BVerfGE 13, 261, 272). Ebenso wenig kann man sich darauf verlassen, dass eine Rechtsvorschrift aus formalen Gründen nichtig ist und deshalb keine Wirkungen erzeugt. Der Gesetzgeber kann daher Regelungen einer Verordnung, die wegen fehlender gesetzlicher Ermächtigungsgrundlage nichtig war, rückwirkend in Gesetzesform erlassen (BVerfGE 22, 330, 348).
Der Grundsatz des Vertrauensschutzes schließt Gesetze und Verordnungen mit *echter* Rückwirkung prinzipiell aus. Echte Rückwirkung liegt vor, wenn ein Gesetz nachträglich ändernd in

bereits abgewickelte, der Vergangenheit angehörende Tatbestände eingreift. Beispiel hierfür wäre ein Gesetz, das bestimmte Vorgänge nachträglich mit einer Steuer belegt. In vielen Fällen sind Rechtsvorschriften aber weder nur auf vergangene noch nur auf zukünftige Sachverhalte bezogen, sondern auf gegenwärtige, die in der Vergangenheit begonnen haben und erst in der Zukunft abgeschlossen sein werden. Sie wirken also nur teilweise zurück; das Bundesverfassungsgericht spricht in diesen Fällen von *unechter* Rückwirkung. Beispiele hierfür sind etwa der zukünftige Wegfall einer bisher geltenden Steuervergünstigung (auf die man sich eingestellt hatte) oder Änderungen im Sozialversicherungsrecht, durch die Ansprüche gekürzt werden, die ganz oder teilweise auf in der Vergangenheit geleisteten Beiträgen beruhen, aber erst in der Gegenwart und in der Zukunft erfüllt werden.
Regelungen mit unechter Rückwirkung sind nicht prinzipiell ausgeschlossen. Der Vertrauensschutz geht nicht soweit, dass dem Bürger jegliche Enttäuschung erspart wird. Vielmehr kommt es in derartigen Fällen zunächst darauf an, inwieweit die Rechtsposition des Bürgers nachträglich entwertet wird; entscheidend ist dann die Abwägung zwischen dem Interesse des Einzelnen am Fortbestehen der geltenden Regelung und dem Interesse der Allgemeinheit an einer Änderung (BVerfGE 50, 386, 395 f.).
d) Der Grundsatz der *Verhältnismäßigkeit* ergibt sich nicht nur aus dem Rechtsstaatsprinzip, sondern auch aus dem Wesen der Grundrechte selbst, die als Ausdruck des allgemeinen Freiheitsanspruchs des Bürgers jeweils nur so weit beschränkt werden dürfen, wie es zum Schutz öffentlicher Interessen unerlässlich ist; der Bürger muss vor unnötigen Eingriffen der öffentlichen Gewalt bewahrt bleiben (BVerfGE 19, 342, 348f.; 55, 159, 165).
Der Grundsatz der Verhältnismäßigkeit betrifft das Verhältnis zwischen Mittel und Zweck. Eine Grundrechtsbeschränkung ist - als Mittel - nur zulässig, wenn sie für den Zweck, dem sie dienen soll, geeignet und erforderlich ist und außerdem bei einer Gesamtabwägung zwischen der Schwere des Eingriffs und dem Gewicht der ihn rechtfertigenden Gründe die Grenze der Zumutbarkeit noch gewahrt bleibt.
Ein Mittel ist *geeignet,* wenn mit seiner Hilfe der gewünschte Erfolg gefördert werden kann. Es ist *erforderlich,* wenn kein anderes Mittel zur Verfügung steht, das ebenso wirksam ist, die Grundrechte aber weniger einschränkt; erforderlich ist also immer nur das mildeste wirksame Mittel. Bei der *Gesamtabwägung* kommt es darauf an, ob Mittel und Zweck in einem angemessenen Verhältnis zueinander stehen

(Verhältnismäßigkeit im engeren Sinne); es darf also nicht „mit Kanonen auf Spatzen geschossen" werden (BVerfGE 67, 157, 173).
e) Das *Recht auf ein faires Verfahren* gehört zu den wesentlichen Auswirkungen des Rechtsstaatsprinzips im Bereich von Verfahrensregeln. Es besteht gleichermaßen in allen Verwaltungs- und Gerichtsverfahren, hat aber vor allem im Strafverfahren Bedeutung erlangt. Es besagt, dass niemand, auch nicht der Angeklagte, zum bloßen Objekt eines staatlichen Verfahrens herabgewürdigt werden darf; vielmehr muss dem Betroffenen die Möglichkeit gegeben werden, zur Wahrung seiner Rechte auf den Gang und das Ergebnis des Verfahrens Einfluss zu nehmen (BVerfGE 57, 250, 274 f.).
Das Recht auf ein faires Verfahren umfasst auch das Recht auf Verteidigung. Jedermann hat das Recht, sich im Strafverfahren von einem gewählten Anwalt seines Vertrauens verteidigen zu lassen; daraus folgt allerdings kein Anspruch auf eine beliebige Anzahl von Verteidigern (BVerfGE 39, 156, 163 - gem. § 137 StPO kann man höchstens drei Verteidiger beauftragen). Zum rechtsstaatlichen Strafverfahren gehört außerdem, dass der Beschuldigte, der die Kosten eines Wahlverteidigers nicht aufbringen kann, in schwerwiegenden Fällen von Amts wegen und auf Staatskosten einen Pflichtverteidiger erhält (BVerfGE 39, 238, 243). Ist ein Pflichtverteidiger bestellt, so darf die Verhandlung nicht in seiner Abwesenheit durchgeführt werden (BVerfGE 65, 171, 175 f.). Bei einem der deutschen Sprache nicht mächtigen Angeklagten ist besonders darauf zu achten, dass er - durch Übersetzungshilfen oder durch einen Anwalt - Zugang zu allen verfahrensrelevanten Informationen erhält und sich im Verfahren äußern kann (BVerfGE 64, 135, 145).
Das Recht auf ein faires Verfahren schließt es nicht von vornherein aus, dass sog. V-Leute nicht in der Hauptverhandlung, sondern nur außerhalb durch einen beauftragten Richter vernommen werden, auch wenn dann weder der Angeklagte noch sein Verteidiger an der Vernehmung teilnehmen und dem V-Mann Fragen stellen können. Notfalls kann es zulässig sein, die persönliche Vernehmung eines V-Mannes durch das Verlesen seiner schriftlichen Aussage zu ersetzen, wenn der Schutz des V-Mannes anders nicht gesichert werden kann.
Der Beweiswert einer Aussage unter derartigen Bedingungen ist aber besonders kritisch zu würdigen, wenngleich ein verfassungsrechtliches Beweisverbot nicht besteht (BVerfGE 57, 250, 292f.).
f) Die *Unschuldsvermutung* steht in engem Zusammenhang mit dem Recht auf ein faires Verfahren. Ihr Inhalt ist in Art. 6 Abs.

2 der Europäischen Menschenrechtskonvention mit folgenden Worten umschrieben: „Bis zum gesetzlichen Nachweis seiner Schuld wird vermutet, dass der wegen einer strafbaren Handlung Angeklagte unschuldig ist". Gesetzlicher Nachweis der Schuld bedeutet, dass die Schuld in einem gesetzlich geregelten Verfahren nachgewiesen werden muss. Die Unschuldsvermutung gilt m der Bundesrepublik Deutschland nicht nur aufgrund der Europäischen Menschenrechtskonvention, sondern hat als Ausprägung des Rechtsstaatsprinzips Verfassungsrang. Sie verbietet es, ohne Schuldnachweis gegen einen Beschuldigten eine Strafe oder eine Maßnahme, die ebenso wie eine Strafe wirkt, zu verhängen oder ihn sonst als schuldig zu behandeln (BVerfGE 74, 358, 370). Die Unschuldsvermutung gilt nicht nur im Strafrecht, sondern auch für die Verhängung von Geldbußen nach dem Ordnungswidrigkeitengesetz (BVerfGE 9, 167, 170).

### *3. Sozialstaatsprinzip.*

Ebenso wie das Rechtsstaatsprinzip gehört auch das Sozialstaatsprinzip, das in Art. 20 Abs.1 verankert ist, zu den Leitgedanken der Verfassung. Seine grundrechtlichen Wirkungen sind aber wesentlich geringer. Während sich aus dem Rechtsstaatsprinzip allgemeine Grenzen für Grundrechtsbeschränkungen ergeben, zielt das Sozialstaatsprinzip zwar auch auf die Abwehr unsozialer Grundrechtseingriffe in erster Linie aber auf zusätzliche Aktivität des Staates, nämlich auf die Herstellung einer gerechten Sozialordnung. Das Sozialstaatsprinzip stellt dem Staat also eine Aufgabe, sagt aber nichts darüber, wie diese Aufgabe im einzelnen zu erfüllen ist; dem Gesetzgeber kommt daher insoweit ein weiter Gestaltungsspielraum zu (BVerfGE 59, 231, 263).

Das Sozialstaatsprinzip verlangt staatliche Unterstützung für diejenigen, die aufgrund persönlicher Lebensumstände oder gesellschaftlicher Benachteiligung in ihrer persönlichen und sozialen Entfaltung gehindert sind (BVerfGE 45, 376, 387). Die Fürsorge für Hilfsbedürftige gehört zu den selbstverständlichen Pflichten des Sozialstaates. Der Staat muss denen, die wegen körperlicher oder geistiger Gebrechen nicht in der Lage sind, sich selbst zu unterhalten, die Mindestvoraussetzungen für ein menschenwürdiges Dasein sichern und sich darüber hinaus bemühen, sie so weit wie möglich in die Gesellschaft einzugliedern, ihre angemessene Betreuung in der Familie oder durch Dritte zu fördern und die notwendigen Pflegeeinrichtungen zu schaffen. Wie dies im einzelnen geschehen soll, hat der Gesetzgeber zu entscheiden. Ein

Verstoß gegen das Sozialstaatsprinzip liegt erst vor, wenn die gewährte Hilfe im Ergebnis nicht den genannten Anforderungen sozialer Gerechtigkeit entspricht (BVerfGE 40, 121, 133).
Das Sozialstaatsprinzip hat Bedeutung für alle Rechtsbereiche. Im Prozessrecht gebietet es - in Verbindung mit dem Gleichheitssatz - die weitgehende Angleichung der Situation von finanzkräftigen und sozial schwachen Bürgern bei der Verwirklichung des Rechtsschutzes; dies geschieht durch die Bewilligung von Prozesskostenhilfe (BVerfGE 67, 245, 248).

***4. Widerstandsrecht.***
Das in Art. 20 Abs. 4 verankerte Widerstandsrecht ist 1969 im Zusammenhang mit der Notstandsgesetzgebung in das Grundgesetz eingefügt worden. Es dient der Verteidigung der Grundprinzipien der Verfassung. Unternimmt es jemand, „diese Ordnung" - nämlich die in Art. 20 Abs. 1-3 niedergelegte Ordnung - zu beseitigen, sind alle Deutschen zum Widerstand berechtigt, wenn keine andere Abhilfe möglich ist. Der Widerstand kann also nur das letzte und äußerste Mittel der Verteidigung der freiheitlich-demokratischen Grundordnung sein.

## Die Verfassungsbeschwerde

### *1. Allgemeine Bedeutung.*

Jedermann kann mit der Behauptung, durch die öffentliche Gewalt in einem seiner Rechte aus Art. 1-19, 20 Abs. 4, 33, 38, 101, 103 und 104 verletzt zu sein, Verfassungsbeschwerde zum Bundesverfassungsgericht in Karlsruhe erheben.
Die Verfassungsbeschwerde ist aber weder der einzige noch der vorrangige Rechtsbehelf zur Durchsetzung von Grundrechten. Die Grundrechte sind von jeder Behörde und jedem Gericht zu beachten. Wer sich durch eine staatliche Maßnahme in einem seiner Grundrechte verletzt fühlt, kann nicht sofort Verfassungsbeschwerde einlegen, sondern muss sich zunächst an die zuständigen Gerichte wenden. Die Verfassungsbeschwerde ist nur ein letztes Mittel und kann grundsätzlich erst nach Erschöpfung des Rechtsweges eingelegt werden. Eine Ausnahme gilt nur in den seltenen Fällen, in denen eine Verfassungsbeschwerde von allgemeiner Bedeutung ist (also eine Vielzahl von Bürgern in ähnlicher Lage betrifft) oder dem Beschwerdeführer ein schwerer und unabwendbarer Nachteil entstünde, falls er zunächst auf den Rechtsweg verwiesen würde (weil dann eine irreparable Grundrechtsverletzung eintreten könnte). Auf die Europäische Menschenrechtskonvention oder auf Grundrechte in einer Landesverfassung kann die Verfassungsbeschwerde zum Bundesverfassungsgericht nicht gestützt werden. Die Einzelheiten der Verfassungsbeschwerde, die in Art. 93 Abs. I Nr. 4a verankert ist, sind in §§ 90ff. BVerfGG geregelt.

### *2. Verfassungsbeschwerde gegen Entscheidungen von Behörden oder Gerichten.*

Wer glaubt, durch die Entscheidung einer Behörde in seinen Grundrechten verletzt zu sein, muss das zuständige Gericht anrufen; eine Verfassungsbeschwerde kann - abgesehen von den unter 1) genannten seltenen Ausnahmefällen - nicht sofort eingelegt werden. Erst wenn der Rechtsweg erschöpft ist, also die letzte Gerichtsinstanz entschieden (und die behördliche Entscheidung nicht aufgehoben) hat, kann Verfassungsbeschwerde erhoben werden; diese richtet sich dann sowohl gegen die Entscheidung der Behörde als auch diejenige des Gerichtes.
Wer glaubt, durch die Entscheidung eines Gerichtes in seinen Grundrechten verletzt zu sein, muss zunächst die nächst höhere Gerichtsinstanz anrufen, bevor er Verfassungsbeschwerde einlegt. Geht es um die Nichtgewährung rechtlichen Gehörs (Art. 103 Abs. 1), muss

zunächst eine nachträgliche Anhörung beantragt werden, soweit dies nach den Bestimmungen des Prozessrechts im Einzelfall möglich ist.
Bei Verfassungsbeschwerden gegen Gerichtsentscheidungen ist zu beachten, dass das Bundesverfassungsgericht keine „Superrevisionsinstanz" ist. Es hat nur zu überprüfen, ob eine Gerichtsentscheidung speziell gegen Grundrechte verstößt, nicht aber, ob sie allgemeine Rechtsfehler enthält. Dass die Feststellung des Sachverhaltes oder die Auslegung eines Gesetzes durch ein Gericht möglicherweise fehlerhaft war, rechtfertigt noch keine Verfassungsbeschwerde, weil nicht jede fehlerhafte Rechtsanwendung automatisch eine Verfassungsverletzung bedeutet.

***3. Verfassungsbeschwerde gegen Rechtsvorschriften.***
Verfassungsbeschwerden unmittelbar gegen Gesetze, Verordnungen und kommunale Satzungen sind nur zulässig, wenn diese Rechtsvorschriften den Beschwerdeführer unmittelbar, selbst und gegenwärtig betreffen. „Unmittelbar" bedeutet, dass der Bürger ohne zusätzlichen Vollzugsakt einer Behörde betroffen sein muss. Das ist nur ausnahmsweise der Fall. Denn in der Regel müssen die Gesetze durch die Behörden vollzogen (angewendet) werden. So wird etwa ein Steuergesetz erst durch den Steuerbescheid gegenüber dem Bürger vollzogen. Hält jemand ein Steuergesetz für verfassungswidrig, kann er dagegen nicht unmittelbar Verfassungsbeschwerde einlegen. Der Betroffene muss vielmehr den Steuerbescheid vor dem Finanzgericht anfechten, das, wenn es das Steuergesetz für verfassungswidrig hält, die Sache dem Bundesverfassungsgericht vorlegt; der Betroffene kann sich erst nach der letztinstanzlichen Gerichtsentscheidung an das Bundesverfassungsgericht wenden.
Ausnahmsweise unmittelbar betroffen ist man durch ein Gesetz, das überhaupt keines Vollzugsaktes bedarf (z. B ein Gesetz das genau bezeichnete Grundstücke enteignet), oder durch ein Gesetz, das den Bürger schon vor Erlass eines Vollzugaktes zu später nicht mehr korrigierbaren Entscheidungen zwingt (z.B.. ein Gesetz, das Rentenanwartschaften vermindert, so dass der Betroffene - lange vor Eintritt des Versicherungsfalles und Erteilung eines Rentenbescheides - ggf. für eine zusätzliche Altersversorgung sorgen muss).

***4. Form und Inhalt der Verfassungsbeschwerde.***
Die Verfassungsbeschwerde muss schriftlich eingereicht und begründet werden. Sie muss mindestens eine genaue

Bezeichnung des angefochtenen staatlichen Aktes (also der Gerichts- oder Behördenentscheidung mit Datum und Aktenzeichen oder der Rechtsvorschrift), die Nennung des angeblich verletzten Grundrechts und eine in sich verständliche Darlegung derjenigen Umstände enthalten, aus denen sich der Grundrechtsverstoß ergeben soll.
Die Vertretung durch einen Rechtsanwalt ist möglich, aber nicht erforderlich; jedermann kann die Verfassungsbeschwerde selbst erheben.

**5. *Fristen.***
Die Verfassungsbeschwerde gegen Entscheidungen von Gerichten oder Behörden ist nur innerhalb eines Monats zulässig. Die Frist beginnt, grob gesagt, mit der Mitteilung der Entscheidung.
Im Einzelnen gilt folgendes: Die Frist beginnt mit der Zustellung oder formlosen Mitteilung der in vollständiger Form abgefassten Entscheidung, wenn diese Zustellung oder Mitteilung von Amts wegen vorzunehmen ist. Das ist der Regelfall bei allen Urteilen außer Strafurteilen, die in Anwesenheit des Angeklagten verkündet werden, und bei allen Beschlüssen, die nicht aufgrund mündlicher Verhandlung ergehen. In anderen Fällen beginnt die Frist mit der Verkündung der Entscheidung oder, wenn die Entscheidung nicht zu verkünden ist (z.B. bei Urteilen im schriftlichen Verfahren), mit ihrer sonstigen Bekanntgabe an den Betroffenen. Wird dem Betroffenen dabei nicht eine Abschrift der Entscheidung in vollständiger Form erteilt, so kann er die Monatsfrist dadurch unterbrechen, dass er eine derartige Abschrift beantragt.
Die Verfassungsbeschwerde gegen eine Rechtsvorschrift muss binnen eines Jahres seit deren Inkrafttreten eingelegt werden.
Versäumt man die genannten Fristen, gibt es keine Wiedereinsetzung in den vorigen Stand.

***6. Annahmeverfahren.***
Das Bundesverfassungsgericht prüft bei jeder Verfassungsbeschwerde zunächst, ob sie angenommen werden soll. Diese Prüfung wird von einem aus drei Richtern bestehenden Ausschuss, der als „Kammer" bezeichnet wird, vorgenommen. Die Kammer kann die Annahme durch einstimmigen Beschluss ablehnen, wenn die Verfassungsbeschwerde unzulässig ist oder aus anderen Gründen keine Aussicht auf Erfolg hat. Der Nichtannahmebeschluss braucht nicht begründet zu werden und ist unanfechtbar.

**7. Kosten.**

Das Verfahren vor dem Bundesverfassungsgericht ist grundsätzlich kostenfrei.

Das Bundesverfassungsgericht *kann* aber einem Beschwerdeführer eine Gebühr bis zu DM 1000.- auferlegen, wenn es die Annahme einer Verfassungsbeschwerde ablehnt (sog. Unterliegensgebühr). Eine solche Gebühr riskiert, wer eine unzulässige oder offensichtlich unbegründete Verfassungsbeschwerde einlegt. Die Höhe der Unterliegensgebühr ist gesetzlich nicht festgelegt. Die Entscheidung, ob und in welcher Höhe eine Gebühr erhoben wird, trifft das Bundesverfassungsgericht unter Berücksichtigung aller Umstände des Einzelfalles, insbesondere der Bedeutung des Verfahrens für den Beschwerdeführer und seiner Vermögens und Einkommensverhältnisse. Es kann einen Vorschuss auf die Gebühr anfordern. Wer eine Verfassungsbeschwerde einlegt und dann vom Bundesverfassungsgericht die Aufforderung erhält, einen Vorschuss auf die Unterliegensgebühr zu zahlen, muss damit rechnen, dass seine Verfassungsbeschwerde nicht angenommen wird; er sollte sie zurücknehmen, weil nach der Rücknahme keine Gebühr mehr verhängt werden kann (und daher dann auch der Vorschuss entfällt).

Wird eine Verfassungsbeschwerde missbräuchlich eingelegt, kann eine Gebühr bis zu DM 5000.- erhoben werden. Missbräuchlich ist eine Verfassungsbeschwerde, wenn sie von jedem einsichtigen Bürger als völlig aussichtslos angesehen werden muss oder wenn sie auf wahrheitswidrige Angaben gestützt wird.

Hat eine Verfassungsbeschwerde Erfolg, so erhält der Beschwerdeführer seine notwendigen Auslagen ersetzt. Zu diesen Auslagen gehören auch die Kosten für einen Anwalt, weil jeder Beschwerdeführer berechtigt ist, sich durch einen Anwalt vertreten zu lassen, auch wenn kein Anwaltszwang besteht.

Da die genannten Gebühren nur in eindeutig aussichtslosen Fällen erhoben werden und auch kein Anwaltszwang besteht, gibt es grundsätzlich keine Prozesskostenhilfe.

**Anlage 10**
**Beispiel des Artikulierens von Unwahrheit seitens des BVerfG, wissenschaftliche Entgegnungen, Rechtsstaat und Unrechtsstaat,**

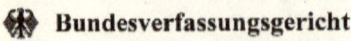

**Bundesverfassungsgericht**
**- Allgemeines Register -**

Bundesverfassungsgericht • Postfach 1771 • 76006 Karlsruhe

Herrn
Helmut Holfert
Johanna-Tesch-Straße 24
12439 Berlin

| Aktenzeichen | Bearbeiterin | ☎ (0721) | Datum |
| --- | --- | --- | --- |
| AR 7837/16<br>(bei Antwort bitte angeben) | Frau Weber-Holeschovsky | 9101-509 | 19.06.2017 |

**Ihr Schreiben vom 29. Mai 2017, unser Schreiben vom 19. Dezember 2016**

Sehr geehrter Herr Holfert,

angesichts der großen Arbeitsbelastung und der vielfältigen sonstigen Verpflichtungen des Präsidenten des Bundesverfassungsgerichts ist es ihm leider nicht möglich, alle Eingaben - auch soweit diese an ihn persönlich gerichtet sind - selbst zu beantworten. Ihr Schreiben wurde mir daher zur Beantwortung zugeleitet. Hierzu teile ich Ihnen Folgendes mit:

Ihr Vorbringen - insbesondere auch zum hiesigen Schreiben vom 19. Dezember 2016 - wurde hier zur Kenntnis genommen. Darin wurde versehentlich mitgeteilt, dass in Kürze eine Entscheidung ergehen statt richtigerweise, dass eine solche in Kürze veröffentlicht werde. Es wird gebeten, dies zu entschuldigen.

Im Übrigen werden Sie um Verständnis dafür gebeten, dass das Bundesverfassungsgericht und sein Vizepräsident - auch im Hinblick auf die gesetzlich abschließend geregelte Zuständigkeit des Bundesverfassungsgerichts - nicht in einen allgemeinen Meinungsaustausch mit Bürgern über abgeschlossene Verfahren eintreten oder hierzu weitere Stellungnahmen abgeben können.

Mit freundlichen Grüßen

Ingendaay-Herrmann
AR-Referentin

Beglaubigt
Regierungsangestellte/r

Dienstgebäude: Schlossbezirk 3, 76131 Karlsruhe
Postfach 1771, 76006 Karlsruhe
Telefon 0721/9101-0 • Telefax 0721/9101-382

Helmut Holfert
Johanna-Tesch-Straße 24
12439 Berlin

Bundesverfassungsgericht
Vorsitzender des Ersten Senats
Prof. Dr. Ferdinand Kirchhof
Schlossbezirk 3
76131 Karlsruhe

Berlin, 29. 05. 2017

Sehr geehrter Herr Prof. Dr. Ferdinand Kirchhof!

Sie werden sich wohl kaum daran erinnern, dass ich Ihnen mit dem Datum 17. November 2016 einen Brief geschrieben habe. Es ging mir um eine schließlich zeitnahe Behandlung der eingereichten 7 Verfassungsbeschwerden bezüglich § 7 des AAÜG vor dem zuständigen Ersten Senat des BVerfG's, da auch ich ein Betroffener bin und das 79. Lebensjahr inzwischen auch schon vollendet habe. Viel Zeit bleibt mir also nicht mehr, eine nicht willkürlich und grundgesetzwidrig gekürzte Altersrente zu erwarten.

Ob auf Ihre Weisung oder von wem auch immer, bekam ich mit dem Datum 17. Dezember 2016 eine Antwort, die mich am 22. 12. erreichte. Ich sah diese Antwort schon als „Weihnachtsgeschenk" und einige andere von mir Informierte ebenso. Die Antwort kam aus dem Allgemeinen Register, unterzeichnet von der AR-Referentin Ingendaay-Herrmann und von einem/einer Regierungsangestellten auch noch beglaubigt. Darin machte mir ein Satz Hoffnung, der da hieß:
Auftragsgemäß teile ich daher mit, dass in den von Ihnen wohl angesprochenen Verfahren 1 BvR 1089/12 u. a. in Kürze eine Entscheidung ergehen wird.

Diese Antwort war jedoch eine infame Lüge! Der Termin der Nichtannahmeentscheidung durch die 1. Kammer des Ersten Senats lag schon vor meinem Schreiben an Sie. Demzufolge wäre es gegenüber einem beim BVerfG anfragenden Bürger m. E. nur ehrlich gewesen ihm z. B. mitzuteilen: Leider kann Ihnen mit diesem Schreiben und zum jetzigen Zeitpunkt keine umfassende Antwort zu dem von Ihnen wohl angesprochenen

Verfahren 1 BvR 1089/12 gegeben werden. Ich wurde beauftragt, Sie auf die Pressemitteilung des BVerfG hinzuweisen, die am 28. 12. 2017 veröffentlicht wird. Hätte alles zwar nicht besser gemacht, es wäre aber eine ehrliche Antwort des BVerfG an mich gewesen.

Sehr geehrter Herr Prof. Dr. Ferdinand Kirchhof, Ihnen das wissen zu lassen, ist der erste Grund eines zweiten Schreibens an Sie. Ich hoffe, dass Sie mich als Bürger Ostdeutschlands und AAÜG-§7-Betroffener wenigstens mit diesem Schreiben ernst nehmen.

Schon allein dieser Umstand wäre Grund genug, Ihnen wissen zu lassen, wie bürgerunfreundlich sich Beamte des BVerfG verhalten. Es war schließlich ein direkt an Sie gerichtetes Schreiben.

Nun aber zum zweiten Grund meines Briefes an Sie. Sehr lange habe ich über den Nichtannahmebeschluss vom 7. November 2016 der 3 Richter der 1. Kammer nachgedacht, nachdem ich diesen sehr gründlich gelesen hatte. Mit einer Vielzahl von gleichfalls Betroffenen als auch in dieser Sache Wissenden hatte ich Gespräche. Darüber hinaus hatte ich die Gelegenheit die Meinung des Prof. Dr. Dr. Detlef Merten dazu persönlich zu erfahren. Aus all dem resultieren Gedanken, die ich Ihnen unbedingt mitteilen möchte.

Komme ich zu Details. Im Beschluss steht: „Die Verfassungsbeschwerden sind nicht zur Entscheidung anzunehmen. Annahmegründe im Sinne von § 93a Abs. 2 BVerfGG liegen nicht vor, da die Verfassungsbeschwerden unzulässig sind." Also sehe ich mir diesen § 93a Abs. 2 sehr genau an; er ist ja auch kurz und einfach formuliert. Es steht geschrieben: „Sie (die Verfassungsbeschwerde H.H.) ist zur Entscheidung anzunehmen, ... wenn es zur Durchsetzung der in § 90 Abs. 1 genannten Rechte angezeigt ist; dies kann auch der Fall sein, wenn dem Beschwerdeführer durch die Versagung der Entscheidung zur Sache ein besonders schwerer Nachteil entsteht." Diese Hervorhebung durch Unterstreichung geschah durch mich.

Herr Prof. Dr. Kirchhof, Sie und beide anderen Richter der 1. Kammer sind der einstimmigen Überzeugung, dass den Beschwerdeführern keine besonderen schweren Nachteile entstehen, wird die Nichtannahme beschlossen? Das macht mich fassungslos! Für Hunderttausende macht es schon einen sehr wesentlichen Unterschied, eine Altersrente mit nur einem 1,0 EP berechnet zu erhalten, oder eine entsprechend der in der DDR erworbenen Rentenansprüche, legitim angepasst bis hin zur gesetzlich festgelegten Bemessungsgrenze. Das können schon bis zu einigen Einhundert Euro mehr im Monat bedeuten. Kein besonders schwerer Nachteil? Um konkret zu sein: Mir werden monatlich ca. 480 € vorenthalten, besser ausgedrückt, gestohlen. Seit Oktober 2002 bin ich Altersrentner, und somit summiert sich dieser Eigentumsdiebstahl auf ca. 84.500 €. Kein besonders schwerer Nachteil, um dies in der Diktion des BVerfG zu werten?

Eine weitere Beschlussbegründung lautet: „Die Beschwerdeführer haben insbesondere keine neuen Tatsachen vorgebracht, um eine erneute verfassungsrechtliche Prüfung der Überführung der Rentenansprüche zu rechtfertigen."

Was ich in allen bisherigen Beschlüssen des BVerfG zu Entscheidungen bezüglich des §7 AAÜG lesen konnte, ist, es gab niemals gesicherte und akribisch aufgearbeitete Einkommensaussagen, die nicht nur das MfS/AfNS, sondern auch NVA und MdI/DVP betrafen. Aber was interessiert das BVerfG schon, wenn es einen solchen Vergleich im sogenannten X-Bereich grundsätzlich ignoriert und immer und immer wieder auf den Vergleich zum Einkommensdurchschnitt in der Volkswirtschaft abzielt. Prof. Dr. Dr. Merten hebt in seinem Gutachten gerade diese Unvergleichbarkeit hervor. Ich verweise nur auf die Abschnittsziffern 341 ff seines Gutachtens.

Herr Prof. Dr. Kirchhof, warum wird dieses Gutachten so offensichtlich missachtet? Was ich weiß, ist, dass dieses Gutachten nicht als Gefälligkeitsgutachten angefertigt wurde, sondern er das GG in den diesbezüglichen Artikeln verteidigt. Und so konnte ich bei Herrn Prof. Dr. Dr. Merten bei seinen kurzen Darlegungen und Antworten auf Fragen immer wieder sein Unverständnis zu den Wertungen des BVerfG heraushören.

Ein drittes Detail, formuliert in der Pressemitteilung vom 28. 12. 2016, macht mich vollends ratlos, weil es m. E. einer logischen Substanz entbehrt. Unter den wesentlichen Erwägungen der Kammer ist in Ziffer 1 b formuliert: Zwar ist eine erneute Prüfung trotz einer früheren verfassungsgerichtlichen Entscheidung zur gleichen rechtlichen Regelung nicht grundsätzlich ausgeschlossen. Sie wäre jedoch nur zulässig, sofern neue rechtserhebliche, gegen die damals tragenden Feststellungen sprechende Tatsachen vorlägen, die eine andere Entscheidung rechtfertigen könnten. Argumente, die bei unveränderter Sach- und Rechtslage nur die Richtigkeit der damaligen Entscheidung infrage stellen, sind dagegen von vornherein nicht geeignet, eine erneute Überprüfung zu eröffnen.

Herr Prof. Dr. Kirchhof, beschreibe ich es einmal so: Mit dieser Aussage hat die 1. Kammer des 1. Senats des BVerfG einen gordischen Knoten geschnürt. Anschaulicher kann ich dies nicht darstellen. Er soll möglichst nicht zu lösen sein! Für alle Benachteiligten und vor allem für diejenigen, die für sie diese juristischen Auseinandersetzungen bisher führten! Die Sach- und Rechtslage hat sich meiner Ansicht nach wesentlich verändert! Dr. Miethe legt in seinem Gutachten exakte Angaben zur Einkommensstruktur innerhalb des X-Bereiches vor, macht entsprechende Vergleiche auch zur Volkswirtschaft und benennt die zulässigen Ebenen der Vergleichbarkeit. Dies wird noch einmal von Prof. Dr. Dr. Merten in seinem verfassungsrechtlichen Gutachten sehr deutlich zum Ausdruck gebracht. Alles Fakten, sehr geehrter Herr Prof. Dr. Kirchhof, die ich niemals in den bisherigen Verhandlungen als überlegenswerte Sachlagen nachlesen konnte. Und weil dies so nicht als das Neue und nicht als rechtserheblich vom BVerfG anerkannt wird, deshalb muss die damalige Entscheidung alleinig richtig und unantastbar bleiben?

Noch eine Vermutung möchte ich an dieser Stelle äußern. Bei einer ersten Inaugenscheinnahme beider Gutachten hat man womöglich eine solche Brisanz in den Fakten, Zahlen und Wertungen erkannt, dass man nun alles tun musste, es nicht zu einer Verhandlung vor dem 1. Senat kommen zu lassen. Es hätte wahrscheinlich nicht nur zu einem neuen Beschluss hinsichtlich der Grundgesetzwidrigkeit des AAÜG in Bezug zum § 7 ins Auge gefasst werden müssen, auch der Gesetzgeber wäre mit seiner sehr fragwürdigen Gesetzes Umsetzung des Beschlusses des BVerfG von 2004 zum §6 AAÜG in sehr schwere sozialpolitische Zwänge gekommen. All das musste vermieden werden. Nur frage ich mich, wer führte hier die politische Hand?

Ein letztes Detail dieser Nichtannahme, aufgrund dessen das BVerfG von mir in einem ganz anderen Licht als das einer juristischen Institution, besetzt mit unabhängigen Richtern, erscheinen lässt. Es ist die Hüterin des GG, so wurde es mir einmal von einer Bundesverfassungsrichterin 2005 mitgeteilt.

Politische Urteile sollten wohl nicht dazugehören. Doch lese ich im Beschluss dann unter Gründe/I./1. c) am Schluss auszugsweise Folgendes: [...] Über die Vorgaben des Bundesverfassungsgerichts wollte der Gesetzgeber allerdings nicht hinausgehen, um „erneute ideologisch geführte Diskussionen" zu vermeiden.

Sehr geehrter Herr Prof. Dr. Kirchhof, warum wird dem Gesetzgeber mit dieser ominösen Formulierung politisch noch beigestanden?

Fasse ich alles Geschriebene meinerseits in einem Satz zusammen: Mit Logik, sehr guter Kenntnisse zum Beschwerdegegenstand und mit wachem Verstand ist dieser Beschluss zur Nichtannahme einfach nicht zu begreifen.

Sehr geehrter Herr Prof. Dr. Kirchhof, ich wünsche Ihnen Gesundheit und eine glücklichere Hand in allen zukünftigen Entscheidungen. Vielleicht erreicht mich eine Antwort von Ihnen, denn Fragen wurden von einem Bürger und Geschädigten gestellt, der an der Unabhängigkeit des BVerfG sehr stark zu zweifeln beginnt.

Mit freundlicher Hochachtung verbleibt Ihnen

Eine ironische Betrachtung zum „**Rechtsstaat**" Bundesrepublik. Ein Vergleich der Rechtsprechung gegenüber Linken aus dem Osten und Faschisten des Nazi-Regimes vom 30.12.2016 durch Otto Köhler.

Veröffentlicht im »neues deutschland« vom 30.12. 2016, Seite 4

Selber schuld die Herren von der Stasi, mit etwas Köpfchen wären sie längst glänzend mit hohen Pensionsgeldern versorgt. Sie hätten sich so den völlig aussichtslosen Gang nach Karlsruhe erspart. Sie wussten doch, dass sie selbst aus dem Unrechtsstaat kommen und **so nichts von der höchsten Instanz des Rechtsstaats**, vom Bundesverfassungsgericht, zu erwarten haben. Das Gericht weigert sich, wie es dieser

Tage bekannt gab, eine Verfassungsbeschwerde von ehemaligen Mitarbeitern des Ministeriums für Staatssicherheit (MfS) - von Stasi Leuten also! - auch nur entgegenzunehmen.

Die gesetzlichen Regelungen, wonach die Renten von ehemaligen Mitarbeitern des Ministeriums für Staatssicherheit zu begrenzen sind, seien nicht zu beanstanden, entschied das Gericht. Diesen unsinnigen Rechtsweg hätten die Stasileute sich versagen können, wenn sie **nur die Tradition des Rechtsstaates**, in den sie 1990 gefallen waren, bedacht hätten.
Sie hätten sich nur - unsere bewährte Totalitarismustheorie eröffnet dazu die schönsten Möglichkeiten: rechts und links berühren sich an ihren Enden - mit Marion vermählen müssen, der Witwe von Roland Freisler, dem Präsidenten vom NS-Volksgerichtshof.

**Eben der, der** unter ausgesuchten Beschimpfungen (»Sie sind ja ein ganz erbärmlicher Schuft«) **Todesurteile am laufenden Band verhängte**. Seine Gattin Marion wurde wenige Jahre nach dem Exitus ihres Angetrauten durch eine gütige US- Fliegerbombe - eine glänzende Partie. Und das nur, weil die Bundesrepublik, in der sie weiterlebte, kein Unrechtsstaat wie die DDR, sondern ein Rechtsstaat ist.

1985 wurde bekannt, dass Marion Freisler neben ihrer Witwenpension nach dem Bundesversorgungsgesetz auch noch seit 1974 eine ordentliche Zusatzversorgung als »Schadensausgleichsrente« bezog. Die wurde ihr vom Versorgungsamt in der bayerischen Landeshauptstadt München gewährt mit der Begründung: Es müsse unterstellt werden, dass Freisler - hätte er überlebt – nach dem Krieg »als Rechtsanwalt oder Beamter des höheren Dienstes tätig geworden wäre«. Zwar hatten Beamte mit wenig Berufserfahrung gemutmaßt, dass Freisler wegen seiner horrenden Produktion von Todesurteilen - zeitweise zehn pro Tag - nach dem Krieg selber gehängt oder wenigstens zu lebenslänglichem Gefängnis verurteilt worden wäre. Und so hätte er zum Unterhalt seiner Frau nichts mehr beitragen können.

Falsch, entschied das Landesversorgungsamt mit Billigung des damalige CSU-Sozialministers` Fritz Pirklz: Es könne »ebenso wahrscheinlich sein, daß Freisler in seinem erlernten oder einem anderen Beruf weitergearbeitet hätte, zumal da eine Amnestie oder ein zeitlich begrenztes Berufsverbot ebenso in

Betracht zu ziehen sind«. Richtig! So hätte es Freisler sogar noch zum Richter am Bundesverfassungsgericht schaffen können. Wie etwa Dr. Willi Geiger, der als Sonderrichter zur NS-Zeit in Bamberg seine Todesurteile plakatieren ließ und es trotzdem oder auch darum zum Richter im Zweiten Senat des Bundesverfassungsgerichts brachte.

Und dort konnte er auch die Berufsverbotsexpertise anwenden, die er sich 1940 mit seiner Dissertation über die »Rechtstellung des Schriftleiters« erwarb: Journalist durfte nicht werden, wer sich, ob Jude oder Marxist, »als Schädling an Staat und Volk erwiesen hat«. 35 Jahre später unterzeichnete er mit dem so erworbenen «Dr.«-Titel das von ihm formulierte Verfassungsgerichtsurteil zum Berufsverbot für jeden, der nicht »die Gewähr bietet, jederzeit für die freiheitliche demokratische Grundordnung einzutreten«.

Was nur haben die Leute von der sogenannten Staatssicherheit, die wegen der ihnen versagten Rente nach Karlsruhe gezogen sind, von unserem Bundesverfassungsgericht erwartet, dessen erster Präsident ein ausgewiesener Fachmann für Vermögensfragen war: Hermann Höpker Aschoff. Bundespräsident Theodor Heuss, der 1933 die Hand für Hitler hob, hatte dem Freund die Stelle in Karlsruhe verschafft. Zuvor war der Erwählte Justitiar der Haupttreuhandstelle Ost zuständig für die »Vermögensverwaltung des ehemaligen polnischen Staates«. Noch Fragen, meine Herrn von der ehemaligen Staatssicherheit?

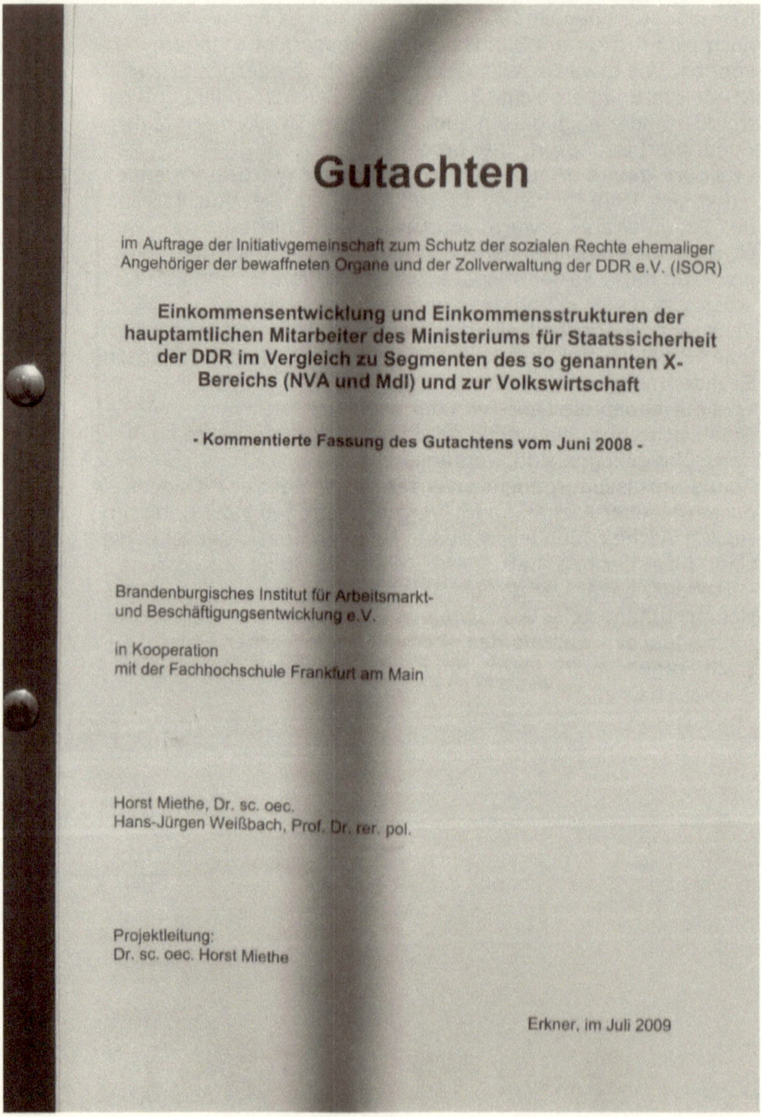

# Gutachten

im Auftrage der Initiativgemeinschaft zum Schutz der sozialen Rechte ehemaliger Angehöriger der bewaffneten Organe und der Zollverwaltung der DDR e.V. (ISOR)

**Einkommensentwicklung und Einkommensstrukturen der hauptamtlichen Mitarbeiter des Ministeriums für Staatssicherheit der DDR im Vergleich zu Segmenten des so genannten X-Bereichs (NVA und MdI) und zur Volkswirtschaft**

**- Kommentierte Fassung des Gutachtens vom Juni 2008 -**

Brandenburgisches Institut für Arbeitsmarkt- und Beschäftigungsentwicklung e.V.

in Kooperation
mit der Fachhochschule Frankfurt am Main

Horst Miethe, Dr. sc. oec.
Hans-Jürgen Weißbach, Prof. Dr. rer. pol.

Projektleitung:
Dr. sc. oec. Horst Miethe

Erkner, im Juli 2009

# Gutachten

im Auftrage der Initiativgemeinschaft zum Schutz der sozialen Rechte ehemaliger Angehöriger der bewaffneten Organe und der Zollverwaltung der DDR e.V. (ISOR)

**Einkommensentwicklung und Einkommensstrukturen der hauptamtlichen Mitarbeiter des Ministeriums für Staatssicherheit der DDR im Vergleich zu Segmenten des so genannten X-Bereichs (NVA und MdI) und zur Volkswirtschaft**

Brandenburgisches Institut für Arbeitsmarkt- und Beschäftigungsentwicklung e.V.

in Kooperation
mit der Fachhochschule Frankfurt am Main

Horst Miethe, Dr. sc. oec.
Hans-Jürgen Weißbach, Prof. Dr. rer. pol.

Projektleitung:
Dr. sc. oec. Horst Miethe

Erkner, im April 2008

# Gutachten

**Probleme gruppengerechter Versorgungsüberleitung**

**§ 7 AAÜG im Lichte des Grundgesetzes**

vorgelegt von

**Universitätsprofessor Dr. Dr. Detlef Merten**

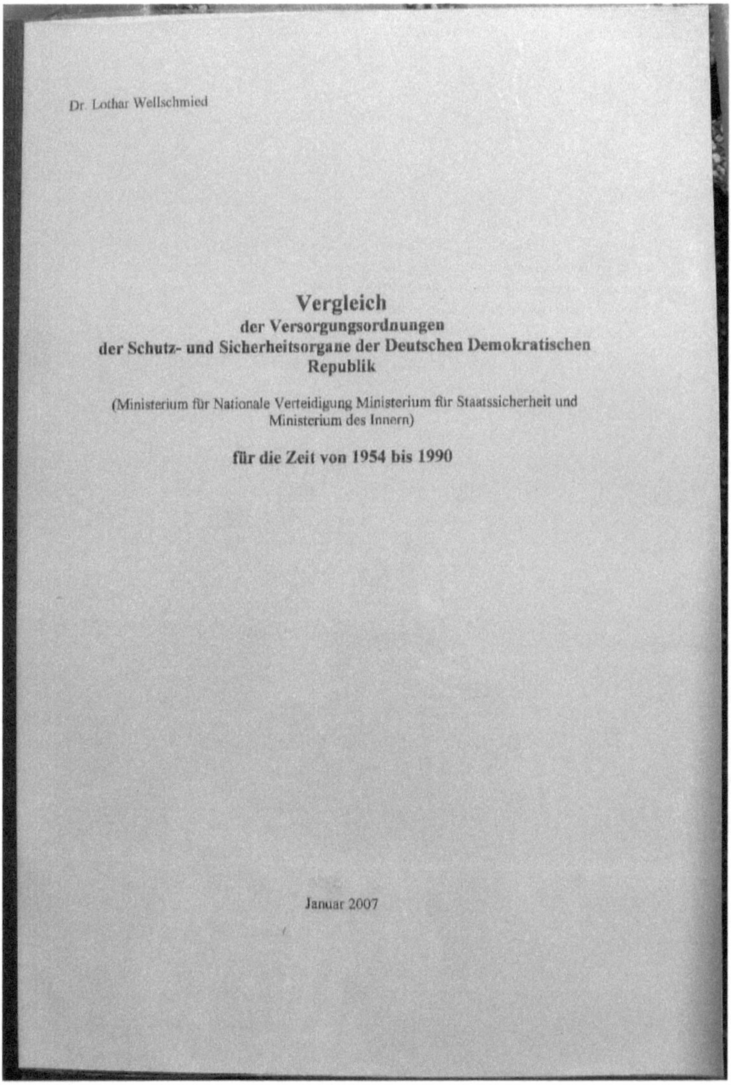

Dr. Lothar Wellschmied

**Vergleich**
**der Versorgungsordnungen**
**der Schutz- und Sicherheitsorgane der Deutschen Demokratischen Republik**

(Ministerium für Nationale Verteidigung Ministerium für Staatssicherheit und Ministerium des Innern)

**für die Zeit von 1954 bis 1990**

Januar 2007

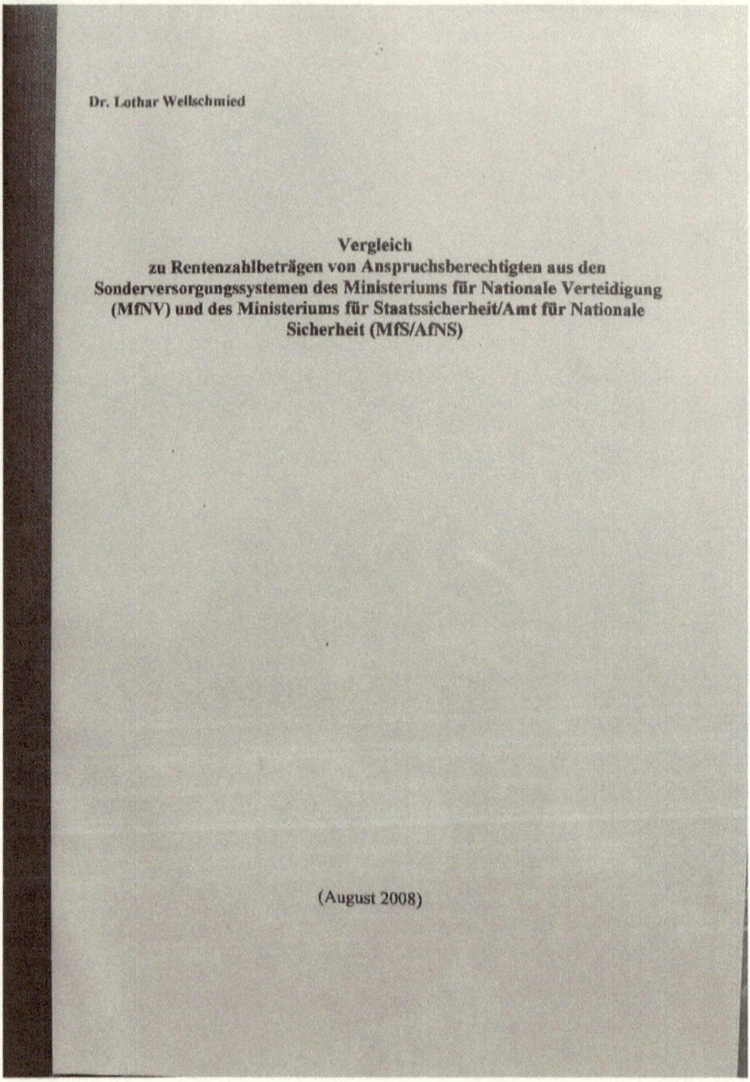

Dr. Lothar Wellschmied

**Vergleich**
**zu Rentenzahlbeträgen von Anspruchsberechtigten aus den Sonderversorgungssystemen des Ministeriums für Nationale Verteidigung (MfNV) und des Ministeriums für Staatssicherheit/Amt für Nationale Sicherheit (MfS/AfNS)**

(August 2008)

**Sachbewertung**

veröffentlichter Personendaten
und
versicherungspflichtiger Dienstbezüge
der ehemaligen Mitarbeiter des MfS der DDR

Berlin, Juli 2003

Der Verlust von bis zu 80% der erworbenen Leistungsansprüche im Zuge der auch im 2. AAÜG - ÄndG fortgeschriebenen Sonderbehandlung hat für ehemalige Mitarbeiter des MfS hinsichtlich ihrer Versorgung im Alter eine langfristige und wesentlich einschneidende benachteiligende Wirkung.

Dabei ist zu bedenken, dass für viele Mitarbeiter des MfS, wie es die Zahlen der Anlage 1.2 zeigen, durch die Systementscheidung bereits zum Teil erhebliche Arbeitsentgelte und geleistete Versicherungsbeiträge über die Beitragsbemessungsgrenze hinaus für die Rentenberechnung weggefallen sind. Das betrifft auch die Versorgungsansprüche von Witwen/ Witwern und Waisen, für die im Rahmen dieser Auswertung keine Daten zur Verfügung standen.

Die in der vorgelegten Sachbewertung enthaltenen Fakten und Zahlen beruhen auf den Daten der vorgefundenen Datei und können hinsichtlich ihrer Aussagekraft und Richtigkeit nur das widerspiegeln, was durch das Ausgangsmaterial vorgegeben war. Die Arbeit erhebt insofern keinen Anspruch auf absolute Übereinstimmung mit archivierten, tatsächlichen Personal- und Besoldungsunterlagen des MfS. Die gezogenen Schlussfolgerungen und Bewertungen der Analyseergebnisse besitzen durchaus subjektiven Charakter und sind in erster Linie als Diskussionsgrundlage für die Unterstützung laufender Verfahren zur Überwindung der sozialen Benachteiligungen ehemaliger Mitarbeiter des MfS gedacht. Das Material erhebt aber auf Grund seines objektiven Inhaltes und der nachprüfbaren Fakten des Zahlenmaterials Anspruch darauf, die auf „Anhaltspunkte, Hinweise und Annahmen" (s. Seite 5) beruhende Bewertung der Einkommensverhältnisse von Mitarbeitern des ehemaligen MfS durch empirisch ermittelte Daten zumindest zu ergänzen und damit eine objektive Bewertung dieses Themenkreises zu ermöglichen.

Dr. Lothar Wellschmied

Dipl.-Ing.(FH) Herbert Kranz

21

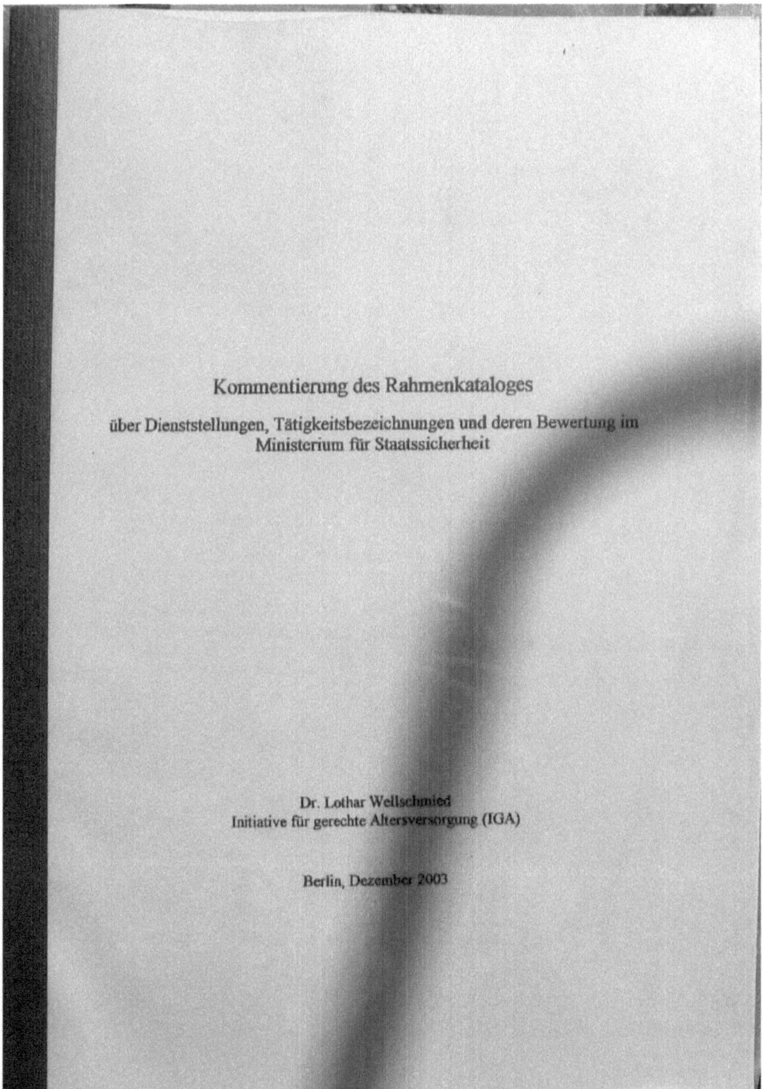

Kommentierung des Rahmenkataloges

über Dienststellungen, Tätigkeitsbezeichnungen und deren Bewertung im Ministerium für Staatssicherheit

Dr. Lothar Wellschmied
Initiative für gerechte Altersversorgung (IGA)

Berlin, Dezember 2003

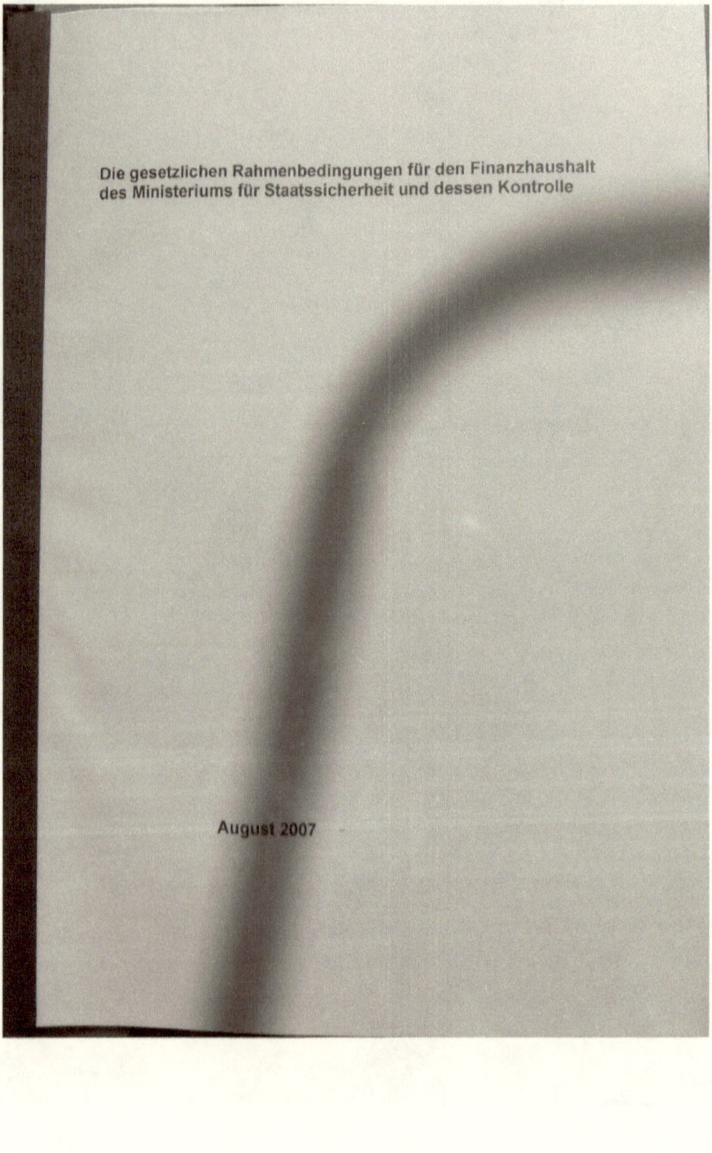

Die gesetzlichen Rahmenbedingungen für den Finanzhaushalt des Ministeriums für Staatssicherheit und dessen Kontrolle

August 2007

**Anlage 11**
**Beispiele der unterschiedlichen rentenrechtlichen Benachteiligungen der Bürger der ehemaligen DDR**

**Aktuelle Briefe von ISOR e.V. an Spitzenpolitiker in Deutschland Gene das Rentenunrecht sowie Beispiele der unterschiedlichen rentenrechtlichen Benachteiligungen der Bürger der ehemaligen DDR**

Brief an den **Bundespräsident Walter Steinmeier** vom 31.1.2019

Brief an die **CDU-Vorsitzende Annegret Kramp-Karrenbauer** vom 27.12.2018

Brief an den **Minister für Arbeit und Soziales Hubertus Heil** vom 27.11.2018

Brief an den **Ministerpräsidenten des Bundeslandes Thüringen** vom 25.12018

**Briefe an die Bundeskanzlerin**, an die Minister für Arbeit und Soziales, des Innern, für Bau und Heimat, der Verteidigung und der Finanzen, an die Fraktionen im Deutschen Bundestag, an die Bundestagsausschüsse für Arbeit und Soziales, für Recht und Verbraucherschutz sowie an den Petitionsausschuss vom 2.5.2018

**Erinnerungsschreiben an die Bundeskanzlerin** vom 6.9.2018

**Initiativgemeinschaft zum Schutz der sozialen Rechte ehemaliger Angehöriger**

**bewaffneter Organe und der Zollverwaltung der DDR e.V. –ISOR e. V. -**

Der Vorstand

Franz-Mehring-Platz 1,

10243 Berlin

Telefon: (030) 2978 43 16

Fax: (030) 2978 43 20

E-Mail: ISOR-Berlin@t-online.de

Berlin, 31.01.2019

**Herrn Bundespräsidenten**

**Dr. Frank-Walter Steinmeier**

**Bundespräsidialamt**

**Spreeweg 1**
**10557Berlin**

Sehr geehrter Herr Bundespräsident,

vom Vorstand unserer Initiativgemeinschaft wurde ich gebeten, Ihnen persönlich einen Brief zu schreiben, wohl wissend, über welche Einflussmöglichkeiten Sie als Bundespräsident zur Beseitigung von Ungerechtigkeiten gegenüber betroffenen Menschen im Westen und ganz besonders im Osten Deutschlands und damit auch bei unserem Anliegen haben.
Ihre Weihnachtsansprache wurde von den Mitgliedern des Vorstandes und vielen Mitgliedern unseres Vereins mit großem Interesse verfolgt.
Wir befinden uns mit den von Ihnen aufgeworfenen Fragen und Problemen in völliger Übereinstimmung, da sie auch Hauptfragen unserer Tätigkeit betreffen. Wir werden uns in Ihrem Sinne politisch einbringen.

Gestatten Sie, Herr Bundespräsident, dass ich Ihnen unsere Initiativgemeinschaft kurz vorstelle. ISOR e.V. wurde 1991 gegründet und vertritt die sozialen Interessen ehemaliger Angehöriger der bewaffneten Organe und der Zollverwaltung, die in der DDR, Sonderversorgungssystemen angehört haben. Zeitweise umfasste unsere Initiativgemeinschaft 28.000 Mitglieder.
Bedauerlicher Weise sind über 14.000 unserer Mitglieder bereits verstorben. Mit einem Altersdurchschnitt unserer Mitgliedschaft von ca. 76 Jahren gehören wir zu den Alten unserer Gesellschaft. Wir sind noch lebende Zeitzeugen aus der Zeit des Kalten Krieges, der Wendezeit und des folgenden Abbaus unserer sozialen Rechte nach der Wiedervereinigung der beiden deutschen Staaten.
Mitglieder der ISOR e.V. haben in den zurückliegenden Jahren ca. 28.000 Klagen bei Sozialgerichten und über 80.000 Widerspruchsverfahren gegenüber Versorgungsträgern eingereicht bzw. geführt.

Mit dem Urteil des Bundesverfassungsgerichtes von 1999 wurden für die Mehrzahl der Angehörigen der NVA, des MdI und der Zollverwaltung der DDR Rentenungerechtigkeiten beseitigt. Sie erhalten eine Rente nach eingezahlten Beiträgen bis zur Beitragsbemessungsgrenze, wie alle anderen DDR-Bürger.
Für den Bereich des MfS konnten Rentenungerechtigkeiten nur abgemildert werden. Seither blieben trotz wissenschaftlicher Gutachten, insbesondere zur Klärung der Einkommensverhältnisse im MfS, alle juristischen Aktivitäten gegenüber dem Bundesverfassungsgericht und dem Europäischen Gerichtshof für Menschenrechte erfolglos.
Das BVerfG hat in seinem Urteil von 1999 das verfassungsmäßige Minimum zu den §§ 6 Abs. 2 und 7 AAÜG festgelegt, an das sich der Gesetzgeber gehalten hat. Unberücksichtigt blieb der Hinweis des BVerfG, dass der Gesetzgeber für die Betroffenen auch eine günstigere Lösung finden könnte. Erneute Verfassungsbeschwerden blieben erfolglos.

Mehrfach hat das BVerfG darauf aufmerksam gemacht, dass es sich bei der genannten Problematik nicht um ein verfassungsrechtliches Problem, sondern ausschließlich um eine politische Entscheidung handelt. Deshalb haben wir uns im Mai 2018 an alle Fraktionen im Deutschen Bundestag und die zuständigen Ministerien mit unseren Forderungen und Vorschlägen für eine politische Lösung der uns betreffenden

Probleme gewandt. Unterstützt wurden unsere politischen Initiativen nur von der Fraktion der Partei DIE LINKE. Die CDU und die Bundeskanzlerin sehen keinen Handlungsbedarf. Die Fraktionen der GRÜNEN und der FDP haben trotz Erinnerungsschreiben noch nicht einmal den Eingang unseres Briefes bestätigt.

Eine solche Haltung widerspricht den inhaltlichen Orientierungen Ihrer Weihnachtsansprache. Das Ministerium für Arbeit und Soziales ignorierte unsere Vorschläge und verwies auf eine ausstehende Antwort des Petitionsausschusses, der vermutlich am Ende dazu herhalten muss, uns zu erklären, dass leider keine parlamentarischen Mehrheiten für unsere berechtigten Forderungen gefunden werden konnten. Das wäre dann eine erneute Ignorierung des Verfassungsgebotes der rechtlichen Gleichbehandlung aller Bürger, unabhängig von ihrer Herkunft und Weltanschauung.

Die schleppende und zögerliche Anpassung der Lebensverhältnisse Ostdeutschlands an die der alten Bundesländer und die Beibehaltung der Diskriminierung Ostdeutscher gefährden zunehmend den sozialen Frieden in Deutschland und sind aus unserer Sicht Ursachen für den Ansehensverlust der regierenden Parteien und das weitere Anwachsen rechter Bewegungen.

Im Oktober 2018 fand ein bemerkenswertes Gespräch von Vertretern der Gesellschaft zur Rechtlichen und Humanitäre Unterstützung (GRH) mit dem Beauftragten für die Unterlagen des Staatsicherheitsdienstes der ehemaligen DDR (BStU), Herrn Roland Jahn, statt. Ob dieses nach mehr als 25 Jahren erste Gespräch im Sinne Ihrer Weihnachtsansprache helfen kann, Verhärtungen in Auffassungen abzubauen und Kompromisse vorzubereiten, wird sich zeigen. Wir erlauben uns, Ihnen eine Broschüre zum Inhalt dieses Gesprächs als Anlage zu diesem Schreiben beizufügen.

Sehr geehrter Herr Bundespräsident,
wie soll in einem Land Vertrauen in Politiker und in die Politik erzeugt werden, wenn ca. 100.000 Personen mit der erheblichen Kürzung ihrer Rente nach §§ 6 Abs. 2 und 7 des AAÜG politisch bewusst und gewollt am Existenzminimum gehalten werden?
Es ist an der Zeit, dass die Aussagen zur Wendezeit „keine Unterdrückung Andersdenkender", „Rentenrecht ist wertneutral", „Aufrechter Gang für alle Bürger nach der Wende

in einer freiheitlichen Demokratie" glaubhaft werden sollen und der politisch motivierten Bestrafung durch Rentenkürzung sowie der Benachteiligung Ostdeutscher ein Ende gesetzt wird. Der bevorstehende 30. Jahrestag der Vereinigung beider deutscher Staaten wäre dazu ein würdiger Anlass.
Wir sind überzeugt, aus dem Bewusstsein des gesamten deutschen Volkes ist mit keiner Lüge die Erkenntnis wegzunehmen: Diejenigen, die von Staats wegen in der DDR die Waffengewalt hatten, haben diese Waffen weder vor noch während der Wende bewusst nicht gegen das eigene Volk eingesetzt. Nur so konnte die Wende friedlich verlaufen. Es ist eine sozialistische und humane Grundüberzeugung, dass Waffen gegen Terroristen, gegen bewaffnete Angreifer, gegen Kriminelle zur Wiederherstellung von Ordnung und Sicherheit einzusetzen sind, aber nicht gegen Andersdenkende, nicht gegen das eigene Volk.
Bei allem Unrecht, das in der DDR mitunter geschehen ist, sollte wenigstens diese geschichtliche Tatsache Anerkennung finden. Aber das Gegenteil ist der Fall, wie die politische Praxis zeigt.
**Nicht allein mit Rentenkürzungen und Ausgrenzung wurden und werden die Betroffenen sozial benachteiligt.**
Alle Angehörigen der bewaffneten Organe der DDR erhielten nach den Besoldungsordnungen Zulagen und Zuschläge. Diese Zulagen und Zuschläge sind in militärischen Gruppierungen und anderen Berufsgruppen üblich. Bekleidungsgeld, Verpflegungsgeld bzw. die Sachleistungen sind einkommenswirksam. Schichtzuschläge, Wochenend- und Feiertagszuschläge sind bei Arbeitnehmern unstrittig. Zulagen und Zuschläge für ganz besondere Qualifizierungen (Dolmetscher, Sprachkundige, Fallschirmspringer, Sprengmeister ...) sind allgemein anerkannt. Nur die Angehörigen aller bewaffneten Organe der DDR müssen und mussten sich schrittweise Anerkennungen auf Länderebene erstreiten. Nur ein kleiner Teil der in diesem Zusammenhang bedeutsamen Leistungen wurden bisher rentenwirksam. Ist das Gleichheit vor dem Gesetz? Ist das Gerechtigkeit?

Sehr geehrter Herr Bundespräsident,
die Sicherung des Friedens ist eine der Grundlehren aus zwei verheerenden Kriegen, für die Deutschland verantwortlich ist. Bis zur Wende hatten die Bundeswehr und die NVA einen entscheidenden Anteil daran, dass in Europa Frieden herrschte. Inneren Frieden zu sichern ist, vor allem bei den vielen neuen Herausforderungen, denen sich unsere Gesellschaft zu stellen

hat, wesentliche Grundlage für äußeren Frieden. Deshalb war Ihre Rede gerade jetzt so wichtig.
Allein die Entwicklungen und Herausforderungen, die sich aus der Durchdringung aller Lebensbereiche durch die neuen Möglichkeiten der Informationstechnik ergeben, führen unweigerlich zum „Zurücklassen" von Teilen der Gesellschaft. Allen Menschen das Gefühl des Gebrauchtwerdens zu erhalten, ist eine neue politische Aufgabe. Die aktuellen Migrationsbewegungen haben gezeigt, wo Kräfte ansetzen, um ihre politischen Pfründe zu finden und wo sie dafür Menschen beeinflussen und missbrauchen. In all diesen Fragen ist unserer Ansicht nach die Gemeinschaft aller Bürger dieses Landes erforderlich, um den neuen gesellschaftlichen Herausforderungen gerecht zu werden. Wir bringen uns heute schon auch in diesen Fragen ein und würden das gern noch deutlich verstärken, wenn nicht ureigenste Interessen uns dazu zwingen würden, andere Prioritäten zu setzen. Sicherzustellen ist vorrangig, dass sich die Mitglieder unseres Sozialvereins Miete, Heizung, Pflege und Essen leisten können.

In Ihrer Weihnachtsansprache haben Sie zum Umdenken angeregt. Dafür möchte ich mich im Namen der Mitgliedschaft der ISOR e.V. ausdrücklich bedanken.

Mit vorzüglicher Hochachtung

Horst Parton
Vorsitzender der ISOR e.V.

**Initiativgemeinschaft zum Schutz der sozialen Rechte ehemaliger Angehöriger bewaffneter Organe und der Zollverwaltung der DDR e. V. (ISOR e. V.)**
**Der Vorstand**

**Bundesvorsitzende der CDU**
**Frau Annegret Kramp-Karrenbauer**
**Klingelhöfer Straße 8**
**10785 Berlin**
Berlin, 27.12.2018

**Zu Fragen der Rentengerechtigkeit und vorenthaltener Versorgungsansprüche**

Sehr geehrte Frau Kramp-Karrenbauer,

wir gratulieren Ihnen zur Wahl als Vorsitzende der CDU, wünschen Ihnen Erfolg in der Erfüllung Ihres Amtes sowie im Ausgleich ggf. vorhandener gegensätzlicher Anschauungen innerhalb der Partei.

Unsere rund 10.000 Mitglieder, ehemals Bürger der DDR, haben individuell Beiträge in die gesetzliche Rentenversicherung eingezahlt und bekommen diese berechtigt erworbenen Ansprüche als Renten **überwiegend nicht ausgezahlt**. Eigentum wird ungerechtfertigt und politisch motiviert vorenthalten. Die Renten sehr vieler von den durch §§ 6 und 7 des AAÜG Betroffenen liegen durchschnittlich unter der Armutsgrenze. Das familiäre Umfeld spürt das hautnah.

Die o.g. Personen verfügten als Vertreter der Staatsgewalt der DDR 1989 über die Waffen und haben diese bewusst nicht gegen die eigene Bevölkerung eingesetzt. Waffeneinsatz gegen das eigene Volk entsprach und entspricht nicht der Grundüberzeugung dieses Personenkreises.

In der stark aufgeheizten Stimmungslage 1990 gegen Repräsentanten der DDR und besonders gegen das MfS hat die neu gewählte Volkskammer der DDR die Rente des Personenkreises der DDR-Vertreter (umgerechnet) auf max. 1,47 Rentenpunkte begrenzt. Die Gesetzgebung der Bundesrepublik hat dies auf 0,7 Rentenpunkte reduziert. Der Entscheid des BVerfG von 1999 forderte, diese Grenze auf **mindestens** 1,0 Rentenpunkte zu erhöhen und beschränkte die Politik nicht bis zur Beitragsbemessungsgrenze zu gehen. Die Politik hat es bisher bei dem Minimum der Forderung des BVerfG belassen.

Im Gegensatz zu den genannten politisch motivierten Rentenkürzungen gegen Vertreter des Staates DDR, erhalten in- und ausländische SS-Angehörige Zusatzrenten/-pensionen. Die letzten Gesetze dazu wurden im Dezember 1998 beschlossen.

Einheit des Volkes, Politikinteresse, Glaubhaftigkeit der Politik werden damit untergraben.
Glaubhaftigkeit der Politik, Vertrauen in die Einhaltung von Zusagen sowie in die ursprünglichen Gedanken des Grundgesetzes gehen **auch** an dieser Stelle verloren.

Für das Volk insgesamt öffnet sich immer sichtbarer die Schere zwischen Arm und Reich. Z.B. wären 2 % Steigerung von Renten bei einem Empfänger von 1000.- Euro Rente eine Steigerung von 20 Euro. Das hilft nicht die Kostensteigerungen zu decken, schafft massive Ängste u.a. um Mieten weiter bezahlen zu können. Diejenigen, die einen Ruhestandsbezug von 5000.- haben, erhalten in dem Fall 100 Euro Steigerung. Zudem sind die Berechnungsgrundlagen für Renten und Pensionen offenkundig unterschiedlich und nicht verständlich unter dem Aspekt, dass Bürger vor dem Gesetz gleich sein sollen.
Von denjenigen, die in die Kassen einzahlten und einzahlen, können etliche im Alter nicht mehr ohne Zuverdienst leben. Der Rentner erhält im Alter ca. 48 % seines durchschnittlichen Einkommens und seine Rente wird zusätzlich gedeckelt und besteuert. Der Ruheständler erhält von seinen vergleichsweise hohen Bezügen aus Steuermitteln nicht gedeckelt ca. 71 %.
Mit der Übernahme Ihres Amtes haben Sie die Möglichkeit, dazu beizutragen, dass die Spaltung Deutschlands in OST und WEST, in Arm und Reich schrittweise überwunden und eine tatsächliche Wiedervereinigung in sozialem Frieden möglich wird. Kinder- und Altersarmut als Massenerscheinung in einem

sozialen Rechtsstaat auszuschließen, sehen wir als eine vordringliche politische Aufgabe.

Wir wünschen Ihnen viel Erfolg in Ihrer verantwortungsvollen Arbeit als CDU-Vorsitzende.

Hochachtungsvoll

Horst Parton
Vorsitzender

**Initiativgemeinschaft zum Schutz der sozialen Rechte ehemaliger Angehöriger bewaffneter Organe und der Zollverwaltung der DDR e.V. –ISOR e. V. -**
Der Vorsitzende

Franz-Mehring-Platz 1,
10243 Berlin
Telefon: (030) 2978 43 16
Fax: (030) 2978 43 20
E-Mail: ISOR-Berlin@t-online.de

Berlin, 27.11.2018
Ministerium für Arbeit und Soziales
Herrn Minister Heil
Wilhelmstr. 49
10117 Berlin

**Überlegungen und Vorschläge des Vorstandes der ISOR e.V. für eine abschließende Regelung der noch strittigen Vorschriften der §§ 6, Absatz 2 und 7 AAÜG sowie des Rentenüberleitungsabschlussgesetzes**

Sehr geehrter Herr Minister,

Bezugnehmend auf unser Schreiben vom 02.Mai 2018 und entsprechend mehrerer Hinweise des BVerfG in seinen Urteilen von 1999, 2004 und 2017 hat der Gesetzgeber politisch die Möglichkeit, die noch strittigen Vorschriften der genannten §§ des AAÜG unter Beachtung des Ausgleichs bekanntlich widersprüchlicher Interessen alsbald abschließend aus eigener Initiative neu zu regeln und damit den Rechts- und Sozialfrieden herzustellen.

Wir machen aufmerksam, dass es zur Gesamtansicht des Problems gehört, dass der Gesetzgeber von der Möglichkeit des Einigungsvertrages keinen Gebrauch gemacht hat, Renten nur dort zu kürzen, wo der Anspruchsberechtigte gegen die Grundsätze der Menschlichkeit oder die Rechtsstaatlichkeit verstoßen oder in schwerwiegendem Maße seine Stellung zum eigenen Vorteil oder zum Nachteil anderer missbraucht hat. Die Ergebnisse der politisch motivierten und rechtsstaatlich fragwürdigen Strafverfolgung ehemaliger DDR-Bürger nach 1990 belegen, dass hierfür wohl kaum eine ausreichende und überzeugende Grundlage gegeben war.

Stattdessen kam es zu einer pauschalen Regelung, die zu Rentenkürzungen vom Kraftfahrer bis zum Minister führten.

Bis zur Wiedervereinigung beider deutscher Staaten haben sich Bundesregierung und Bundestag immer an die Wertneutralität des Rentenrechts gehalten.
Im Memorandum der Bundesregierung vom 2. September 1956 zur Frage der Wiederherstellung der deutschen Einheit heißt es:
*„14. Die Bundesregierung ist der Überzeugung, dass freie Wahlen in ganz Deutschland, wie sie auch immer ausfallen mögen, nur den Sinn haben dürfen, das deutsche Volk zu einen und nicht zu entzweien. Die Errichtung eines neuen Regierungssystems darf daher in keinem Teile Deutschlands zu einer politischen Verfolgung der Anhänger des alten Systems führen. Aus diesem Grunde sollte nach Auffassung der Bundesregierung dafür Sorge getragen werden, dass nach der Wiedervereinigung Deutschlands niemand wegen seiner politischen Gesinnung oder nur weil er in Behörden oder politischen Organisationen eines Teil Deutschlands tätig gewesen ist, verfolgt werden." (Bulletin des Presse- und Informationsamtes der Bundesregierung Nr. 169, Seite 1625 vom 8. September 1956).*

Bereits 1951 wurden durch Bundesgesetz ca. 150.000 Personen, die bei Kriegsende Beamte oder Berufssoldaten waren und seitdem ihre Stellung verloren hatten, Pensionsansprüche zuerkannt und die Wiedereingliederung in ihre alten Positionen verfügt. („Gesetz zur Regelung der Rechtsverhältnisse der unter Artikel 131 des Grundgesetzes fallenden Personen" vom 18. Mai 1951).

Davon profitierten selbst als belastet geltende ehemalige Angehörige der vom Nürnberger Kriegsverbrechertribunal als verbrecherisch eingestuften Einrichtungen und Organisationen. Bis heute zahlt die Bundesrepublik Renten an ausländische Angehörige der Waffen-SS.

Vor diesem Hintergrund und 28 Jahre nach dem Ende der DDR ist die andauernde rentenrechtliche Diskriminierung Ostdeutscher skandalös.

Sehr geehrter Herr Minister,
der Vorstand der ISOR e.V. strebt in Übereinstimmung mit den Urteilen des BVerfG eine politische Lösung an, die verhindert,

dass neue Rechtsfragen und neue Klagen an den Sozialgerichten ausgelöst werden.
Wir bitten Sie, die jetzigen Vorschriften des 2. AAÜG-ÄndG zu überprüfen und die darin enthaltenen, z.T. auch handwerklichen Fehler zu korrigieren.
Das betrifft:

- den Titel, der schon offensichtlich falsch ist. Es wäre zumindest das 3. AAÜG ÄndG. Das zweite AAÜG ÄndG stammt vom 27.7.2001;

- die abstrafungsmäßige Benennung von Funktionären, deren Funktionen es in der DDR nicht gab - es gab keinen „Staatssekretär im Politbüro der SED;

- die Bestimmung von Aufgaben, die nur als Bestandteil bestimmter Ämter und ehrenamtlich erledigt wurden - Mitglieder der Bezirks- und Kreiseinsatzleitungen - als abzustrafende Funktionsausübung und
- die rechtswidrig rückwirkende erhebliche Verschlechterung von Rechtspositionen. Personen wurden mit Rentenkürzungen überzogen, die zuvor von der Rentenstrafe nicht betroffen waren und soweit sie einen rechtskräftigen Rentenbescheid besaßen auch nicht mehr bestraft werden durften.

Mit den AAÜG und den Rentenüberleitungsabschlussgesetz sind viele soziale Ungerechtigkeiten besonders gegenüber den Menschen in Ostdeutschland aber auch in den alten Bundesländern entstanden.
Aus der Sicht unseres Vorstandes und in Übereinstimmung mit den Sozialverbänden im Ostdeutschen Kuratorium von Verbänden betrifft das in der Anlage beigefügte Fragen und Probleme, die einer dringenden politischen Lösung bedürfen.
Was die §§ 6, Absatz 2 und 7 des AAÜG betrifft, bitten wir um die Prüfung folgender Vorschläge:

1. Aufhebung der Begrenzung des für die Renten berücksichtigungsfähigen Entgelts auf das jeweilige Durchschnittseinkommen für Personen, die von den §§ 6, Abs. 2 und 7 des AAÜG betroffen sind, höchstens bis zur Beitragsbemessungsgrenze und für die Zukunft;

2. Beachtung der Tatsache, dass sich der Gesetzgeber bei der Regelung des § 7 AAÜG nicht auf die mit den Verhältnissen der DDR vertraute Volkskammer der DDR

berufen durfte. Diese hatte in einer unvermeidlich pauschalen Regelung der Gleichstellung der ehemaligen Angehörigen des MfS/AfNS mit den Renten der Sozialversicherung Renten in Höhe von 147 v. H. der Durchschnittsrente zugelassen.
Die Anerkennung des Aufhebungsgesetzes bzw. der Beschlüsse der Volkskammer der DDR würde zu einer Minimierung der Rentenbenachteiligung der von den §§ 6 (2) und 7 des AAÜG betroffenen Personen führen. Die Behauptung, dass es ISOR um die Gewährung von Luxusrenten für die Betroffenen geht, weisen wir entschieden zurück.
Es geht um eine Rente nach gezahlten Beiträgen bis zur Beitragsbemessungsgrenze wie für alle DDR-Bürger. Nicht mehr und nicht weniger.
Uns ist bewusst, dass die politische Lösung dieses Problems mit zusätzlichen Kosten verbunden ist.

Bedenken Sie, dass es dabei nicht nur um Geld, sondern um die durch das Grundgesetz geschützte Würde der betroffenen Menschen geht.
Um die Rentenkassen und die Bundesländer zu entlasten, bitten wir zu prüfen, ob die entstehenden Mehrkosten aus der Verwertung des Staatsvermögens der DDR und dem Vermögen der SED, der Parteien und gesellschaftlichen Organisationen der DDR finanziert werden können.
Der Vorstand der ISOR e.V. erklärt seine uneingeschränkte Kompromiss- und Gesprächsbereitschaft.
Für ein Gespräch mit Verantwortungsträgern Ihres Ministeriums wären wir dankbar.

Hochachtungsvoll

Horst Parton
Volkspolizei-Rat a. D.

Anlage:

Soziale Fragen, die einer dringenden politischen Lösung bedürfen

**Anlage** (zum Brief an Minister H. Heil)

**Soziale Fragen, die einer dringenden politischen Lösung bedürfen**

Der gesamte Katalog von Tatbeständen bei der Renten- und Versorgungsüberleitung, wie sie im Prozess der Wiedervereinigung beider deutscher Staaten entstanden sind und zur sozialen Benachteiligung der ostdeutschen Rentner, aber auch der Rentner in den Altbundesländern führten, bedarf einer dringenden politischen Lösung und verfassungsmäßigen Prüfung.

In Übereinstimmung mit den Sozialverbänden im OKV betrifft das aus der Sicht der ISOR e.V. insbesondere:

- die schnellere Angleichung des Rentenwertes Ost an West bis zum Jahr 2020 und nicht, wie im Rentenüberleitungsabschlussgesetz vorgesehen, bis 2025;

- die sofortige Aufhebung der §§ 6 (2) und 7 des AAÜG ÄndG und eine politisch gerechte Lösung für die Betroffenen und für die Zukunft;

- die Anerkennung von Zulagen und Zuschlägen als rentenwirksame Leistung durch die Bundesregierung und die Landesregierungen entsprechend dem Urteil des Bundessozialgerichtes vom 23. August 2007 (Az.: B4 RS 4106 R) als Arbeitsentgelt für die Rentenberechnung;

- die Beseitigung der Ungleichbehandlung aller Mütter in Ost und West, deren Kinder vor 1992 geboren wurden, unabhängig von der Anzahl der Geburten;
- die Überwindung der noch vorhandenen Benachteiligungen der Bergleute, Postler, Eisenbahner, des mittleren medizinischen Personals sowie der geschiedenen Eheleute;

- die Beibehaltung des Fremdrentengesetzes für alle DDR-Bürger, die vor 1990 in die BRD übergesiedelt sind;

- die Überprüfung des Haftentschädigungsgesetzes für alle aus politischen Gründen inhaftierten Menschen.

**Initiativgemeinschaft zum Schutz der sozialen Rechte ehemaliger Angehöriger bewaffneter Organe und der Zollverwaltung der DDR e.V. –ISOR e.V.-**
Der Vorstand

Franz-Mehring-Platz 1,
10243 Berlin
Telefon: (030) 2978 43 16
Fax: (030) 2978 43 20
E-Mail: ISOR-Berlin@t-online.de
Berlin, 25.01.2018

Ministerpräsident des Landes Thüringen
Herrn Bodo Ramelow
Staatskanzlei Thüringen
Regierungsstraße 73
99084 Erfurt

Sehr geehrter Herr Ministerpräsident,

Ihre Forderungen zum Beginn der Sondierungsgespräche zwischen der CDU/CSU und der SPD zur Überwindung der Benachteiligung der ostdeutschen Bürger wurden von unserer Mitgliedschaft positiv aufgenommen.
Im 28. Jahr der Wiedervereinigung beider deutscher Staaten ist der Zeitpunkt herangereift, über die Verwerfungen, die der Einigungsvertrag mit sich brachte, politisch nachzudenken und eine sozial gerechte Lösung für alle benachteiligten Menschen in Ost und West anzustreben.
Die ISOR e.V. ist bereit, dazu ihren Beitrag zu leisten.
Über noch offene Probleme und unsere Vorstellungen, sie einer gerechten politischen Lösung zuzuführen, bitten wir Sie um einen Gesprächstermin, sobald es Ihre Terminplanung zulässt.
Wir würden es begrüßen, wenn an diesem Gespräch auch der Minister für Bildung, Jugend und Sport, Herr Holter, teilnehmen könnte.

Für Ihre Bemühungen bedanken wir uns.

Mit freundlichen Grüßen

Horst Parton
Diplom-Gesellschaftswissenschaftler
Polizeirat a.D.
Vorsitzender

**Initiativgemeinschaft zum Schutz der sozialen Rechte ehemaliger Angehöriger**

**bewaffneter Organe und der Zollverwaltung der DDR e.V. –ISOR e. V. -**

**Der Vorstand**

Franz-Mehring-Platz 1,

10243 Berlin

Telefon: (030) 2978 43 16

Fax: (030) 2978 43 20

E-Mail: ISOR-Berlin@t-online.de

Berlin, 02.05.2018

Bundeskanzlerin

Bundesminister für Arbeit und Soziales, des Inneren, für Bau und Heimat, der Verteidigung, der Finanzen,
Fraktionen der Parteien im Deutschen Bundestag,

Bundestagsausschüsse für Arbeit und Soziales, für Recht und Verbraucherschutz, Petitionsausschuss

Sehr geehrte Damen und Herren,
Im nunmehr 28. Jahr nach der Wiederherstellung der staatlichen Einheit Deutschlands ist es nach Auffassung unserer Initiativgemeinschaft[1] höchste Zeit und dringend erforderlich, die ausschließlich politisch motivierten Kürzungen von Rentenansprüchen für ehemalige Angehörige des MfS und ausgewählte Gruppen von Verantwortungsträgern der DDR aufzuheben und zu Rechtsstaatlichkeit zurückzukehren. Noch immer sind vom Grundgesetz der Bundesrepublik Deutschland

[1] ISOR e.V. wurde im Juni 1991 gegründet und hat gegenwärtig mehr als 10.000 Mitglieder. Der Altersdurchschnitt der Mitglieder liegt bei über 75 Jahren. Seit 1991 sind ca. 14.000 ISOR-Mitglieder verstorben.

garantierte Grundrechte, wie das Gleichheitsgebot nach Artikel 3, und der auch für Rentenansprüche geltende Eigentumsschutz nach Artikel 14 für diesen Personenkreis außer Kraft gesetzt.

Für die Angehörigen des MfS/AfNS bestand nach Feststellung des Bundesverfassungsgerichtes (BVerfG)[2] ein Sonderversorgungssystem, dass eine eigenständige Sicherung seiner Mitglieder außerhalb der Rentenversicherung in einer der Beamtenversorgung in der Bundesrepublik vergleichbaren Weise gewährleistete. Gleiches traf auch für die Angehörigen der NVA, des MdI und der Zollverwaltung der DDR zu.

Anders als zum Zeitpunkt der Gesetzgebung nach den Urteilen des Bundesverfassungsgerichtes von 1999 sind die Einkommensverhältnisse für Angehörige im Wehrdienst des militärischen Sektors der DDR (NVA, MfS, MdI) nahezu vollständig geklärt. Die dazu vorgelegten Gutachten[3] belegen eindeutig, dass die Besoldungsordnungen aller Sonderversorgungssysteme der DDR nach einheitlichen Maßstäben aufgebaut waren und die bezogenen Einkommen für

---

[2] Nichtannahmeentscheidung des BVerfG vom 7.11.2016, Seite 7

[3] Sozialwissenschaftliches Gutachten „Einkommensentwicklung und Einkommensstrukturen der hauptamtlichen Mitarbeiter des Ministeriums für Staatssicherheit der DDR im Vergleich zu Segmenten des so genannten X-Bereiches (NVA und MdI) und zur Volkswirtschaft" (Brandenburgisches Institut für Arbeitsmarkt- und Beschäftigtenentwicklung in Kooperation mit der Fachhochschule Frankfurt/Main - Juni 2008)
Verfassungsrechtliches Gutachten von Prof. Dr. Dr. Merten: „Probleme gruppengerechter Versorgungsüberleitung. § 7 AAÜG im Lichte des Grundgesetzes", 21.06.2012, veröffentlicht in den Schriften zum Sozial- und Arbeitsrecht, Band 310, Verlag Duncker und Humblot, Berlin 2012

vergleichbare Tätigkeiten keine gravierenden Unterschiede aufwiesen. Für alle Angehörigen dieser Sonderversorgungssysteme ist übereinstimmend zutreffend, dass sie im Verlauf ihrer Dienstzeit jeweils 10 % ihres gesamten monatlichen Bruttoverdienstes - ohne eine Beitragsbemessungsgrenze - als eigene Leistung in die Rentenversicherung eingezahlt haben.

Bei weitgehender Übereinstimmung der erreichten Einkommen in den jeweiligen Diensten werden die daraus resultierenden Rentenansprüche durch den Gesetzgeber unterschiedlich behandelt. Bei der Rentenberechnung für die Angehörigen der NVA, des MdI und der Zollverwaltung der DDR gilt grundsätzlich die allgemeine Beitragsbemessungsgrenze. Demgegenüber ist bei der Rentenberechnung für die Angehörigen des MfS/AfNS der Rentenzahlbetrag auf vom Durchschnittseinkommen im Beitragsgebiet abgeleitete 1,0 Entgeltpunkte je Dienstjahr begrenzt.

Die Überführung der Zusatz- und Sonderversorgungssysteme der DDR in die bundesdeutsche Rentenversicherung (sog. Systementscheidung[4]) und die damit verbundene Wirkung von Beitragsbemessungsgrenzen hat bereits dazu geführt, dass eine beamtenähnliche Altersversorgung ausgeschlossen ist und hohe oder angeblich überhöhte Einkommen trotz Beitragszahlung nicht rentenwirksam werden. Für die Bezieher der höchsten Einkommen bedeutet das Rentenkürzungen um bis zu 50 % und darüber.

Für die Angehörigen des MfS (AAÜG § 7) und die nach § 6 Absatz 2 AAÜG[5] Betroffenen bedeutet die Begrenzung ihrer Rentenbezüge auf einen Entgeltpunkt je Jahr eine erhebliche Ungleichbehandlung und schwere finanzielle Einbußen gegenüber vergleichbaren Angehörigen der NVA, des MdI und der Zollverwaltung der DDR bzw. anderen DDR-Bürgern. Allerdings wird bei den von § 6 Absatz 2 AAÜG Betroffenen die Rentenkürzung auf die Zeit der Ausübung bestimmter Funktionen begrenzt, während die Rentenkürzungen für

---

[4] Bestätigt durch das BVerfG in den Urteilen vom 28.04.1999

[5] Gesetz zur Überführung der Ansprüche und Anwartschaften aus Zusatz- und Sonderversorgungssystemen des Beitrittsgebiets (Anspruchs- und Anwartschaftsüberführungsgesetz - AAÜG)

Angehörige des MfS/AfNS unabhängig von der jeweils ausgeübten Tätigkeit für die gesamte Zeit der Zugehörigkeit zum Sonderversorgungssystem gelten. Aus der pauschalen Kürzung ihrer Rentenzahlbeträge auf 1,0 Entgeltpunkte je Dienstjahr resultiert im Vergleich zu den anderen Rentnern der DDR eine weitere Rentenkürzung, die für die Jahre 1953 bis 1989 durchschnittlich 42,8% beträgt.[6] Diese pauschale Kürzung führt zu einer zusätzlichen Diskriminierung der Hoch- und Fachschulabsolventen, deren Ausbildungszeiten für die Rentenberechnung nicht anerkannt werden[7] und die selbst nach dem Fremdrentengesetz[8], also ohne jegliche Einzahlung in die deutschen Rentensysteme, bessergestellt wären. Im ihrem Beschluss vom 07.11.2016 verweisen die Richter des BVerfG auch auf die Entscheidung der ersten frei gewählten Volkskammer der DDR[9]: **„Ein weiterer, vom Bundesverfassungsgericht in der Entscheidung aus dem Jahre 1999 bereits angesprochener Unterschied ergibt sich daraus, dass schon der DDR-Gesetzgeber für das Sonderversorgungssystem des MfS/AfNS im Aufhebungsgesetz die Schließung angeordnet (§ 1 Satz 1 AufhebG) und die aus der Überführung der Versorgungsleistungen in das Rentenversicherungs-system resultierenden Renten pauschalierend auf höchstens 990 DM gekürzt hatte (§ 2 AufhebG). Hieran durfte der bundesdeutsche Gesetzgeber anknüpfen (BVerfGE 100, 138 <179>)".** Die Volkskammer der DDR wollte allerdings die Renten der Angehörigen des MfS/AfNS nicht auf die Durchschnittsrente der DDR senken. Die Begrenzung auf 990 DM (die Angehörigen der anderen Sonderversorgungssysteme wurden auf 2010 DM begrenzt), die in einer emotional aufgeheizten Atmosphäre erfolgte, betrug das 1,47-fache einer Standardrente der DDR (45 Arbeitsjahre, Durchschnittsverdienst, vollständige Einzahlung in die Freiwillige Zusatzrentenversicherung), die zum gleichen Zeitpunkt nach den Angaben der Bundesversicherungsanstalt für Angestellte 672 DM betrug.[10]

Das Bundesverfassungsgericht hat in seinem Urteil vom 28.04.1999 (BVerfGE 100, 138 [192ff.]) die für die

---

[6] Verfassungsrechtliches Gutachten von Prof. Dr. Dr. Merten, Ziffer 492, Seite 187

[7] RV-Nachhaltigkeitsgesetz vom 21.04.2004

[8] Qualifikationsgruppen 1 und 2

[9] Ziffer 58 des Urteils vom 28.04.1999

[10] Ziffer 192 des BVerfG-Urteils vom 28.4.1999

Übergangszeit bis zur Überführung der Versorgungsansprüche aus dem Sonderversorgungssystem des MfS/AfNS in die gesetzliche Rentenversicherung als Bundesrecht fortgeltende DDR-Regelung des Aufhebungsgesetzes als mit dem Grundgesetz im Einklang stehend bestätigt.
Der gesamtdeutsche Gesetzgeber missachtete den Inhalt des damit höchstrichterlich für verfassungsgemäß erachteten Übergangsrechts bei der dauerhaften Überführung. Er senkte die Ansprüche auf zunächst sogar nur 0,7 Entgeltpunkte pro Jahr.

Weder die Ergebnisse der strafrechtlichen Aufarbeitung der DDR-Vergangenheit noch das Verhalten der MfS-Mitarbeiter in den Zeiten des gesellschaftlichen Umbruches und danach bis in die Gegenwart rechtfertigen eine rentenrechtliche Sonderbehandlung dieser Personengruppe, speziell deren soziale Abstrafung mit Rentenkürzungen ohne jegliche Prüfung individueller Schuld. Selbst jene MfS-Mitarbeiter, die in hoheitliche Aufgaben der Bundesrepublik Deutschland übernommen wurden, sind von den Sanktionen nicht ausgeschlossen.

In seinem Gutachten stellte Prof. Dr. Dr. Merten fest:„ Die Fokussierung auf die „Stasi" als Hauptverantwortliche für das DDR-System führt jedoch zu einer MfS-Zentralisierung, die andere Verantwortliche aus dem Blickfeld geraten lässt.."[11]
Kennzeichnend ist in diesem Zusammenhang, dass alle anderen Ansprüche aus Sonder- und Zusatzversorgungssystemen – darunter auch das Zusatzversorgungssystem Nr. 27 nach Anlage 1 des AAÜG „Zusatzversorgungssystem der hauptamtlichen Mitarbeiter der SED/PDS" - bis zur Beitragsbemessungsgrenze berücksichtigt werden.

Rentenkürzungen für ausgewählte Gruppen von Partei- und Staatsfunktionären der DDR wurden vor allem mit einem angeblichen Weisungsrecht gegenüber dem MfS begründet. Diese Begründung wurde vom Bundesverfassungsgericht als ungeeignet befunden.[12]

In der Vergangenheit haben sowohl Parteien und Abgeordnete des Deutschen Bundestages – auch Betroffene mit zahlreichen

---

[11] Ebenda Ziffer 20, Seite 25
[12] Beschluss des Ersten Senats des BVerfG vom 6.7.2010 (1 BvL 9/06, 1BvL 2/08)Ziffer 69

Petitionen - auf die gravierenden Probleme hingewiesen und Änderungen gefordert. Beispielsweise formulierte die SPD-Fraktion 1994 in einem Antrag an den Deutschen Bundestag[13], dass das Rentenüberleitungsgesetz von 1991 „zahlreiche Vorschriften enthält, die von den Betroffenen nicht zu Unrecht als Diskriminierung und als politisches „Rentenstrafrecht" empfunden werden. Es liegt im Interesse der inneren Einheit Deutschlands, diese Diskriminierungen zu beseitigen." In der Bundestagsdebatte zu diesem Antrag führte der SPD-Abgeordnete Rudolf Dreßler u.a. aus:" ... Das Rentenstrafrecht, meine Damen und Herren, vergiftet auf unerträgliche Weise das Klima und schafft Unfrieden. Es gehört zu dem Nährboden, auf dem in den neuen Ländern Verdruss über die neue demokratische Ordnung wächst...Unser wichtigstes Anliegen ist die Rückkehr zu einem Grundsatz, der vor der deutschen Einheit in der alten Bundesrepublik unumstritten gegolten hat und der auch in jedem anderen zivilisierten Land gilt: der Grundsatz der strikten Trennung von Strafrecht und Sozialrecht....jedem Mörder und jedem Dieb zahlen wir seine Rentenanwartschaften aus...Sozialleistungen sind kein Gnadengeschenk für Wohlverhalten sondern gesicherte Rechtsansprüche."[14]

Mehrfach und nachdrücklich forderte der Wirtschafts- und Sozialrat der Vereinten Nationen, zuletzt 2011 in seinen abschließenden Bemerkungen zum Staatenbericht Deutschlands[15] „**umgehende und wirksame Maßnahmen zu treffen, um jede weitere Diskriminierung in der Höhe von Leistungen der sozialen Sicherheit zwischen den östlichen und westlichen Bundesländern zu verhindern und Fälle, in denen eine solche Diskriminierung besteht, zu lösen.**"[16] Dabei hatte sich der Wirtschafts- und Sozialrat ausdrücklich auch auf das Urteil des Bundesverfassungsgerichtes vom Juli 2010 zu den Versorgungsansprüchen ehemaliger Minister und Stellvertretender Minister der DDR bezogen. Bedauerlicherweise blieb das bisher sowohl durch die

[13] Deutscher Bundestag, 13. Wahlperiode, Drucksache 13/20 vom 10.11.1994

[14] Plenarprotokoll der 15. Sitzung des Deutschen Bundestages (13. Wahlperiode), Seite 959 ff.

[15] Ausschuss für wirtschaftliche, soziale und kulturelle Rechte, Sechsundvierzigste Tagung, Genf, 2.-20. Mai 2011 (Befassung mit Staatenberichten nach den Artikeln 16 und 17 des Paktes)

[16] Ziffer 22 der Abschließenden Bemerkungen

Bundesregierung als auch durch den Deutschen Bundestag unberücksichtigt.

Betroffene haben unterstützt von ISOR e.V. seit 1991 mit zahlreichen Klagen vor Sozialgerichten und mehrfachen Verfassungsbeschwerden, teilweise mit Erfolg, immer wieder Gerechtigkeit eingefordert.

Die von Mitgliedern der ISOR e.V. 2012 eingereichten Verfassungsbeschwerden zu den §§ 7 bzw. 6 (2) des AAÜG wurden seitens des Bundesverfassungsgerichtes am 7.11.2016 und 9.11.2017 nicht zur Verhandlung angenommen. [17]

Im Beschluss vom 07.11.2016 zitieren die Verfassungsrichter aus ihrem Urteil vom 28. April 1999: **„...dass es dem Gesetzgeber - selbstverständlich - freisteht, eine für die Grundrechtsinhaber vorteilhaftere Regelung zu treffen, dies aber eine Frage seiner politischen Entscheidung, nicht einer verfassungsrechtlichen Verpflichtung ist"[18].**
Nach der Auffassung des Bundesverfassungsgerichtes liegt jetzt also die Verantwortung beim Gesetzgeber. Die berechtigten Interessen der früheren Mitarbeiter des MfS/AfNS wurden nicht entschieden, sondern zwischen dem Gesetzgeber und dem Bundesverfassungsgericht hin- und hergeschoben.

Im genannten Beschluss vom 07.11.2016 verweisen die Richter auf das Gesetzgebungsverfahren von 2001 zur Umsetzung des Urteils des BVerfG[19]. Dort heißt es[20]: **„Zur Vermeidung erneuter ideologisch geführter Diskussionen geht der Gesetzgeber grundsätzlich nicht über die Vorgaben des Bundesverfassungsgerichts hinaus".**
Hier stellen wir an den Gesetzgeber die Frage, ob er die Wertneutralität im Rentenrecht anerkennt oder ob es um die Ideologie zur Delegitimierung der DDR geht. Der Gesetzgeber versteckte sich bisher hinter dem Bundesverfassungsgericht und nahm seine Verantwortung zur Beseitigung des Rentenunrechtes mittels Rechtssetzung nicht wahr.
Dieses Verstecken hinter dem Bundesverfassungsgericht wurde auch bei der Bearbeitung einer ISOR-Petition vom 29.01.2010[21]

---

[17] Pressemitteilungen 99/2016 vom 26.12.2016 und 110/2017 vom 13.12.2017
[18] Ziffer 58
[19] Bundestag-Drucksache Nr. 14/5640
[20] Ebenda Seite 13
[21] Petition 3-17-11-8228-003838

mit 73.573 Unterschriften deutlich. Mit dem Hinweis auf anliegende Verfassungsbeschwerden wies der Petitionsausschuss des Deutschen Bundestages diese Petition ab.

Wir fordern vom Gesetzgeber die Einhaltung der Wertneutralität im Rentenrecht und die Beendigung der politisch motivierten Entgeltbeschränkungen durch die Streichung der §§ 6 Absatz 2 und 7 des AAÜG und die Anerkennung des Einkommens bis zur Beitragsbemessungsgrenze wie für alle anderen DDR - Bürger. Nach nunmehr 28 Jahren seit der Wiedervereinigung erwarten wir zumindest, dass der Gesetzgeber seine Verantwortung wahrnimmt, bestehende Ungerechtigkeiten abzumildern und dabei wenigstens zu den Maßstäben der Volkskammer der DDR zurückfindet.

Der 30. Jahrestag der Vereinigung beider deutscher Staaten wäre ein würdiger Anlass dafür alle Gerechtigkeitslücken bei der Überleitung der DDR-Renten in bundesdeutsches Recht politisch im Sinne der Betroffenen zu lösen.Zur Entscheidungsfindung fügen wir Ihnen die thesenhafte Zusammenfassung des verfassungsrechtlichen Gutachtens von Prof. Dr. Dr. Merten[22] zum § 7 AAÜG, als Anlage bei. Über Ihre Position in diesen Fragen bzw. die von Ihnen geplanten oder veranlassten Maßnahmen bitten wir um eine Information, die wir unseren Vereinsmitgliedern übermitteln werden. Der Vorstand von ISOR e.V. ist bereit, an vorgesehenen Lösungen konstruktiv mitzuarbeiten.

Mit vorzüglicher Hochachtung

Horst Parton
Vorsitzender

<u>Anlage:</u>

---

[22] Veröffentlicht in den „Schriften zum Sozial- und Arbeitsrecht", Band 310 (Verlag Duncker & Humblot Berlin 2012)

Erklärung ostdeutscher Verbände und Vereine
Thesenhafte Zusammenfassung des Gutachtens von Prof. Dr. Dr. Merten

**Initiativgemeinschaft zum Schutz der sozialen Rechte ehemaliger Angehöriger bewaffneter Organe und der Zollverwaltung der DDR e.V. –ISOR e. V. -**

Geschäftsführer

Franz-Mehring-Platz 1,

10243 Berlin

Telefon: (030) 2978 43 16

Fax: (030) 2978 43 20
E-Mail: ISOR-Berlin@t-online.de
Berlin, 06.09.2018

Bundeskanzlerin
Frau Dr. Angela Merkel
Willy-Brandt-Str. 1
10557 Berlin

Sehr geehrte Frau Bundeskanzlerin,

der Vorsitzende unserer Initiativgemeinschaft, Herr Horst Parton, hatte sich am 2. Mai dieses Jahres in einem Schreiben an Sie gewandt und auf die andauernde rentenrechtliche Diskriminierung der ehemaligen Angehörigen des MfS und weiterer DDR-Bürger aufmerksam gemacht.
Lassen Sie uns bitte mitteilen, ob die Absicht besteht, dieses Schreiben noch zu beantworten.

Mit vorzüglicher Hochachtung
Wolfgang Schmidt

Die Fraktion DIE LINKE antwortete. Die Regierung verwies auf die Bearbeitung im Petitionsausschuss.
**Die Politik ist nicht gewillt die politische motivierte Diffamierung des Sozialismus in der DDR einschließlich derer, die dafür standen, zu beenden.** Sie braucht es für die weitere Durchsetzung ihrer Politik im Interesse des Kapitals.

Insofern reiht sich die aktuelle Verweigerungshaltung der Politik in die Historie des Rentenkampfes seit 1990 ein.

Für die Rentner der ehemaligen DDR war bis 1992 nicht mit einer Benachteiligung zu rechnen. 1992 trat das Rentenreformgesetz in Kraft. Damit wurden Renten- und Versorgungsansprüche in ein anderes „Überführungskonzept" eingeordnet. Kein Rentner hat damit gerechnet. Das war auch die Geburtsstunde des Rentenstrafrechts in der Bundesrepublik.
Vergl. Rainer Wilmerstadt, „Das neue Rentenrecht (SGB VI)", Verlag C.H.Beck München 1992, S. 267 ff., Abkehr vom Einigungsvertrag // auch: Kapitel 4, Systemwechsel,

Diese Überführungsregelungen haben für die Bürger der DDR im Vergleich zu den Bürgern der alten BRD ganz erheblich Nachteile. In der alten Bundesrepublik existierten und existieren mehrere hundert zusätzliche Versorgungssysteme. Mit der Überführung der Renten der DDR-Bürger wurden deren Versorgungssysteme weitestgehend gestrichen. Einzahlungen der Bürger, Einzahlungen der Betriebe und Einrichtungen in die Rentenkassen wurden für NULL und NICHTIG erklärt. Diese erworbenen Alterssicherungssysteme wurden mit dem 1992 neu gegossenen Recht besonders nachteilig für die Bürger im Osten. Diese Zusatzrenten wurden liquidiert. Zunächst fiel dies durch „Besitzschutzregelungen" nicht so sehr für Bestandsrentner auf. Es gab Auffüllbeträge. Diese wurden den regulären Rentenerhöhungen gegengerechnet. D.h. für diesen Personenkreis gab es keine Rentenerhöhungen. Hier wurde neues geltendes Recht rückwirkend angewandt!

Für keinen Bürger der DDR gibt es Versorgungsleistungen des Beamtentums aus der Zeit von vor 1990. Die Angestellten des Staates DDR hatten jedoch beamtenähnliche Versorgungsbezüge bzw. die Zusicherung solcher. Höhere Einkommen von international anerkannten Wissenschaftlern, höhere Einkommen von Lenkern der Kombinate, d.h. vergleichsweise Konzernbosse, höhere Einkommen von international bekannten Künstlern usw., auf die auch Beitragszahlungen in die Rentenkassen gezahlt wurden, werden durch die Beitragsbemessungsgrenze in den Rentenzahlungen gekappt. Sie erhalten weder Betriebsrenten (weil diese, sofern es sie gab, liquidiert wurden) noch konnten sie Gelder renditebringend anlegen. Sie brauchten es nicht! Schaut man heute, rund 30 Jahre nach der „Wiedereingliederung", auf die Karte der Verteilung der Aktienbesitzes, so sind die fünf neuen Bundesländer noch immer ein weißer Fleck! Dagegen liegen Regionen um Hamburg und München mit zum Teil bei einem Aktienbesitz von über 35% der Bevölkerung.

Vergleiche der Strukturen der Rentner auch mit anderen Staaten beweisen die besondere Benachteiligung der Bürger der DDR. Schon allein das sind Verstöße gegen die Gebote der Verfassung. Millionen von Bürger der DDR sind auf diese Weise durch das bundesdeutsche Recht benachteiligt worden.

Im Rechtsstaat Deutschland haben alle DDR-Bürger, die bis 1990 Anspruchserwerbszeiten bzw. Anwartschaften auf Rente erworben haben Rentenunrecht erlitten! Betriebsrenten und private Rentenvorsorge wurden ignoriert bzw. vernichtet. Das unterscheidet die Bürger dieses Landes noch heute. Mit der Rückwirkung von Gesetzen der Alterssicherung geht in diesem Land sowohl das Vertrauen in den Staat als auch in den Werten, die er zu garantieren verspricht, verloren.

Die Bürger der DDR waren in der Sozialversicherung, welche die Ansprüche auf Rente sicherte oder in einem Gesamtversorgungssystem (beamtenähnlich - ähnlich deshalb, weil einerseits jeder Gehaltsbestandteile in Höhe von 10% abzuführen hatte und andererseits die Versorgungsleistungen weit niedriger angesetzt waren) eingegliedert. Letzteres betraf alle Angehörigen der bewaffneten Organe aber auch z.B. die der Deutschen Post, der Deutschen Reichsbahn. Alle wurden in die gesetzliche Rentenversicherung „überführt". Dabei wurde nochmals betrogen! Gehaltsbestandteile, die jeder Arbeitsnehmer der alten BRD, sofern er diese erhält, auch auf die Rente angerechnet bekommt, wurden komplett gestrichen. Das ist RECHT im RECHTSSTAAT Deutschland! Man müsste eigentlich auf die Abgrenzung, die im Begriff „Unrechtsstaat DDR" stolz sein. Denn wenn das Rentenunrecht RECHT sein soll, so will man sich doch unterscheiden.

Zu beachten ist bei dem Rentenbetrug, Rentenansprüche wurden zunächst 1:1 umgestellt. Ab 1.1.1992 wurden die Ansprüche „umbewertet" (SGB VI [§307a]). Das führte zu einer durchschnittlich deutlich niedrigeren Rente (rd. 2 Millionen DDR-Bürger - vergl. Drucksache 13/1631 v. 6.6.1995, kleine Anfrage der SPD und Drucksache 13/3141) . Mit „Auffüllbeträgen" wurde über diesen Betrug hinweggetäuscht. Ab 1996 wurden die „Auffüllbeträge" im Zuge der Rentenerhöhungen abgeschmolzen. Damit wurde der Rentenbetrug hinter einer Maske versteckt. Der Inflationsausgleich sowie die Erhöhung, die mit dem durchschnittlichen Erhöhungen der Einkommen der Arbeitnehmer einher geht, wurden nicht oder nur sehr begrenzt gewährt. Die Teuerungen in den Lebenshaltungskosten gingen zu Lasten der Rentner. Damit wird das Umlageverfahren, auf dem die gesetzliche Rente sich begründet, gebrochen. Sozialzuschläge, auf die Bürger der DDR Anrecht hatten, waren im Gesetz „nicht mehr vorgesehen". Ein weiterer Betrug, der sich auch auf die Renten auswirkt. Die Volkskammer der DDR vom Jahr 1990, auf die sich die Richter der Bundesrepublik u.a. bei den Begründungsversuchen zur Strafrente (§§ 6 und 7 AAÜG) berufen, hatte diese Sozialzuschläge und deren Dynamisierung ausdrücklich gefordert. Dieser Staat will dem auch nach 30 Jahren nicht nur nicht nachkommen, er will die Diskussion dazu durch das Rentenüberleitungsabschlussgesetz abwürgen.

Für die Strafrentner nach § 7 wurde, im Gegensatz zu denen nach § 6 die gesamte Vita für die demütigende kürzende Rentenberechnung angesetzt. Erst später wurde, wie bei den Bürgern der alten Bundesländer, die Regelung der letzten 20 Jahre Berufstätigkeit mit eingeführt. In diesen „Genuss" der Anrechnung der letzten 20 Berufsjahre konnten jedoch nur diejenigen kommen, die in den alten Bundesländern einen festen Job erhielten sowie einige Ausnahmen in den neuen Bundesländern, die das Glück hatten weitestgehend ohne Unterbrechungen und ohne prekäre Arbeitsverhältnisse in dieser Zeit beschäftigt sein zu können. Damit wird der Anerkennung von Lebensleistungen Hohn gesprochen. Im Weiteren werden je Arbeitsjahr maximal 1,8 Entgeltpunkte zur Berechnung der Rente herangezogen (§307a Abs 1 SGB VI). 0,8 Rentenpunkte bis 1999 und 1,0 ab 1999 gibt es für Strafrentner, egal wieviel diese in die Rentenkasse eingezahlt haben. Ein weiterer Betrug an den Bürgern der DDR liegt in der Wertung der FZR (freiwilligen Zusatzrente). Sie war als Zusatzrente durch Zusatzeinzahlungen konzipiert. Mit dem

Einrechnen in die FZR unterliegt dies der Kappung. Es ist keine Zusatzrente mehr. Diese in der der alten Bundesrepublik analog existierende Säule der Alterssicherung wurden für die Bürger der DDR auf diese Weise gelöscht.

Diese Betrügereien an den Bürgern der DDR, wie sie auch mit der „Treuhand" zum Verscherbeln des DDR-Vermögens erfolgte, versucht die Jurisprudenz mit dem Einigungsvertrag zu begründen. Dafür lassen sich jedoch im Einigungsvertrag, auch wenn dieser aus bundesrepublikanischer Feder stammt, keine Anhaltspunkte finden. Es handelt sich also zusätzlich zum Bruch des Grundgesetzes, dem Recht auf Eigentum, dem Recht auf Menschenwürde, auch um einen Bruch des Einigungsvertrages. Dieser sah vor die Ansprüche zu überführen und die Löhne und Gehälter anzupassen und nicht zu mindern. Nach GG (Art. 72) und EV (Art. 30) waren Ansprüche und Anwartschaften ohne diskriminierende Eingriffe in den Besitzstand der Bürger der DDR in die Rechtsordnung der Bundesrepublik zu überführen. Suggeriert wurde, das einem Unterschreiten des früheren Sicherungsniveaus im Beitrittsgebiet in aller Regel durch Art. 2 Renten-Überleitungsgesetz sowie durch Bestandsschutzregelungen (z.B. §§ 315 a...) vorgebeugt wäre. Die Verdrängung in großem Umfang aus angestammten Wohngebieten, weil die Mieten ein immer größeren Anteil der Rentenzahlungen ausmachen, die extreme Einschränkung der Beweglichkeit der Rentner, weil die Fahrpreise zum Verzicht zwingen, die Heiz-, Wasser-, Energie-Versicherungs- und weiteren Kostenanstiege sind bei der Masse der Rentner OST so deutlich spürbar und zeigt ihnen, das Sicherungsniveau zu garantieren war eine Lüge. Die Rentner OST fühlen sich berechtigt als Bürger zweiter Klasse, auch wenn sie aus dem Arbeitsleben aus der DDR durchschnittlich eine deutlich lückenlosere Vita des Arbeitslebens nachweisen können.
Viele Rentenansprüche und -anwartschaften bei den Zugangsrentnern, die zu DDR-Zeiten erworben worden sind, existieren nach Bundesdeutschen Recht nicht und wurden auf diese Weise der Überführung wirkungslos gemacht. Einerseits gibt es in der Bundesrepublik Kassationsregelungen, die das Vernichten von Unterlagen nach einem definierten Zeitraum gesetzlich gestatten. Andererseits fordert das gleiche bundesdeutsche Recht zu den Erwerbstatbeständen der ehemaligen DDR-Bürger vom Jahr 1945 beginnend Nachweise für den Anspruchserwerb und für die gezahlte Beitragsleistung. Diesen Nachweis konnten und können eine Reihe von Gruppen von Beschäftigten der DDR nicht erbringen und sie erhalten

deshalb keine Rentenleistungen für ehemals anerkannte Leistungszeiten.
Das betrifft Mithelfende Familienangehörige in Familienbetrieben (insbesondere Frauen), das betrifft Freiberufler und Gewerbetreibende. Gleiches gilt für längere Ausbildungszeiten, wie planmäßige Zeiten der Aspirantur.

Die Personen
- der Deutschen Post,
- der Deutschen Reichsbahn,
- des Gesundheitswesens,
- für Mitarbeiter mit Ansprüchen auf Betriebsrenten,
- geschiedene Frauen (Ehescheidung vor dem 31.12.1991),
- Leistungssportler,
- Mitarbeiter von Rundfunk, Fernsehen und Presse,
- für ehemalige Ballettmitglieder,
- Angehörige der bewaffneten Organe der DDR (§ 7 AAÜG),
- Funktionäre der DDR (§ 6 AAÜG),
- höherversicherte Personen ( u.a. FZR 1968, FRZ 1971)
- Beschäftigte der Carl-Zeiss-Stiftung Jena

haben die ihnen ehedem zugesprochenen Leistungen nicht oder nach harten Kampf nur zum kleinen Teil erhalten. Die per Gesetz als Pflichtversicherungszeiten nach DDR-Recht einer Rentenberechnung zuerkannten Zeiten, die aus genannten Gründen nicht belegbar sind, entfallen nach dem bundesdeutschen Recht ersatzlos. Das betrifft auch die in der DDR geschiedenen Ehefrauen, für Regelungen eines Ausgleichs nicht gegeben sind.

Für Bürger der alten Bundesländer sind Sachbezüge, Prämien, Weihnachtsgeld usw. (vgl. u.a. §259 SGB VI) gibt es Entgeltpunkte. Für Bürger im Osten werden diese Leistungen durchweg nicht anerkannt. Seit 2007 gibt es zwar Rechtsprechungen, dass diese anzuerkennen sind, doch über 10 Jahre laufen bei wenigen einzelnen Personen juristischen Auseinandersetzungen, damit diese Leistungen auch tatsächlich rentenwirksam werden. Zudem erfolgen diese Zahlungen nur auf Antrag. In der DDR war subventioniertes Betriebsessen und andere Sachbezugsleistungen Staatspolitik. Dieser Unterschied in der Anerkennung zwischen WEST und OST wird ganz sicher in Gesamtheit nur biologisch gelöst werden. Trotzdem schlägt diese Ungleichbehandlung tiefe seelische Wunden!

Private Lebens- und Rentenversicherungen, die bei der Staatlichen Versicherung der DDR abgeschlossen worden sind (im Sinne der privaten Altersvorsorge) wurden durch den Umtausch im Verhältnis von 1:2 teilentwertet. Eine weitere sehr deutliche Benachteiligung der Zugangsrentner der DDR war die Schaffung der besonderen Beitragsbemessungsgrenze OST. Für die Zeiten bis 28.2.1971 ist die Rente mit 1,8 Entgeltpunkten begrenzt. Von 1971 bis 1990 geht der bundesdeutsche Gesetzgeber bei denen, die Ansprüche ausschließlich in der Sozialversicherung erworben haben nach § 256 a SGB VI mit der besonderen Beitragsbemessungsgrenze Ost von einem Einkommen von maximal 600 M der DDR aus. In der DDR gab es keine Beitragsbemessungsgrenze. Dort wurden bei Beiträge zur gesetzlichen Versicherung der Arbeitnehmer gedeckelt. 60 Mark monatlich war der Beitrag. Das war sozial und hat das Einkommen planbar für den Bürger gemacht. Die Umkehrung, das Einkommen betrüge nur 600 Mark, ist eine Demütigung der Bürger und der sozialen Errungenschaften der DDR. Das ist „teile und herrsche". Verschiedene Gruppen von Bürgern der DDR werden in einen Konflikt zueinander getrieben. Stellen wir Einheit entgegen und wirken gemeinsam gegen alle Rentenungerechtigkeiten. Diese Ungleichbehandlung der Bürger der DDR wird noch deutlicher, weil für die Bürger der alten Bundesländer die allgemeine Bemessungsgrenze uneingeschränkt gilt.

Wohin diese allgemeine sehr unterschiedliche Beschneidung der Renten führt zeigte der aktuelle Armutsbericht:

https://www.armutskongress.de/dabei-sein/anmelden/
Mit: Der Paritätische Wohlfahrtsverband - Gesamtverband DGB Bundesvorstand Nationale Armutskonferenz Sozialverband VdK Deutschland e.V.
Der **Sozialverband VdK Deutschland e. V.** (**VdK**) ist ein gemeinnütziger Verein mit Hauptsitz in Berlin. Gegründet wurde er 1950 unter dem Namen „Verband der Kriegsbeschädigten, Kriegshinterbliebenen und **Sozialrentner Deutschlands**". Heute ist der Sozialverband VdK in dreizehn Landesverbänden und rund 8.000 Bezirks-, Kreis- und Ortsverbänden organisiert. Derzeit hat er 1,7 Millionen Mitglieder und ist der größte Sozialverband Deutschlands. Er ist nach § 5 Körperschaftssteuergesetz als gemeinnütziger Verein anerkannt und von der Körperschaftssteuer befreit.
2012 schloss sich der Sozialverband VdK dem Bündnis Umfairteilen an.

**Anlage 12**
**rentenpolitische Beschlussentwürfe der Partei DIE LINKE zu Bergleuten in der Braunkohle im Osten sowie Krankenschwestern im Osten**

**Deutscher Bundestag Drucksache 18/10779 18. Wahlperiode 28.12.2016**
**Beschlussempfehlung und Bericht des Ausschusses für Arbeit und Soziales (11. Ausschuss)**

a) zu dem Antrag der Abgeordneten Roland Claus, Matthias W. Birkwald, Caren Lay, weiterer Abgeordneter und der Fraktion DIE LINKE - Drucksachen 18/7903 -

**Keine Kumpel zweiter Klasse - Rentenansprüche der Bergleute aus der DDR-Braunkohleveredelung wahren**

b) zu dem Antrag der Abgeordneten Roland Claus, Matthias W. Birkwald, Caren Lay, weiterer Abgeordneter und der Fraktion DIE LINKE - Drucksachen 18/8612 -

**Keine Altersarmut von Ost-Krankenschwestern – Gerechte Renten für Beschäftigte im DDR-Gesundheits- und Sozialwesen schaffen**

A. Problem Nach Ansicht der Antragsteller entstehen für Bergleute der Braunkohlveredlung der ehemaligen DDR erhebliche Einbußen, da diese seit 1997 nicht mehr ohne Rentenabschlag vorzeitig in Rente gehen können. Abgesehen von erheblichen finanziellen Einbußen handele es sich hier auch um einen großen Vertrauensverlust, da diese Ansprüche in der DDR verbrieft gewesen seien. Krankenschwestern und andere Mitarbeiterinnen und Mitarbeiter des Gesundheits- und Sozialwesens der DDR erhielten bei der Altersversorgung einen besonderen Steigerungsbeitrag von 1,5 Prozent des Durchschnittsverdienstes. Nach Auffassung der Antragsteller führt das Vorenthalten dieser besonderen Regelung seit 1997 bei der Rentenberechnung bei den tausenden Betroffenen zu finanziellen Schwierigkeiten und Altersarmut.

B. Lösung Die Antragsteller fordern, dass Bergleute der Betriebe der DDR-Braunkohleveredlung künftig nach Erreichen des 60. Lebensjahres vorzeitig ohne Abschläge in Rente gehen können, und bei diejenigen, die seit 1997 bereits vor Erreichen der regelaltersgrenze in Rente gegangen sind, den Rentenabschlag rückwirkend abzuschaffen. Desgleichen verlangen die Antragsteller die Vorlage eines Gesetzentwurfes, der die sozialversicherungspflichtigen Zeiten im Gesundheits- und Sozialwesen der DDR bei der Berechnung der Alterseinkünfte gegebenenfalls durch Zuerkennung eines besonderen Steigerungsbetrages von 1,5 berücksichtigt. Zu Buchstabe a Ablehnung des Antrags auf Drucksache 18/7903 mit den Stimmen der Fraktionen CDU/CSU, SPD gegen die Stimmen der Fraktion DIE LINKE. bei Enthaltung der Fraktion BÜNDNIS 90/DIE GRÜNEN Zu Buchstabe b Ablehnung des Antrags auf Drucksache 18/8612 mit den Stimmen der Fraktionen CDU/CSU, SPD und BÜNDNIS 90/DIE GRÜNEN gegen die Stimmen der Fraktion DIE LINKE.

C. Alternativen Keine.
D. Kosten Kostenberechnungen wurden nicht vorgenommen.

**Drucksache 18/7903 – 2 – Deutscher Bundestag – 18. Wahlperiode**

**Deutscher Bundestag Drucksache 18/7903 18. Wahlperiode 16.03.2016**

**Antrag** der Abgeordneten Roland Claus, Matthias W. Birkwald, Caren Lay, Sabine Zimmermann, Herbert Behrens, Karin Binder, Heidrun Bluhm, Eva BullingSchröter, Kerstin Kassner, Katja Kipping, Sabine Leidig, Ralph Lenkert, Michael Leutert, Dr. Gesine Lötzsch, Thomas Lutze, Birgit Menz, Dr. Petra Sitte, Kersten Steinke, Dr. Kirsten Tackmann, Azize Tank, Kathrin Vogler, Harald Weinberg, Birgit Wöllert, Hubertus Zdebel, Pia Zimmermann und der Fraktion DIE LINKE.

**Keine Kumpel zweiter Klasse – Rentenansprüche der Bergleute aus der DDR-Braunkohleveredlung wahren**

Der Bundestag wolle beschließen:
I. Der Deutsche Bundestag stellt fest:
In der Deutschen Demokratische Republik (DDR) war die Braunkohle hauptsächlicher Energieträger. Durch deren Veredlung wurden wichtige Grundstoffe für die weiterverarbeitende Industrie, Brennstoffe für energetische Zwecke und die Metallurgie gewonnen. Dies erfolgte aber in Verfahren, die beträchtliche gesundheitliche Schädigungen mit sich brachten – ähnlich wie die schwere Arbeit unter Tage. Die in der DDR-Braunkohleveredlung tätigen Bergleute waren durch den Umgang mit giftigem Gas, Staub und anderen Stoffen starken Belastungen ausgesetzt und erlitten dadurch sehr häufig gesundheitliche Schäden wie beispielsweise Krebserkrankungen. Für diese besondere Belastung wurde ihnen in der DDR eine Altersversorgung unter dem Begriff „bergmännische Tätigkeit unter Tage, gleichgestellt" gewährt (vgl. Verordnung über die Gewährung und Berechnung von Renten der Sozialversicherung der DDR vom 15. März 1968, Gesetzblatt II der DDR Nr. 29, Seite 141, und Anordnung Nr. 1 über den Katalog der bergmännischen Tätigkeiten vom 29. Mai 1972, Gesetzblatt der DDR vom 30. Juni 1972, Sonderdruck Nr. 739).

Die Regelungen zur Anerkennung der besonders schweren und gesundheitsgefährdenden Arbeit im Bergbau waren in den Renten-Verordnungen der DDR ähnlich geregelt wie heute im Sechsten Buch Sozialgesetzbuch (SGB VI) der Bundesrepublik Deutschland. Das betrifft insbesondere Regelungen für einen früheren Renteneintritt (jeweils fünf Jahre vor Erreichen der Regelaltersgrenze) für langjährige Tätigkeit im Bergbau unter Tage. Mit dem Renten-Überleitungsgesetz vom 21. Juni 1991, das die Maßgaben des Einigungsvertrages von 1990 umsetzen sollte, wurden die Ansprüche und Anwartschaften aus der DDR in die Systematik der Gesetzlichen Rentenversicherung der Bundesrepublik eingeordnet. Nach Artikel 2 „Übergangsrecht für Renten nach den Vorschriften des Beitrittsgebiets" (vgl. Bundesgesetzblatt I vom 31.07.1991, Seite 1663 ff.) wurden für alle Bestandsrentnerinnen und -rentner die gewährten Ansprüche gewahrt und für diejenigen, die bis zum 31. Dezember 1996 in Rente gegangen sind, übergangsweise anerkannt, so auch für die Bergleute der Braunkohleveredlung. Bei späterem Renteneintritt entfielen bzw. entfallen aber die Ansprüche auf eine Rente für „bergmännische Tätigkeit unter Tage, gleichgestellt".

Seit 1997 können die Bergleute der Braunkohleveredlung, die fast ausnahmslos arbeitslos und gesundheitlich geschädigt sind, nicht mehr ohne Rentenabschlag ab dem 60. Lebensjahr (Männer) bzw. dem 55. Lebensjahr (Frauen) in Rente gehen. Für die Bergleute entstehen durch diesen Wegfall ihrer DDR-Ansprüche beträchtliche finanzielle Einbußen. Sie empfinden den Umgang mit ihren Ansprüchen aus DDR-Zeiten als Enteignung verbriefter Rechte, weil die Ansprüche in den Sozialversicherungsausweisen eingetragen und die betroffenen Tätigkeiten zu DDR-Zeiten in sogenannten Betriebslisten aufgeführt waren. Für die Bergleute der Braunkohleveredlung, die seit 1997 in Rente gegangen sind oder noch gehen werden, ist es ein großer Vertrauensverlust, dass diese in ihren Versicherungsunterlagen dokumentierten Ansprüche bedeutungslos geworden sind.

II. Der Deutsche Bundestag fordert die Bundesregierung auf, bis 31. Oktober 2016 eine Regelung vorzulegen, die sicherstellt, dass Bergleute der Betriebe der DDR-Braunkohleveredlung - mit im Sozialversicherungsausweis nachgewiesenen Zeiten "Bergmännische Tätigkeit unter Tage, gleichgestellt" - rückwirkend ab dem 01.01.1992 als "Bergleute unter Tage gleichgestellt" im Sinne der knappschaftlichen Regelungen des SGB VI behandelt werden, um 1. künftig nach Erreichen des 60. Lebensjahres vorzeitig ohne Abschläge in Rente gehen zu können und 2. bei denjenigen, die seit 1997 bereits vor Erreichen der Regelaltersgrenze in Rente gegangen sind, den Rentenabschlag rückwirkend abzuschaffen.
Berlin, den 16. März 2016

Dr. Sahra Wagenknecht, Dr. Dietmar Bartsch und Fraktion

**Begründung**
Ein Vierteljahrhundert nach der deutschen Einheit ist es dringend geboten, dass ostdeutsche Bergleute der Braunkohleveredlung mit speziellen Rentenansprüchen wegen besonderer Belastungen aus der DDR mit den westdeutschen Kumpeln gleichgestellt werden, die ähnlichen Belastungen ausgesetzt sind und dafür Sonderregelungen bei der Rente in Anspruch nehmen können. Das Vorenthalten ihrer in der DDR zugesagten Ansprüche ist für die Betroffenen eine große Ungerechtigkeit und sie bewerten dies als Nichtanerkennung ihrer Lebensleistung. Auch das Bundesarbeitsgericht stellte in einem Urteil vom 24. September 2009 (Az.: 8 AZR 444/08 R) eine Gerechtigkeitslücke für den Sachverhalt fest. Aufgrund des schlechten Gesundheitszustands und fortgeschrittenen Alters vieler Bergleute ist schnelles Handeln wichtig. Obwohl neue Anspruchsberechtigte hinzukommen, hat sich die Zahl der Betroffenen seit 1990 halbiert, am Standort Borna/Espenhain beispielsweise von rund 1000 auf unter 400 Kumpel. Insgesamt ist für alle Standorte in den verschiedenen Regionen von jeweils wenigen hundert Betroffenen auszugehen. Die Bergleute haben in den vergangenen 25 Jahren auf vielen Wegen versucht, Gerechtigkeit herzustellen – fast immer vergeblich. Über Jahre hinweg haben Betroffene beispielsweise die damals vorgeschriebenen namentlichen Betriebslisten bei dem zuständigen Rentenversicherungsträger Knappschaft-Bahn-See hinterlegen lassen, um ihre Ansprüche wahren zu können. Mit Nachfolgeunternehmen sollten beispielsweise in Borna/Espenhain oder Rheinbraun für den Standort „Schwarze Pumpe" oder für „Glück auf" in Knappenrode spezielle Regelungen erwirkt werden, was allerdings nicht erreicht bzw. umgesetzt wurde.

Sehr wenige Betroffene partizipierten vom Montanunionvertrag der Europäischen Gemeinschaft für Kohle und Stahl, der bei Stilllegung Vertrauensschutz für Bergleute vorsieht. Andere Kumpel wiederum versuchten vergeblich, die Wahrung ihrer Ansprüche über den langen Weg der Gerichtsbarkeit einzuklagen. Für die Einordnung der Bergleute aus Betrieben der Braunkohleveredlung ist es erforderlich, die entsprechenden Paragraphen zu erweitern bzw. aufgrund historisch bedingter Gegebenheiten anzupassen. Das betrifft insbesondere Paragraph 61 Absatz 2 SGB VI, wo als neuer Punkt 4 die Ansprüche der Bergleute der

DDRBraunkohleveredlung hinzuzufügen sind. In Paragraph 40 SGB VI bzw. in dem zu den Sonderregelungen zählenden Paragraphen 238 SGB VI „Altersrente für langjährig unter Tage beschäftigte Bergleute" sind jeweils die Wartezeit für die Bergleute der DDR-Braunkohleveredlung auf nur 15 Jahre zu begrenzen.

Zum einen haben die Kumpel der Braunkohleveredlung auf diesen Anspruch nach DDR-Recht vertraut. Zum anderen konnten durch die deutsche Einheit maximal bis 1990 Vermerke im Sozialversicherungsausweis vorgenommen werden. Da die DDR-Regelung aber erst 1968 geschaffen worden war, sind diesbezügliche Einträge über 25 Jahre nicht möglich gewesen. Außerdem wurde die Produktion in den meisten Betrieben kurz nach der deutschen Einheit wegen der hohen Umweltbelastungen eingestellt. Zur rückwirkenden Abschaffung der Abschläge für eine vor Erreichen der Regelaltersgrenze in Anspruch genommene vorzeitige Altersrente ist für die Betroffenen die vorgezogene Altersrente nach Paragraph 40 SGB VI - in der im Jahr des Renteneintritts jeweils geltenden Fassung - nachträglich anzuwenden. Da der auch im DDR-Recht vorhandene Leistungszuschlag für die in der Braunkohleveredlung Tätigen nicht galt, findet auch die Regelung in Paragraph 85 SGB VI „Entgeltpunkte für ständige Arbeiten unter Tage (Leistungszuschlag)" keine Anwendung. Solange ostdeutsche Bergleute, die viele Jahre unter widrigsten Umständen schwere Arbeit geleistet haben, immer noch Kumpel zweiter Klasse sind, ist die deutsche Einheit nicht erreicht. Deswegen müssen ihre Ansprüche schnellstmöglich anerkannt werden. Das wäre sozial und vor allem wäre es gerecht.

**Deutscher Bundestag Drucksache 18/8612 18. Wahlperiode 31.05.2016**

**Antrag** der Abgeordneten Roland Claus, Matthias W. Birkwald, Caren Lay, Herbert Behrens, Karin Binder, Heidrun Bluhm, Eva Bulling-Schröter, Kerstin Kassner, Katja Kipping, Jan Korte, Sabine Leidig, Ralph Lenkert, Michael Leutert, Dr. Gesine Lötzsch, Thomas Lutze, Birgit Menz, Cornelia Möhring, Dr. Petra Sitte, Kersten Steinke, Dr. Kirsten Tackmann, Azize Tank, Kathrin Vogler, Harald Weinberg, Birgit Wöllert, Hubertus Zdebel, Sabine Zimmermann (Zwickau), Pia Zimmermann und der Fraktion DIE LINKE.

**Keine Altersarmut von Ost-Krankenschwestern – Gerechte Renten für Beschäftigte im DDR-Gesundheits- und Sozialwesen schaffen**

Der Bundestag wolle beschließen:

I. Der Deutsche Bundestag stellt fest:
Krankenschwestern und andere Mitarbeiterinnen und Mitarbeiter des Gesundheits- und Sozialwesens der Deutschen Demokratischen Republik (DDR) erhielten bei der Altersversorgung einen besonderen Steigerungsbetrag von 1,5 Prozent des Durchschnittsverdienstes. Dieser besondere Steigerungsbetrag erfolgte in „Würdigung der physischen und psychischen persönlichen Belastung im Beruf und des selbstlosen Einsatzes bei der Behandlung und Pflege kranker Menschen", erstmalig vgl. § 47 der Verordnung über die Gewährung und Berechnung von Renten der Sozialpflichtversicherung (Rentenverordnung) vom 4. April 1974 (Gesetzblatt der DDR, Teil I, S. 201). Mit dem Gesetz zur Herstellung der Rechtseinheit in der gesetzlichen Renten- und Unfallversicherung (RÜG) wurde die DDR-Regelung als Vergleichsberechnung zum bundesdeutschen Recht wegen des Bestandsschutzes zunächst weiter angewendet (Artikel 2 § 35 RÜG). Für Renten-Neuzugänge ab dem 1. Januar 1997 entfiel die vergleichende Berechnung.

Das Vorenthalten dieser besonderen Regelung bei der Rentenberechnung führt bei tausenden Betroffenen zu finanziellen Schwierigkeiten und Altersarmut. Es sind vor allem ostdeutsche Frauen, die im mittleren medizinischen Dienst mit eher niedrigen Einkommen zumeist über Jahrzehnte tätig waren. Ebenso betroffen sind Hauswirtschaftspflegerinnen der Volkssolidarität oder anderer karitativer Einrichtungen nach zehn Jahren ununterbrochener vergleichbarer Tätigkeit. Sie müssen nun mit besonders geringen Renten auskommen, obwohl sie auf die Versorgungszusage vertraut hatten Eine Frau mit insgesamt 50 Arbeitsjahren (versicherungspflichtige

Tätigkeit plus Zurechnungszeiten), davon 33 Jahre im Gesundheitswesen, konnte durch den besonderen Steigerungsbetrag bei der Berechnung der Sozialversicherungsrente eine um 19,4 Prozent höhere Rente erreichen. Bei einem durchschnittlichen Verdienst von 600 Mark war das eine Rente in Höhe von 609 Mark statt 510 Mark. In der DDR konnte mit diesem Differenzbetrag nicht nur die Miete bezahlt werden, sondern ein Teil blieb für sonstige Erfordernisse und Bedürfnisse. Das war auch das Anliegen der Verordnung für die Beschäftigten im Gesundheits- und Sozialwesen, denn das Einkommen des mittleren medizinischen Personals betrug beispielsweise im Jahr 1980 nur 83 Prozent des Einkommens vergleichbarer Berufsgruppen anderer Branchen.

Der rentenrechtlich geregelte Faktor sollte im Ruhestand einen Ausgleich für die zu niedrigen Einkommen gewährleisten. Eine derartige Regelung kennt die bundesdeutsche gesetzliche Rentenversicherung nicht. Bei vergleichbar Beschäftigten in den westdeutschen Bundesländern ergeben sich höhere Renten, weil vergleichbare Tätigkeiten in den jeweiligen Jahren höher vergütet wurden. Das Rentenrecht der DDR folgte anderen Prinzipien als das der Bundesrepublik Deutschland. Dort waren nicht vorrangig die Beiträge, sondern vor allem die versicherten Jahre maßgebend. Allein die generelle Umwertung der Einkünfte aus DDR-Zeiten bei der Rentenberechnung nach dem Sechsten Buch Sozialgesetzbuch gewährleistet deswegen keine hinreichende Rentenleistung, insbesondere keine der Schwere des Berufes angemessene Anerkennung der Lebensleistung. Das widerspricht dem Vertrauensschutz. Es trägt außerdem dazu bei, dass die Beschäftigten des DDR-Gesundheits- und Sozialwesens gegenüber der gleichen west-deutschen Berufsgruppe sozial ungerecht behandelt werden.

II. Der Deutsche Bundestag fordert die Bundesregierung auf, bis zum 31. Oktober 2016 einen Entwurf für eine gesetzliche Regelung vorzulegen, die eine steuerfinanzierte Überführung des DDR-Anspruchs auf einen Steigerungsbetrag von 1,5 – gegebenenfalls unter Zuerkennung eines besonderen Rentenartfaktors für die Jahre derartiger Beschäftigungen, wie er in der knappschaftlichen Rentenversicherung angewendet wird – für die sozialversicherungspflichtigen Zeiten im Gesundheits- und Sozialwesen der DDR bei der Berechnung der Alterseinkünfte sichert.

Berlin, den 31. Mai 2016
Dr. Sahra Wagenknecht, Dr. Dietmar Bartsch und Fraktion

**Deutscher Bundestag Drucksache 18/10862 18. Wahlperiode 17.01.2017**

**Antrag** der Abgeordneten Matthias W. Birkwald, Susanna Karawanskij, Sabine Zimmermann (Zwickau), Katja Kipping, Dr. Petra Sitte, Azize Tank, Kathrin Vogler, Birgit Wöllert, Harald Weinberg, Pia Zimmermann und der Fraktion DIE LINKE.

**Renteneinheit verwirklichen – Lebensleistung anerkennen**

Der Bundestag wolle beschließen:

I. Der Deutsche Bundestag stellt fest:
„2020 soll die Renteneinheit erreicht sein". Dieses Versprechen gab Bundeskanzlerin Angela Merkel den rund vier Millionen ostdeutschen Rentnerinnen und Rentnern vor mehr als zwei Jahren. (Sächsische Zeitung, 13.08.2014: „Für den Osten darf es keinen finanziellen Bruch geben".) Sie hat das Versprechen nicht zum ersten Mal gegeben, aber bis heute nicht eingelöst. Somit warten im 27. Jahr der Deutschen Einheit die Menschen im Osten noch immer auf die gleichwertige Anerkennung ihrer Lebensleistung wie im Westen. Stattdessen haben sich die Regierungsparteien aus CDU/CSU und SPD im Koalitionsausschuss am 24. November 2016 darauf verständigt, die Rentenwerte in Ost und West erst bis zum 1. Juli 2024 schrittweise anzugleichen. Im Gegenzug entfällt bis zum 31. Dezember 2024 die Umrechnung der ostdeutschen Arbeitsentgelte vollständig (abrufbar unter: **https://www.bundesregierung.de/Content/DE/Artikel/2016/11/2016-11-25-rente.html**).

Die Bundeskanzlerin hat nicht nur ihr Versprechen gebrochen. Die Große Koalition hält sich nicht einmal an ihren eigenen Koalitionsvertrag. Völlig ungeklärt bleibt die Finanzierungsfrage: Der sich abzeichnende Kompromiss könnte eine Mischfinanzierung aus Beitrags- und Steuermitteln vorsehen, den die Frankfurter Rundschau wie folgt kommentierte: „Tatsächlich lässt dieser Kuhhandel die Renteneinheit zur Schmierenkomödie verkommen."

(Frankfurter Rundschau, 05.12.2016: „Kuhhandel für Ost-Rente".) Damit zahlen letztendlich alle gesetzlich Rentenversicherten die Angleichung aus der eigenen Tasche: die Beitragszahlerinnen und -zahler durch höhere Beiträge. Die Rentnerinnen und Rentner durch ein sinkendes Rentenniveau.

Auf dem Weg zu einem einheitlichen Rentenrecht allein auf die fortschreitende Lohnentwicklung zu bauen, wird kaum zum Ziel führen. Zu groß sind die wirtschaftlichen und strukturellen Unterschiede in beiden Landesteilen. So beträgt der Abstand zwischen den Rentenwerten in Ost und West seit dem 01. Juli 2016 zwar lediglich 5,9 Prozentpunkte. Das rentenrechtliche Durchschnittsentgelt Ost liegt aber noch immer bei nur 87,1 Prozent des westdeutschen Durchschnittsentgelts. Auf die Umrechnung (fälschlicherweise als „Höherwertung" oder „Hochwertung" bezeichnet) der ostdeutschen Löhne und Gehälter schrittweise zu verzichten, wie dies ebenfalls der Koalitionsbeschluss vom 24.11.2016 vorsieht, wäre deshalb ein fatales Signal an die jüngeren Arbeitnehmerinnen und Arbeitnehmer in Ostdeutschland.

Selbst wenn die Umrechnung erst Ende 2024 entfallen sollte, würde sich deren Einkommensposition im Alter erheblich verschlechtern. Der soziale Absturz Vieler im Alter wäre kaum noch zu verhindern – bei gleichzeitig sinkendem Rentenniveau. Um dem gesetzlichen Auftrag zur Herstellung der sozialen Einheit gerecht zu werden, muss der Gesetzgeber den Angleichungsprozess bei Löhnen und Renten auf politischem Wege forcieren. Es ist daher höchste Zeit für die vollständige Angleichung des Rentenwerts in Ostdeutschland auf das Westniveau. Und sie muss deutlich früher und schneller erfolgen, als von CDU/CSU und SPD im Koalitionsausschuss beschlossen wurde.

II. Der Deutsche Bundestag fordert die Bundesregierung auf, einen Gesetzentwurf vorzulegen, mit dem
**1. ein steuerfinanzierter**, stufenweise steigender Zuschlag eingeführt wird, mit dem der Wertunterschied zwischen den Rentenwerten in Ost und West für im Osten Deutschlands erworbene Rentenanwartschaften bis zum 1. Juli 2018 sukzessive ausgeglichen wird. Die Anpassung erfolgt in zwei Stufen. Der Zuschlag wird solange gezahlt werden, bis der Unterschied zwischen dem jeweiligen aktuellen Rentenwert (Ost) und dem jeweiligen aktuellen Rentenwert im Zuge der Angleichung der Löhne und Gehälter überwunden sein wird. Analog werden die weiteren Berechnungsgrößen (Bezugsgröße und Beitragsbemessungsgrenze) ebenfalls stufenweise angepasst. Die Umrechnung der Beitragsbemessungsgrundlagen im Beitrittsgebiet nach Anlage 10 des Sechsten Buches Sozialgesetzbuch (SGB VI) bleibt nur noch solange bestehen, bis die Löhne und Entgelte im Osten annähernd das Westniveau erreicht haben werden;

2. die Voraussetzungen geschaffen werden, dass die Löhne und Gehälter erheblich stärker steigen werden. Hierzu muss der gesetzliche Mindestlohn auf mindestens zwölf Euro angehoben werden. Bis zu einem Verbot ist Leiharbeit stärker zu regulieren und der Missbrauch von Werkverträgen effektiv zu bekämpfen. Die Beschränkung von Befristungen ist auf wenige sachgrundbezogene Ausnahmen zu verankern. Zusätzlich ist eine erleichterte Allgemeinverbindlichkeitserklärung (AVE) von Tarifverträgen gesetzlich zu regeln;
**3. die Rente nach** Mindestentgeltpunkten bei geringem Arbeitsentgelt (§ 262 SGB VI) entfristet wird und damit auch für Zeiten ab dem 01.01.1992 gilt, sowie die Begrenzung von 0,75 Entgeltpunkten auf 0,8 Entgeltpunkte pro Jahr angehoben wird, sofern nicht wie bisher 35 Jahre, sondern 25 Jahre mit rentenrechtlichen Zeiten vorliegen. Damit soll in West und Ost ein Baustein geschaffen werden, der mit dazu beitragen möge, dass Phasen der Niedriglohnbeschäftigung und der erzwungenen Teilzeit nicht automatisch zu Altersarmut führen.

Berlin, den 17. Januar 2017
Dr. Sahra Wagenknecht, Dr. Dietmar Bartsch und Fraktion

**Anlage 13**
**Rentenpolitische Benachteiligungen der in DDR-Zeiten geschiedenen Frauen**

... diese Ansprüche zunichte. Nun fordert sogar die UN einen Ausgleich für Frauen.

# Dann war die Rente weg

Wer geschieden wird, teilt sich mit dem Partner Rentenansprüche. Hunderttausende DDR-Frauen vertrauten darauf – dann wurde das Gesetz kassiert. Nun fordert sogar die UN Entschädigung.

So viel Aufrichtigkeit ist bei Politikern selten: „Als Opposition sicherten wir Unterstützung zu, in der Regierung gab es aber keine Unterstützung mehr", sagt die SPD-Bundestagsabgeordnete Daniela Kolbe aus Leipzig. „Ich wünschte, das wäre anders gewesen. Ein anderer Umgang mit den Lebensleistungen dieser Frauen wäre angemessener."

Hinter Kolbes lobenswerter Selbstkritik steckt ein gewaltiger Skandal: Mit einem Schlag wurden Hunderttausenden Frauen aus der DDR Rentenansprüche ersatzlos gestrichen, weil sie geschieden wurden und/oder für die Erziehung ihrer Kinder ihre Arbeitszeit reduzierten. Und das, obwohl es im Einigungsvertrag anders versprochen war und im (west-)deutschen Rentenrecht bis heute anderes gilt. Wer also nach Gründen für Protest und

## „Als Opposition sicherten wir Unterstützung zu, in der Regierung gab es aber keine Unterstützung. Ich wünschte, das wäre anders gewesen. Ein anderer Umgang mit diesen Lebensleistungen wäre angemessener“

**Daniela Kolbe,** SPD-Bundestagsabgeordnete

Frustration in Ostdeutschland sucht, hier ist ein Grund, der viele, viele Frauen betrifft.

Frauen wie Verena Treschkow aus Leipzig. Die heute 73-Jährige war in der DDR sechs Jahre verheiratet, bekam zwei Kinder. „Meine Kinder waren in den ersten Jahren häufig krank. Deshalb bin ich länger zuhause geblieben“, so die ehemalige Medizintechnikerin. „Und es hatte ja damals für die Rente in der DDR keine Bedeutung, da für die Rente nur die letzten 20 Berufsjahre zählten. Und es war ja klar, dass ich irgendwann wieder Vollzeit arbeiten wollte und konnte.“ Doch mit dem

### Kein Ausgleich

Rentenbescheid musste Verena Treschkow feststellen, dass die Kindererziehung nicht zählte und sie auch keinen Versorgungsausgleich von ihrem geschiedenen Mann bekam. Unterm Strich hat Treschkow damit 200 Euro weniger Rente pro Monat. „Es kann nicht sein, dass westdeutsche Frauen, die einen exakt gleichen Lebenslauf haben, so viel mehr erhalten.“

Doch genau das ist möglich. Und die Ursache liegt 27 Jahre zurück, im Einigungsvertrag. Der enthielt zwei Fallen, die bis heute enorme Folgen für Verena Treschkow und Hunderttausende andere Frauen haben: Im Westen war der gesamte Rentenverlauf Grundlage für die Rente; in der DDR dagegen entschieden nur die letzten 20 Jahre über die Höhe. Die Ost-Regel war politisch gewollt und hatte große Auswirkungen auf die Lebensplanung: Denn in der DDR fiel es Frauen dadurch leichter, zugunsten ihrer Männer auf Arbeit zu verzichten, wenn Kinder kamen – Frauen konnten ja sicher sein, dass sie, wenn die Kinder größer sind, wieder voll arbeiten und damit auch am Ende eine so hohe Rente erreichen würden, als hätten sie die Arbeit nie reduziert. Außerdem konnten sie in dieser Zeit für einen symbolischen Betrag ihre Rentenansprüche auf dem Vollzeit-Niveau halten. Der erste Haken: Im Einheitsvertrag wurde die West-Regel übernommen – es zählte das ganze Berufsleben. Zweiter Haken: Im Fall einer Scheidung sah das DDR-Recht mit Verweis auf

### Hoffnung auf UN

die 20-Jahres-Regel keinen Versorgungsausgleich vor wie im Westen. Wer als Frau im Osten geschieden wurde, erhielt damit nicht wie im Westen Renten-Punkte des Ex-Partners.

Zwar war das Problem bereits in den ersten Jahren der Einheit bekannt und der Bundestag beschloss auch, dass es keine Nachteile für Ost-Frauen geben dürfe (siehe nächste Seite). Aber die nachteiligen Regeln blieben. 2003 entschied die damalige Bundesregierung, mit der Grundsicherung im Alter sei der Gerechtigkeit doch Genüge getan.

Widerstand formierte sich; bereits Jahre zuvor gründete sich der Verein der in der DDR geschiedenen Frauen. Viele Frauen klagten gegen →

**Staat wartet ab – und profitiert**

Viele Frauen, die 1990 besondere Rentenansprüche hatten, sind verstorben. Allein dadurch hat die Rentenkasse Milliarden gespart. *Anspruchsberechtigte Frauen*

| | |
|---|---|
| 1990 | 800 000 |
| 2009 | 300 000 |
| 2017 | 200 000 |

Quelle: Verein der in der DDR geschiedenen Frauen

**Fast 30 Jahre Kampf – hilft jetzt die UN?**

**1990 Einigungsvertrag**
*Westdeutsches Rentenrecht gilt in neuen Ländern (außer Versorgungsausgleich)*

**1992 Nachteile bleiben**
*Der Versorgungsausgleich (in alten Ländern seit 1977) gilt auch im Osten. Aber: Nachteilige Regeln für davor in der DDR geschiedene Frauen bleiben im Rentenüberleitungsgesetz*

Norbert Blüm 1982 bis 1990

**1999 Widerstand formiert sich**
*Gründung Verein in der DDR Geschiedener: 25 Frauen klagen; 3 bis vors Verfassungsgericht*

Walter Riester 1998 bis 2002

Wolfgang Clement 2002 bis 2005

Franz Müntefering 2005 bis 2007

Olaf Scholz 2007 bis 2009

Franz J. Jung 2009

**2010 Keine Chance für Frauen**
*Verfassungsgericht weist letzte Beschwerde ab*

**2011 UN ermittelt**
*Ausschuss für Frauenrechte CEDAW ermittelt wegen Diskriminierung*

Ursula von der Leyen 2009 bis 2013

Andrea Nahles 2013 bis 2017

**2017 UN fordert Ausgleich**
*CEDAW fordert von Deutschland Ausgleichsfonds als Entschädigung*

Katarina Barley seit 2017

Geld&Recht

# „Ein staatlicher Ausgleichs-Fonds muss die Frauen entschädigen“

Marion Böker

→ die ungleiche Behandlung, scheiterten aber letztlich 2010 vor dem Bundesverfassungsgericht (BVG), das die Klage gar nicht erst annahm. Das Ergebnis: Viele Frauen aus der ehemaligen DDR erhalten bis heute keinen Versorgungsausgleich.

Mehr aber noch wird durch die Ungleichbehandlung die Rentenkasse entlastet. Denn viele der mehr als 800 000 Frauen, die 1990 Ansprüche hatten, sind inzwischen gestorben.

Doch nun, 28 Jahre nach dem Mauerfall, bewegt sich etwas. Der UN-Ausschuss für die Beseitigung der Diskriminierung der Frau fordert Deutschland ultimativ auf, betroffene Frauen zu entschädigen. „Es geht um Frauen, die in der DDR Kinder erzogen oder Angehörige gepflegt haben und deshalb ihre Arbeitszeit reduzierten. Diese Frauen müssen entschädigt werden“, sagt Menschenrechts-Aktivistin Marion Böker, die eine staatliche Entschädigung fordert, „das darf nicht aus Rentenbeiträgen, sondern muss aus Steuern finanziert werden.“

Seitdem die UN aktiv ist, schwenkt auch die Politik um. Waren es in den letzten Jahren nur die Linken, fordern nun auch CDU-Abgeordnete aus Ostdeutschland eine neue Lösung. Und da die UN von Deutschland bis Februar 2019 konkrete Vorschläge fordert, wird sich der neue Bundestag

## Entschädigung

wohl bald mit dem Thema befassen müssen.

Um den politischen Druck zu erhöhen, bittet der Verein der in der DDR geschiedenen Frauen, sich zu melden (siehe unten), sodass vielleicht doch noch die Lebensleistung vieler Frauen angemessen anerkannt wird. Betroffen sind in erster Linie Frauen, die in der DDR zwischen 1977 und 1989 geschieden wurden, und Frauen, die in der DDR für Kinder eine Pause im Job eingelegt haben. ●

**Registrieren lassen**
Betroffene Frauen sollten sich melden unter
☎ (03 61) 66 02 02 41
oder www.verein-ddr-geschiedener-frauen.de

## Die Versprechen der Politik

Entschließung des Deutschen Bundestags vom 21. Juni 1991:

*„... Mit dem Rentenüberleitungsgesetz werden bis einschließlich 1996 solche Elemente des bisherigen Rentenrechtes der neuen Bundesländer geschützt, die vor allem Frauen zugute kommen.*

*... Die Zeit bis zum Auslaufen dieser Bestandsschutzregelung muss genutzt werden, die Alterssicherung der Frauen in der leistungsbezogenen Rentenversicherung zu verbessern. Eine solche Reform soll:*

*1. Die Anerkennung von Zeiten der Kindererziehung und der Pflege verbessern und die Tatsache berücksichtigen, dass Familienarbeit oft auch gleichzeitig mit Erwerbsarbeit geleistet wird,*

*2. eigene Anwartschaften von Frauen ausbauen und*

*3. einen Beitrag zur Lösung von Altersarmut leisten.*

*Das Gesamtkonzept soll bis zum Jahresbeginn 1997 verwirklicht werden ...“*

Das Gesamtkonzept für DDR-Frauen gibt es bis heute nicht.

## „Das muss aus Steuern finanziert werden“

**Marion Böker kämpft seit Jahren für Menschenrechte – und einen Ausgleichsfonds für DDR-Frauen.**

**Frau Böker, wie könnte ein Ausgleichsfonds für Frauen aussehen, die in der DDR geschieden wurden?**

BÖKER: Das Einfachste wäre, die bei der Einheit nicht angerechneten Rentenansprüche individuell neu zu berechnen. Danach müsste, wie nach DDR-Rentenrecht, die Rente der Frauen nach den letzten 20 Jahren vor Rentenbeginn berechnet werden. Was als Differenz herauskommt, sollte der Fonds als Ausgleichszahlung leisten.

**Woher müsste das Geld kommen?**

BÖKER: Klar ist, dass dies aus Steuern finanziert sein müsste.

**Wer würde die Leistungen erhalten?**

BÖKER: Es geht um Frauen, die in der DDR Kinder erzogen oder Angehörige gepflegt haben und deshalb ihre Stunden reduziert oder ausgesetzt haben. In der DDR konnten sie „Marken kleben“, also mit minimalem Monatsbeitrag von 3 Mark ihre Rentenanwartschaft erhalten. Diese wurden aber mit der Einigung ersatzlos gestrichen. Und da in der DDR kaum Unterhaltsrecht angewandt wurde, haben die Frauen nach einer Scheidung allein für die Kinder gesorgt.

20 12|2017

Und als Auszug

## Die Versprechen der Politik

**Entschließung des Deutschen Bundestags vom 21. Juni 1991:**

*„... Mit dem Rentenüberleitungsgesetz werden bis einschließlich 1996 solche Elemente des bisherigen Rentenrechtes der neuen Bundesländer geschützt, die vor allem Frauen zugute kommen.*

*... Die Zeit bis zum Auslaufen dieser Bestandsschutzregelung muss genutzt werden, die Alterssicherung der Frauen in der leistungsbezogenen Rentenversicherung zu verbessern. Eine solche Reform soll:*

*1. Die Anerkennung von Zeiten der Kindererziehung und der Pflege verbessern und die Tatsache berücksichtigen, dass Familienarbeit oft auch gleichzeitig mit Erwerbsarbeit geleistet wird,*

*2. eigene Anwartschaften von Frauen ausbauen und*

*3. einen Beitrag zur Lösung von Altersarmut leisten.*

*Das Gesamtkonzept soll bis zum Jahresbeginn 1997 verwirklicht werden ...“*

**Das Gesamtkonzept für DDR-Frauen gibt es bis heute nicht.**

In allen Fragen, wo es um Gerechtigkeit geht, werden wir hingehalten, belogen und mit Absicht betrogen. Dabei ist es den Menschen egal, ob sie die erheblichen Nachteile erleiden, weil diese politisch motiviert sind oder einfach nur aus den übergeordneten Interessen dieser Gesellschaft, der Umverteilung von unten nach oben, erfolgen.

## Anlage 14
## Sozialforum zum Rentenunrecht im Beitrittsgebiet, OKV, Jahr 2008

Sozialforum des Ostdeutschen Kuratoriums der Verbände e.V. am 25. Juni 2008 Rentenunrecht im Beitrittsgebiet - Diskussionsgrundlage Eberhard Rehling, Sprecher im Sozialen Arbeitskreis Treptow-Köpenick von Berlin)

**AUSZÜGE:**

Liebe Freundinnen und Freunde, liebe Mitstreiterinnen und Mitstreiter,

seit mehreren Jahren kämpfen wir um die Herstellung der Rentengerechtigkeit für die Bürgerinnen und Bürger aus dem Beitrittsgebiet. Es hat sich dazu nunmehr, insbesondere seit 2006, ein das Beitrittsgebiet umspannendes Netzwerk vorwiegend aus Gewerkschaftssenioren, der Volkssolidarität, Seniorenvertretungen, von ISOR und GRH sowie auch der GBM gebildet. Eine Informationsplattform hat uns das OKV auf seiner Internetpräsentation mit dem Link „Rente spezial" geschaffen. Unterstützung haben wir auch von dem Bund der Ruhestandsbeamten und der BAGSO erfahren, die beide sozusagen westdominiert sind.

Parlamentarisch hat sich für unser Anliegen nur die LINKSPARTEI eingesetzt. Am 25. April hat der Bundestag 17 Anträge der LINKSFRAKTION zur Herstellung der Rentengerechtigkeit beraten. In der Debatte gab es von keiner Seite Unterstützung.

Die Anträge wurden in die Ausschüsse verwiesen. Eventuell werden einige Anträge von Anderen aufgegriffen, aber das ist ungewiss.

In Artikel 30 Absatz 5 des Einigungsvertrages vom 31. August 1990 wurde die Angleichung der Renten im Zuge der Angleichung der Löhne und Gehälter in Aussicht gestellt. Dieser Prozess wurde bisher nicht vollzogen. Alle für das Beitrittsgebiet geltenden Ausnahmen gegenüber dem Recht der alten BRD waren längstens bis zum 31. Dezember 1995 befristet, also hätte auch die vollständige Angleichung der Löhne und Gehälter sowie der Renten bis zu diesem Zeitpunkt erfolgen müssen.

Die Bundesregierung stellt sich jedoch auf den Standpunkt, sie habe mit dem Rentenüberleitungsgesetz den Maßgaben der beiden Staatsverträge zur Vereinigung beider deutscher Staaten auf dem Gebiet der gesetzlichen Rentenversicherung entsprochen.
Das Sozialgesetzbuch VI der BRD vom 28.5.1990 sah ein einheitliches Rentenrecht für alle Deutschen vor und sollte am 1. Januar 1992 in Kraft treten.
Die DDR hat auf dieser Rechtsgrundlage die am 18. Mai 1990 beschlossene Rechtsangleichung ausgerichtet und u. a. das Rentenrecht der DDR an das Recht der Bundesrepublik angeglichen. Der Einigungsvertrag enthielt – zusammenfassend ausgedrückt – die Garantie des Fortbestandes rechtmäßig erworbenen Eigentums.
Übersicht der zur Beseitigung des Rentenunrechts von der LINKSFRAKTION im Deutschen Bundestag am 13.11.2007 eingereichten Anträge

- Keine Diskriminierungen und Ungerechtigkeiten gegenüber Älteren in den neuen Bundesländern bei der Überleitung von DDR-Alterssicherungen in das bundesdeutsche Recht, **DS 16/7019,**

- Gerechte Alterseinkünfte für Beschäftigte im Gesundheits- und Sozialwesen der DDR, **DS 16/7020,**

- Gerechte Lösung für die rentenrechtliche Situation von in der DDR Geschiedenen, **DS 16/7021**,

- Schaffung einer gerechten Versorgungslösung für die vormalige berufsbezogene Zuwendung für Ballettmitglieder in der DDR, **DS 16/7022,**

- Regelung der Ansprüche der Bergleute der Braunkohleveredelung, **DS 16/7023**,

- Beseitigung von Rentennachteilen für Zeiten der Pflege von Angehörigen in der DDR, **DS 16/7024,**

- Rentenrechtliche Anerkennung für fehlende Zeiten von Land- und Forstwirten, Handwerkern und anderen Selbständigen sowie deren mithelfenden Familienangehörigen aus der DDR, **DS 16/7025,**

- Rentenrechtliche Anerkennung von zweiten Bildungswegen und Aspiranturen in der DDR, **DS 16/7026,**

- Rentenrechtliche Anerkennung von DDR-Sozialversicherungsregelungen für ins Ausland mitreisende Ehepartnerinnen und Ehepartnern sowie von im Ausland erworbenen rentenrechtlichen Zeiten, **DS 16/7027**,

- Rentenrechtliche Anerkennung aller freiwilligen Beiträge aus DDR-Zeiten, **DS 16/7028**,

- Kein Versorgungsunrecht bei den Zusatz- und Sonderversorgungen der DDR, **DS 16/7029**,

- Regelung der Ansprüche und Anwartschaften auf Alterssicherung für Angehörige der Deutschen Reichsbahn, **DS 16/7030**,

- Angemessene Altersversorgung für Professorinnen und Professoren Neuen Rechts, Ärztinnen und Ärzte im öffentlichen Dienst, Hochschullehrerinnen und Hochschullehrer, Beschäftigte universitärer und anderer wissenschaftlicher außeruniversitärer Einrichtungen in den neuen Bundesländern, **DS 16/7031**,

- Schaffung einer angemessenen Altersversorgung für Beschäftigte des öffentlichen Dienstes, die nach 1990 ihre Tätigkeit fortgesetzt haben, **DS 16/7032**,

- Schaffung einer angemessenen Altersversorgung für Angehörige von Bundeswehr, Zoll und Polizei, die nach 1990 ihre Tätigkeit fortgesetzt haben, **DS 16/7033**,

- Einheitliche Regelung der Altersversorgung für Angehörige der technischen Intelligenz der DDR, **DS 16/7034**,

- Entwurf eines zweiten Gesetzes zur Änderung des Anspruchs- und Anwartschaftsüberführungsgesetzes (2. AAÜG-ÄndG), **DS 16/7035**,

Mit Redaktionsschluss 30. Nov. 1990 erschien das Handbuch „Rentenrecht mit allen Maßgaben und Regelungen aus dem Einigungsvertrag" ISBN3-448-02305-1, „Haufe Gesetzestexte – Rentenrecht", Rudolf Haufe Verlag GmbH & Co. KG. Freiburg.

U.a. wird dort erwähnt: „Im September 1991 stellte Justizminister Klaus Kinkel auf dem Richtertag in Köln überraschend fest, dass der Staat, mit dem die BRD jahrelang verhandelt hatte, in dem die westlichen Geheimdienste zuhause waren, in dem die bundesdeutschen Medien akkreditiert waren und der ein geachtetes Mitglied der Völkergemeinschaft war, ein Unrechtsstaat war. Seither gehört die Diskriminierung der Beitrittsbürger mit großem Medienaufwand zum Alltag. Unberücksichtigt bleibt, dass mit dem Grundsatzurteil des Bundesverfassungsgerichtes vom 28.4.1999 wesentliche Bestimmungen des Rentenüberleitungsgesetzes als verfassungswidrig bzw. sogar als nichtig gebrandmarkt wurden.

Im Zusammenhang mit dem Antrag der Linksfraktion zur Angleichung des Rentenwertes Ost an den aktuellen Rentenwert hatte das OKV seine Mitgliedsorganisationen sowie weitere Sozialverbände und -vereine aufgerufen, neben Petitionen in persönlichen Briefen an Abgeordnete der Fraktionen der CDU/CSU, der SPD, der FDP und von Bündnis90/DIE GRÜNEN die Angleichung des Rentenwertes Ost sowie die Herstellung der Rentengerechtigkeit zu verlangen.

Dazu liegt eine Reihe von Antworten vor. Einige Abgeordnete haben offenbar Schwierigkeiten, die Problematik zu erfassen. So ließ Herr Hans-Christian Ströbele wissen, dass er sich mit Altersversorgung nicht befasst und im Übrigen die Rentenzahlbeträge im Osten ja statistisch höher seien.

Der Dresdener CDU-Abgeordnete Vaatz teilte mit, dass an der Problematik gearbeitet werde, er zu gegebener Zeit informieren werde und man von weiteren Nachfragen absehen möge. Bei Frau Schewe-Gerigk von Bündnis 90/DIEGRÜNEN fragte ein Betroffener nach, wie sie zu der Behauptung käme, die Rentner des MfS erhielten ohnehin eine Sondervergütung. Sie ließ im Januar mitteilen, das müsse geprüft werden. Die Prüfung dauert noch an.

Im Wesentlichen werden die Argumente aus der Debatte wiederholt. Es wird auf die so genannte „Systemlösung" verwiesen, wonach die Renten der Lohnentwicklung folgen sollen. Und da sei es eben im Osten nicht so gut gelaufen. Aus Kreisen der FDP wird die schlechte Wirtschaftspolitik beklagt.

Tatsachen wurden bisher bei den politischen Entscheidungen zu dieser Thematik seitens der Regierung und der Mehrheit des Deutschen Bundestages ignoriert.
Eine infolge der Angleichung des Rentenwertes Ost an den aktuellen Rentenwert behauptete Besserstellung der Rentner Ost gegenüber den Rentnern West ist unzutreffend. Es wird

verschwiegen, dass in der gesetzlichen Rentenversicherung-Ost die Summe aller anerkannten Alterssicherungselemente aus dem Erwerbsleben der DDR enthalten ist und Zusagen aus der freiwilligen Zusatzrentenversorgung, berufsständigen Versorgungen und anderen Alterssicherungssystemen, für die auch Beiträge gezahlt wurden, gekappt werden.

Im Gegensatz dazu erhalten die Bürger der alten Länder die Leistungen der Betriebsrente, Beamtenversorgung, des öffentlichen Dienstes, der Landwirtschaft, der berufsständigen Versorgungen und ihre private Altersvorsorge neben der Leistung aus der gesetzlichen Rentenversicherung ungekürzt ausgezahlt.

Im Alterssicherungsbericht 2005, ein jüngerer liegt nicht vor, wird ausgewiesen, dass die Alterseinkommen in Deutschland im Osten zu 99 % und im Westen zu 74 % aus der gesetzlichen Rente gespeist werden. Das führt dazu, dass die Einkommen der Senioren im Beitrittsgebiet für Ehepaare 66 %, für allein stehende Männer 85 % und für allein stehende Frauen 95 % der entsprechenden Bezüge im Westen betragen. Darüber hinaus enthalten die statistischen Angaben über die Ostrenten Zahlbeträge für Berufsgruppen, die in der Rentenstatistik West nicht erscheinen, weil sie als ehemalige Beamte Pensionen erhalten. Das betrifft z.B. Bahn- und Postbeamte, Hochschullehrer, Polizisten, Offiziere, Mitarbeiter im Regierungsapparat. In der DDR gab es aber keinerlei Beamte, alle betreffenden Personen waren Angestellte."

Einerseits wird an der Festlegung der Bindung der Rentenentwicklung an die Lohnentwicklung im Beitrittsgebiet, als Systementscheidung bezeichnet und auch am 14. Dezember 2007 in der Debatte wiederholt zitiert, aber unter völlig anderen Bedingungen.
Es ist festzustellen, dass diese Systematik mit dem Rentenversicherungsnachhaltigkeitsgesetz vom 21.07.2004 aufgegeben wurde. **Nunmehr werden in die Berechnung des aktuellen Rentenwertes nach § 68 SGB VI anstelle der Beamtengehälter die geringfügig Beschäftigten und die Arbeitslosengeldempfänger einbezogen.**

Dadurch wird der Rentenwert gesenkt und die Rentenentwicklung wird von der Lohnentwicklung abgekoppelt. Zurzeit wird zwar eine negative Rentenwertentwicklung durch eine Schutzklausel verhindert, deren Streichung könnte aber ohne weitere Änderungen alle Bremsen zur weiteren Talfahrt der Rente lösen. Im vom Kabinett beschlossenen Rentenversicherungsbericht 2007 wird ausgesagt, dass der Rentenwert Ost im Zeitraum von 2007 bis 2011 von 87,9 auf 88,2 % des aktuellen Rentenwertes steigen wird.

Zur Angleichung des aktuellen Rentenwertes Ost an den aktuellen Rentenwert ist deshalb eine politische Entscheidung erforderlich. Eine staatliche Zielstellung für die Angleichung der Einkommens- und Lebensverhältnisse im Beitrittsgebiet und damit auch der Löhne und -gehälter sowie der Renten einzufordern, ist völlig legitim.

Oft werden wir auf die Anstrengungen bei der Modernisierung der Infrastruktur im Beitrittsgebiet hingewiesen.
Für die Alt-BRD wurde der neue Markt wurde allseitig und umfassend erschlossen, auch zum Nutzen der Kunden. Dabei kam es auch zu einer flächenhaften Deindustriealisierung im Beitrittsgebiet.
Es blieben nur einige Kerne in der Industriestruktur erhalten oder wurden inzwischen neu geschaffen, in der Öffentlichkeit als „Leuchttürme" oder „Cluster" bezeichnet. Im Zusammenhang mit der Hochwertung der Löhne und Gehälter der DDR ist festzustellen, dass im Unterschied zur Bundesrepublik im Beitrittsgebiet bis zum 3. Oktober 1990 neben den ausgezahlten Beträgen für Lohn und Gehalt umfangreiche Subventionen für Lebensmittel, lebensnotwendige Waren und Leistungen wie Wasser, Abwasser, Mieten, Strom, Gas und Heizmaterialien, sowie für die Bildung und Ausbildung, das Gesundheitswesen, den Massensport und die Erholung in Anspruch genommen werden konnten, oft auch als „zweite Lohntüte" bezeichnet. Dies ist in die Umbewertung (Hochwertung) nicht eingegangen.

Die Erlöse aus der Tätigkeit der volkseigenen Wirtschaft, wie man sie auch immer bewerten mag, haben immerhin dazu geführt, dass ein Leben ohne materielle Not für alle, insbesondere auch im Alter mit der Mindestrente, möglich war.
**Die Hochwertung der Löhne und Gehälter der DDR darf auch nach Anpassung des Rentenwertes nicht auslaufen**.
Das ist auch bisher nicht geschehen. Die Hochwertung gemäß Anlage 10 zum SGB VI soll lediglich das unterschiedliche Lohnniveau ausgleichen. Dabei ist auch zu beachten, dass bei der Berechnung der Entgeltpunkte die Bruttojahreseinkommen durch den Durchschnittsverdienst dividiert werden und der ist gesamtdeutsch.

Begründet wird der Lohnabstand in der Regel mit der Arbeitsproduktivität.

Der oft strapazierte Vergleich des 2.000-€-Verdieners im alten Bundesgebiet mit einem solchen Beschäftigten im Beitrittsgebiet ist als irreführend zu betrachten. Wer im Osten 2.000 € verdient, hat eine entsprechend höhere Tarifeinstufung - man kann auch Qualifikation sagen -, als jemand mit gleichem Lohn oder Gehalt im Westen. Bei der Rente entstehen daraus keinerlei Vorteile. Im Gegenteil, durch den geringeren Rentenwert z. Zt. noch ein Nachteil von rd. 12 %. Insbesondere im Hinblick auf die Vorbereitung der Rente mit 67 und der nach dem Beitritt häufig gebrochenen Erwerbsbiographien ist die Angleichung des Rentenwertes umso wichtiger, weil in deren Folge eine weitere Absenkung der Renten im Osten eintreten wird. Für Empfänger von Arbeitslosengeld II wird die Lage noch prekärer. Sie sind nicht in der Lage, eigene Vorsorge zu treffen und die Absenkung ihrer Beitragsgrundlage bestraft sie bei Beibehaltung des Rentenwertes Ost zusätzlich.

Nun hat die Sozialministerin aus Thüringen für den Juli eine Initiative im Bundesrat zur Angleichung des Rentenwertes angekündigt. Näheres ist noch nicht bekannt.

Die FDP-Fraktion hat am 12. Juni, also vor zwei Wochen, einen Antrag für ein einheitliches Rentenrecht Ost und West eingebracht. Darin wird folgendes von der Bundesregierung gefordert:

1. Die Rechengrößen für die Rentenversicherung - Entgeltpunkte, Rentenwerte und Beitragsbemessungsgrenzen - in den alten und den neuen Bundesländern werden zum Stichtag 01. Juli 2010 in einheitliche Werte überführt. Ab dem Stichtag passen sich alle Renten im Bundesgebiet entsprechend der Entwicklung des einheitlichen Rentenwertes an. Jeder Euro Rentenbeitrag erbringt ab dem Stichtag im ganzen Bundesgebiet den gleichen Rentenanspruch.

2. Alle zum Stichtag der Umstellung bestehenden Rentenansprüche bzw. -anwartschaften in Ost und West bleiben in ihrem Wert erhalten. Die bisherigen Entgeltpunkte Ost und West werden in einheitliche Entgeltpunkte umgerechnet. Dabei behalten die Bestandsrentner und Beitragszahler in den neuen Ländern für bereits erworbene

Entgeltpunkte die Vorteile, die ihnen aus der Lohnhochwertung zugewachsen sind.

3. Der ausstehende künftige Prozess einer Angleichung des Rentenwerts Ost an den Rentenwert West und die Hoffnung auf damit verbundene Rentensteigerungen wird in die Gegenwart vorgezogen und abgefunden. Künftig zu erwartende Rentensteigerungen werden dabei versicherungsmathematisch korrekt mit fünf Prozent jährlich abgezinst. Versicherte und Rentner mit Entgeltpunkten Ost erhalten im Rahmen der Angleichung der Rechenwerte eine Einmalzahlung. Diese orientiert sich an der Zahl der persönlichen Entgeltpunkte und der weiteren Lebenserwartung am Stichtag der Umstellung.

4. Die berechtigten Versicherten und Bestandsrentner erhalten bezüglich der Einmalzahlung ein Wahlrecht. Bestandsrentner und Versicherte, die am Stichtag 60 Jahre alt sind, haben dieses Wahlrecht zum Stichtag auszuüben. Versicherte, die am Stichtag jünger als 60 Jahre sind üben das Wahlrecht jeweils mit Vollendung des 60. Lebensjahres aus. Bei fehlender expliziter Erklärung findet das einheitliche Rentenrecht Anwendung. Für Bestandsrentner und Versicherte, die gegen die Einmalzahlung optieren, wird die Rente für ihre Entgeltpunkte Ost nach der bis zum Stichtag geltenden Methode berechnet.

**Es handelt sich bei diesem Antrag um eine nicht ungeschickt aufgemachte Mogelpackung**. Er hat praktisch nichts mit unserer Forderung nach Angleichung des Rentenwertes Ost an den aktuellen Rentenwert zu tun. Die Erhaltung der bestehenden Rentenansprüche und -anwartschaften führt letztlich zu einer Stabilisierung des bisherigen unterschiedlichen Zahlbetrages. Die Benachteiligung der Rentnerinnen und Rentner im Beitrittsgebiet bei den Alterseinkommen bleibt dauerhaft bestehen.

Erwartete künftige Rentensteigerungen im Ergebnis der Angleichung des Rentenwertes Ost sollen mit einer Einmalzahlung abgefunden werden. Diese Geldsumme wird an die persönliche Lebenserwartung angepasst. Dabei bleibt unklar, auf welcher Grundlage die Lebenserwartung bestimmt wird. Versicherungsgesellschaften haben dafür andere Angaben, als es die offiziellen Prognosen ausweisen.

Es folgt ein wörtliches Zitat aus der Begründung zum FDP-Antrag: „Die Gesamtsumme der vorgezogenen Einmalzahlung soll berechnet werden, indem eine Aufholung des Rentenwerts Ost von 0,1 Prozent jährlich angesetzt wird, entsprechend der Prognose im Rentenversicherungsbericht 2007, ein durchschnittlich weiterer Anstieg des Rentenwerts West von einem Prozent jährlich, sowie ein Abzinsungsfaktor von 5 % pro Jahr. Dabei werden alle zum Zeitpunkt der Umstellung erworbenen Entgeltpunkte Ost, bei Beitragszahlern und Rentnern, berücksichtigt."

Diese Einmalzahlung soll dann also pro Jahr der angenommenen Lebenserwartung um 5 % vermindert werden. Der Unterschied im mit der jeweiligen Erwerbsbiographie vergleichbaren Rentenbetrag Ost zu West bleibt erhalten. Die projektierte Abfindung begrenzt eine Rentensteigerung von vornherein auf 0,1 % pro Jahr im Osten. Bei der gegenwärtigen und künftig steigenden Inflation wird somit die Armutsgefahr auch für den Durchschnittsrentner wachsen.

Es muss, falls dieser Antrag eine Mehrheit finden sollte, damit gerechnet werden, dass vor einer Angleichung der Löhne und Gehälter ihre Hochrechnung ab Inkrafttreten dieser Regelung entfällt. Das ginge eindeutig zu Lasten der Neurentner, wenn nicht eine Lohnangleichung erkämpft wird.

Unsere nach wie vor bestehende Forderung nach der Herstellung der Rentengerechtigkeit, ich habe eingangs dazu etwas gesagt, wird mit dem FDP-Antrag deutlich in den Papierkorb geworfen.
Nicht nachvollziehbar ist die stets wiederholte Behauptung, eine Angleichung des Rentenwertes hätte höhere Beitragszahlungen im Beitrittsgebiet zur Folge. Die Verwaltung der Beiträge für die Rentenversicherung muss nicht zwangsläufig nach dem Territorialprinzip alte Bundesrepublik und neue Bundesländer erfolgen. Dadurch wird zudem die Teilung des Landes zementiert.

Ein Ergebnis der negativen wirtschaftlichen Entwicklung im Beitrittsgebiet ist die dramatische Abwanderung arbeitsfähiger, hoch qualifizierter und motivierter Bevölkerungsteile in das Gebiet der alten Bundesrepublik sowie die hohe Zahl von Berufspendlern von Ost nach West.

Nach recht soliden Schätzungen beträgt die betreffende Personenzahl mindestens 3,3 Mio., die aus den neuen Ländern stammen, hier aufgewachsen sind und ausgebildet wurden. Deren Beitrag zu den Sozialkassen ist im Rahmen des

Generationenvertrages auch für den Lebensunterhalt ihrer Eltern und Großeltern im Beitrittsgebiet zu nutzen, was nach derzeitiger Lage und Rechtspraxis nicht berücksichtigt wird. Demgegenüber rekrutieren sich Zuwanderungen in die östlichen Bundesländer vornehmlich aus Beamten, Unternehmern und Politikern, von denen bekanntlich keine Abgaben in die Sozialkassen zu leisten sind. Wir fordern lediglich die Gleichbehandlung im Rentenrecht unabhängig von unserer Herkunft (DDR), indem unserer Rente die Beiträge zugrunde gelegt werden, welche alle Beitrittsbürger in ganz Deutschland in die gesetzliche Rentenversicherung einzahlen, wie dies auch bei der Rentenberechnung in den alten Bundesländern praktiziert wird. Auch dort wird nicht geprüft, ob das Beitragsaufkommen eines Bundeslandes die jeweiligen Rentenleistungen finanziert. Die Regel ist, dass alle Rentenbeiträge zuzüglich des Zuschusses für diverse versicherungsfremde Leistungen die Rentenleistungen finanzieren.

In diesem Zusammenhang sei auch auf das Eigentum verwiesen, welches die Bürger der DDR in die Bundesrepublik eingebracht haben. Es bestand sowohl aus dem persönlichen Eigentum als auch aus dem kollektiven Eigentum in Gestalt des Volkseigentums und des genossenschaftlichen Eigentums in der Landwirtschaft, im Handwerk sowie bei einem Teil der Wohnungen. Das Volkseigentum gehörte allen Bürgerinnen und Bürgern, das genossenschaftliche Eigentum den jeweiligen Mitgliedern der Genossenschaften.

Es kann also festgestellt werden, dass alle Bewohner des Beitrittsgebietes im Gegensatz zu jenen in der alten BRD Miteigentümer der wesentlichen Produktions- und Handelsbetriebe sowie auch des volkseigenen Teiles der Wohnungen waren. Zunächst hat die Treuhandanstalt, eine Einrichtung öffentlichen Rechts, die Verwaltung der volkseigenen Betriebe (VEB) übernommen. Die Treuhandanstalt wandelte die VEB sofort in selbständige Kapitalgesellschaften um und verlangte die Erstellung von Eröffnungsbilanzen. Das Treuhandvermögen in Gestalt der 8.500 Kombinate und Betriebe, der 20.000 Gewerbe- und Handelsbetriebe, von 3,68 Millionen Hektar land- und forstwirtschaftlicher Fläche, 25 Milliarden Quadratmeter Immobilien belief sich danach auf 600 bis 700 Milliarden DM.

Die bisher planmäßigen, von der Staatsbank der DDR verwalteten, Finanzmittel wurden im Ergebnis des Verkaufs jener Staatsbank durch die Käufer in Bankkredite umgewandelt. Sofort trat eine Verschuldung der nunmehr kapitalisierten Unternehmen ein. Hinzu kam, dass durch die Währungsunion am 1. Juli 1990 die Kunden aus dem Bereich der Staaten des Rates für gegenseitige Wirtschaftshilfe(RGW) – im Westen als COMECOM bekannt – alle Geschäfte mit den ehemaligen VEB in konvertierbarer Währung abwickeln mussten. Bis zum 30. Juni 1990 waren alle Verträge mit den nicht konvertierbaren Verrechnungsrubeln, einer RGW-internen Handelswährung, bezahlt worden. Der Umfang dieser Lieferungen betrug etwa 40 % der gesamten Leistungen der DDR-Wirtschaft, die zum Teil völlig auf den Bedarf dieses Marktes ausgerichtet war. Gewissermaßen über Nacht war die gesamte Industrie der DDR aus ökonomischer Sicht zum Sanierungsfall gemacht geworden. Hinzu kam, dass in der Tat in nicht wenigen Betrieben das technologische Niveau und folglich auch die Arbeitsproduktivität unter dem Niveau der Bundesrepublik lag sowie die verfügbaren Rohstoff- und Energieressourcen unzureichend waren und zusätzliche Kosten verursachten. Die Treuhandanstalt zog dann sehr schnell die Schlussfolgerung, dass die beste Sanierung die Privatisierung sei. Die „maroden" DDR-Betriebe wurden zu Schleuderpreisen, oft für 1 DM, einschließlich der Kundenkarteien verkauft.

Nach der Privatisierung wurden aus dem o.g. Treuhandvermögen Schulden in Höhe von 256 Milliarden DM. Die Treuhandanstalt und ihre Nachfolgerin Bundesanstalt für vereinigungsbedingtes Sondervermögen (BVS) hat somit insgesamt einen Verlust von ca. 1 Billion DM erwirtschaftet.

Daraus ist die nicht unbillige Forderung ableitbar, diesen den Beitrittsbürgern zugefügten Schaden in Form angeglichener Rentenzahlungen zumindest teilweise zu ersetzen. Das wäre eine Analogie zur Erstattung versicherungsfremder Leistungen der Rentenversicherung.

In diesem Zusammenhang sei auch an die Tatsache erinnert, dass die Beitrittsbürger die Lasten der Reparationsleistungen in Höhe von ca. 727,1 Mrd. DM fast allein für das ganze deutsche Volk getragen hat, ohne dass dies bisher ausgeglichen wurde.

Zur Finanzierung der Renten im Beitrittsgebiet ist zu sagen, dass hier eine immense Falschinformation der Bevölkerung betrieben wird.

Jene 7,42 Mio. Bürger, die am 02. Oktober 1990 Einwohner der DDR waren und heute noch versicherungspflichtig beschäftigt sind, also Beiträge zur gesetzlichen Rentenversicherung zahlen müssen, machen 27,97 % der in der gesamten Bundesrepublik versicherungspflichtig Beschäftigten aus.

Die Beiträge der Beitrittsbürger für die gesetzliche Rentenversicherung belaufen sich auf 25,98 % der gesamten Rentenversicherungsbeiträge. Die im Beitrittsgebiet gesetzlich zu versorgenden Rentner sind demgegenüber jedoch nur 20,67 % aller Rentner in der Bundesrepublik.

**Die Bilanz der Treuhand / Bundesanstalt für Vereinigungsbedingtes Sondervermögen lautet:** Schulden in Höhe von 256 Milliarden DM - Verlust in Höhe von ca. 1 Billion DM.

Die Lohnsteuern sowohl der in die Alt-BRD übergesiedelten und dorthin pendelnden 2,25 Mio. als auch der abhängig Beschäftigten bei im Osten tätigen Westfirmen – eine völlig unbekannte Zahl – fließen ebenfalls in die alten Bundesländer.

Mit anderen Worten: Der Osten stärkt den Westen, insbesondere durch gut ausgebildete und hoch motivierte Arbeitskräfte mit ihren Steuern und Sozialabgaben. Auch im Beitrittsgebiet selbst partizipieren sehr viele Unternehmen, die ihre Firmensitze in der Alt-BRD haben, von Arbeitskräften aus dem Osten mit ihren Steuern und Sozialabgaben, insbesondere wenn sie ihnen die geringeren Osttarife zahlen. Die Beweisführung für diese Behauptung kann bei Dieter Bauer, Erfurt, und Eberhard Rehling, Berlin, nachgelesen werden.

Die Zahl der abgewanderten Beitrittsbürger ist jährlich um ca. 140. 000 Bürger weiter gestiegen und wird auch künftig weiter steigen, bis die Einkommens- und Lebensverhältnisse sich im Beitrittsgebiet angeglichen haben.

Zu den abgewanderten Beitrittsbürgern kommen noch die ca. 350.000 Berufspendler, die ihre Steuern und Sozialabgaben in den alten Ländern zahlen. Betrachten wir die finanziellen Auswirkungen der Arbeitskräftewanderung von Ost nach West, so können wir feststellen, dass der Anteil der Beitrittsbürger am Beitragsaufkommen für die gesetzliche Rentenversicherung 25,98 % beträgt. Das ist ein erstaunliches Ergebnis, das nach dem Wortgeprassel über Transferleistungen wohl niemand erwartet hätte.

Durch die Abrechnung der Steuern über den Firmensitz der Unternehmen werden die Länder und Kommunen der alten Bundesländer in dem Maße gestärkt, wie diese Leistung, die z. T. auch in den neuen Ländern erarbeitet wird, den Kommunen und Ländern des Beitrittsgebietes entzogen wird.
Insofern ist der Länderfinanzausgleich lediglich eine teilweise Rückerstattung der Leistung der Beitrittsbürger. Eine weitere Täuschung der Bürger ist hier anzumerken. Die Staatsangestellten sowohl der BRD als auch der DDR wurden und werden aus Steuermitteln bezahlt (z. B. Öffentlicher Dienst, Polizei, Armee, Justiz, Bildungswesen usw.).

Durch das besondere Rentenrecht Ost ist diese Beschäftigtengruppe in der gesetzlichen Rentenversicherung enthalten und hat einen etwa 20% höheren Bundeszuschuss in der Rentenkasse Ost gegenüber dem der BRD zur Folge. Das entspricht nach den Rentenversicherungsberichten etwa einem Anteil von 5 Mrd. Euro.

Diese ca. 5 Mrd. Euro sind bei den Leistungsvergleichen aus den Rentenausgaben der neuen Länder heraus zu nehmen, da diese Gruppe auch in den alten Ländern außerhalb der GRV aus Steuern finanziert wird.
Zusammenfassend kann festgestellt werden, dass wir auch nach der Vernichtung unseres Produktivvermögens von 600 Mrd. DM sowie der Erbringung der Reparationsleistungen in Höhe von 727,1 Mrd. DM weiterhin für Wohlstand im Westen arbeiten dürfen. Um den von uns erarbeiteten Anteil werden wir betrogen.

Die Angleichung der Lebensverhältnisse wird nicht von allein geschehen. Die Negierung der tatsächlichen Verhältnisse und Entwicklungen lässt den Verdacht aufkommen, dass die Alt-BRD gegenüber dem Beitrittsgebiet eher wie eine Kolonialmacht handelt, als die Vereinigung des Landes zu betreiben. Die gut ausgebildeten und motivierten Fachkräfte werden aufgesogen, ihre Arbeitskraft wird genutzt, die Steuern und Abgaben kassiert und die im Beitrittsgebiet verbleibende, älter werdende Bevölkerung wird an den Tropf gehängt und hat diese Gnade auch noch entsprechend zu würdigen.

Für den geringeren Rentenwert Ost gibt es nun schon seit längerem keine vernünftige Begründung mehr. Der Verweis auf unterschiedliche Verdienstbedingungen trifft nicht nur auf die Länder des Beitrittsgebietes zu. Auch bei der Durchmischung der Beschäftigten in der Alt-BRD, also zwischen Bayern und

Schleswig-Holsteinern oder Baden-Württembergern und Niedersachsen hat es einen unterschiedlichen Rentenwert noch nie gegeben. Warum also zwischen Sachsen und Hessen oder zwischen Brandenburgern und Saarländern?

Welche Perspektiven ergeben sich für die gesetzliche Rentenversicherung?
Zweifellos haben die Veränderung der Arbeitswelt und die hohe Arbeitslosigkeit Auswirkungen auf die Einnahmen der Rentenversicherung. Die seitens der Regierungen Schröder und Merkel eingeleiteten Rentenreformen tendieren eindeutig zur Privatisierung der Altersvorsorge und liefern die Alterseinkommen in zunehmendem Maße den Börsenergebnissen aus.

Das ist keine Lösung für die abhängig Beschäftigten. Für sie fehlen zur Realisierung der eingeleiteten Maßnahmen die notwendigen sozialen Absicherungen.

Die heutigen Sozialsysteme werden im Wesentlichen nach den Bruttolöhnen der versicherungspflichtig Beschäftigten bemessen, also einer Minderheit von knapp 32 % der Einwohner. Deshalb sollte die Idee einer solidarischen Erwerbstätigenversicherung, wie sie von der Volkssolidarität, dem DGB und dem Sozialverband Deutschland entwickelt und als Antrag der LINKEN in den Bundestag eingebracht wurde, unterstützt werden.

Im Kern umfasst dieser Antrag folgendes:
Der Deutsche Bundestag fordert die Bundesregierung auf,

1.
die gesetzliche Rentenversicherung zu einer solidarischen Erwerbstätigen-Versicherung weiterzuentwickeln, in der alle Erwerbseinkommen rentenversicherungspflichtig sind, und so insbesondere dem Wandel in der Arbeitswelt und dem wachsenden Schutzbedürfnis der Erwerbstätigen und der Erwerbslosen Rechnung zu tragen,

2.
die Lebensstandardsicherung als Sicherungsziel der gesetzlichen Rentenversicherung wieder in den Mittelpunkt der Alterssicherungspolitik zu stellen und die gesetzliche Begrenzung des Beitragssatzes ersatzlos zu streichen,

3.

die Dämpfungsfaktoren in der Rente (Riester-, Nachhaltigkeits-, Nachholfaktor) zu streichen,

4.
das RV-Altersgrenzenanpassungsgesetz (Rente ab 67) vollständig zurückzunehmen,

5.
Maßnahmen zu ergreifen, um den solidarischen Ausgleich in der gesetzlichen Rentenversicherung zu stärken,

6.
die Angleichung des Rentenwerts Ost an den aktuellen Rentenwert (West) zu realisieren.

Im Ausschuss für Arbeit und Soziales des Bundestages fand dazu vor einigen Wochen eine Anhörung statt.
Die meisten Gutachter konnten sich nicht zu einer Befürwortung des Vorhabens durchringen. Die gegenwärtigen Mehrheitsverhältnisse sind tatsächlich neoliberal und damit hin zur Privatisierung geprägt.

Welche Schlussfolgerungen sollten wir ziehen:
1. Unser Kampf für Rentengerechtigkeit muss weiter geführt werden. Die einzige politische Kraft, die unsere Interessen im Bundestag vertritt, ist die LINKE. Bemerkenswert ist, dass die gesamte Partei, also auch ihr Westteil, sich diese Sache zur Aufgabe gemacht hat. Der Cottbuser Parteitag hat den Kampf um gerechte Renten nachdrücklich zur Aufgabe für 2008 gemacht. In unserem eigenen Interesse müssen wir daher die Forderungen vor allem an die Fraktionen und Abgeordneten der SPD, CDU/CSU, der Grünen und der FDP weiter herantragen.
2. Die seitens der FDP angekündigten Schritte zur Angleichung des Rentenrechts sind in der Tendenz gegen die Hochwertung der Ostlöhne vor Angleichung der Löhne und Gehälter gerichtet. Ein solcher vorzeitiger Schritt fiele den Neurentnern eindeutig auf die Füße und das dürfen wir auch nicht hinnehmen.
3. Der Bundestagswahlkampf lässt bereits heftig grüßen. Wir müssen uns hier rechtzeitig wappnen und vor allem die arglistige Täuschung mit dem Einigungsvertrag nachdrücklich deutlich machen. Die Bundesregierung war sich nach dem erklärten Anschluss der DDR darüber im Klaren, dass ihr Vertragspartner mit dem 03.10.1990 als Völkerrechtsubjekt verschwinden würde. Somit konnte sie davon ausgehen, dass sie kein Rechtsnachfolger der DDR sein würde. Sie konnte also

mit dem Eigentum der DDR nach Belieben umgehen, was sie auch sehr intensiv tat. Für die Wahrung der Pflichten des Staates DDR gegenüber seinen Bürgern und anderen Staaten fühlte sie sich hingegen nicht verantwortlich und war daraus formal auch schon bald entlassen. In der aktuellen Politik der Bundesrepublik wird der Einigungsvertrag völlig ausgeklammert.

Soviel als Schlussbemerkung, auch zum Thema „Rechtsstaat".

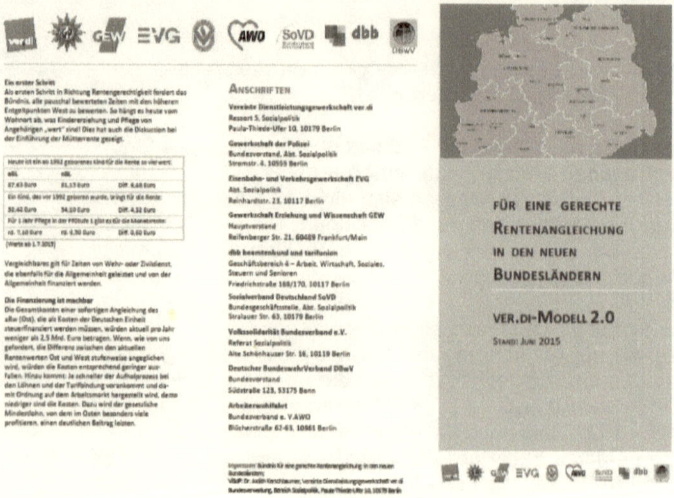

**Ein erster Schritt**
Als ersten Schritt in Richtung Rentengerechtigkeit fordert das Bündnis, alle pauschal bewerteten Zeiten mit den höheren Entgeltpunkten West zu bewerten. So hängt es heute vom Wohnort ab, was Kindererziehung und Pflege von Angehörigen „wert" sind! Dies hat auch die Diskussion bei der Einführung der Mütterrente gezeigt.

| Heute ist ein ab 1992 geborenes Kind für die Rente so viel wert: | | |
|---|---|---|
| aBL | nBL | |
| 87,63 Euro | 81,15 Euro | Diff. 6,48 Euro |
| Ein Kind, das vor 1992 geboren wurde, bringt für die Rente: | | |
| 58,42 Euro | 54,10 Euro | Diff. 4,32 Euro |
| Für 1 Jahr Pflege in der Pflegestufe 1 gibt es für die Monatsrente: | | |
| rd. 7,10 Euro | rd. 6,50 Euro | Diff. 0,60 Euro |

(Werte ab 1.7.2015)

Vergleichbares gilt für Zeiten von Wehr- oder Zivildienst, die ebenfalls für die Allgemeinheit geleistet und von der Allgemeinheit finanziert werden.

**Die Finanzierung ist machbar**
Die Gesamtkosten einer sofortigen Angleichung des aRw (Ost), die als Kosten der Deutschen Einheit steuerfinanziert werden müssen, würden aktuell pro Jahr weniger als 2,5 Mrd. Euro betragen. Wenn, wie von uns gefordert, die Differenz zwischen den aktuellen Rentenwerten Ost und West stufenweise angeglichen wird, würden die Kosten entsprechend geringer ausfallen. Hinzu kommt: Je schneller der Aufholprozess bei den Löhnen und der Tarifbindung vorankommt und damit Ordnung auf dem Arbeitsmarkt hergestellt wird, desto niedriger sind die Kosten. Dazu wird der gesetzliche Mindestlohn, von dem im Osten besonders viele profitieren, einen deutlichen Beitrag leisten.

**ANSCHRIFTEN**

**Vereinte Dienstleistungsgewerkschaft ver.di**
Ressort 5, Sozialpolitik
Paula-Thiede-Ufer 10, 10179 Berlin

**Gewerkschaft der Polizei**
Bundesvorstand, Abt. Sozialpolitik
Stromstr. 4, 10555 Berlin

**Eisenbahn- und Verkehrsgewerkschaft EVG**
Abt. Sozialpolitik
Reinhardtstr. 23, 10117 Berlin

**Gewerkschaft Erziehung und Wissenschaft GEW**
Hauptvorstand
Reifenberger Str. 21, 60489 Frankfurt/Main

**dbb beamtenbund und tarifunion**
Geschäftsbereich 4 – Arbeit, Wirtschaft, Soziales, Steuern und Senioren
Friedrichstraße 169/170, 10117 Berlin

**Sozialverband Deutschland SoVD**
Bundesgeschäftsstelle, Abt. Sozialpolitik
Stralauer Str. 63, 10179 Berlin

**Volkssolidarität Bundesverband e.V.**
Referat Sozialpolitik
Alte Schönhauser Str. 16, 10119 Berlin

**Deutscher BundeswehrVerband DBwV**
Bundesvorstand
Südstraße 123, 53175 Bonn

**Arbeiterwohlfahrt**
Bundesverband e. V.AWO
Blücherstraße 62-63, 10961 Berlin

Impressum: Bündnis für eine gerechte Rentenangleichung in den neuen Bundesländern;
V.i.S.d.P.: Dr. Judith Kerschbaumer, Vereinte Dienstleistungsgewerkschaft ver.di Bundesverwaltung, Bereich Sozialpolitik, Paula-Thiede-Ufer 10, 10179 Berlin

FÜR EINE GERECHTE RENTENANGLEICHUNG IN DEN NEUEN BUNDESLÄNDERN

VER.DI-MODELL 2.0

STAND: JUNI 2015

**Anlage 15**
**Ausgewählte weitere rentenpolitische Beschlussentwürfe der Partei DIE LINKE**

- Rentenniveau anheben – Für eine gute, lebensstandardsichernde Rente (**BT-Drs. 18/6878) (18/767**),

- Die Riester-Rente in die gesetzliche Rentenversicherung überführen! **(18/8610)**,

- Unbefristete Arbeitsverhältnisse zur Regel machen **(GE 18/7, BT-Drs.18/1874),**

- Mindestlohn – flächendeckend und gesetzlich! **(18/590, GE 18/6),**

- Fünf-Punkte-Programm zur Bekämpfung und Vermeidung von Langzeiterwerbslosigkeit **(18/3146),**

- Programm für gute öffentlich geförderte Beschäftigung auflegen **(18/4449)**,

- Entgeltgleichheit von Frauen und Männern durchsetzen **(18/4933),**

- Abschläge aus der EM-Rente entfernen! **(18/9)**,

- Rentenkasse braucht jeden Cent! **(Drucksache 18/52, 18/3042)**,

- Statt Rente erst ab 67 - Altersgerechte Übergänge in die Rente für alle Versicherten erleichtern **(18/3312),**

- Altersarmut Ost / Rentenanpassung **(18/1644, 18/982)**,

- Steuerfinanzierung so genannte ‚Mütterrente' **(18/765, 18/1497),**

- Zwangsverrentung abschaffen! **(18/589)**,

- Doppelverbeitragung bei bAV abschaffen! **(18/6364)**,

- Solidarische Mindestrente (**17/8481, 17/10998, Antrag 2017/2018**),

**Das Rentenkonzept der Partei DIE LINKE:**

1. Rentenniveau wieder auf 53 Prozent erhöhen! Kürzungsfaktoren aus der Rentenanpassungsformel streichen.

2. Erwerbstätigenversicherung: Für alle Erwerbseinkommen müssen Beiträge in die gesetzliche Rentenversicherung (GRV) gezahlt werden - auch für die von Politikerinnen und Politikern, Selbstständigen, Freiberuflerinnen und Freiberuflern und Beamtinnen und Beamten.

3. Die Beitragsbemessungsgrenze wollen wir in einem ersten Schritt drastisch anheben und in einem zweiten Schritt aufheben; die Rentenhöhe der Rentenansprüche über dem doppelten des Durchschnittes sollen degressiv gestaltet, also abgeflacht werden.

4. Beiträge zur Alterssicherung müssen wieder paritätisch von Beschäftigten und Unternehmen finanziert werden.

5. Die Rente erst ab 67 abschaffen.
Stattdessen: Nach 40 Beitragsjahren ab 60 Jahren abschlagsfrei in Rente.

6. Zugang zu Erwerbsminderungsrenten erleichtern! Abschläge komplett streichen.

7. Riester-Verträge freiwillig auf ein persönliches Rentenkonto bei der DRV (gesetzliche Rente) überführen.
Staatliche Riesterförderung von über drei Milliarden Euro jährlich einstellen und damit die Bundeszuschüsse an die GRV erhöhen.

8. Solidarausgleich: Zeiten niedriger Löhne, der Erwerbslosigkeit, der Kindererziehung (sogenannte ‚Mütterrente') und Pflege müssen deutlich besser abgesichert werden, damit sie nicht zu Armutsrenten führen.

9. Die Angleichung der Ostrenten an das Westniveau!

10. Nachteile bei der Rentenüberleitung Ost-West beseitigen.

11. Einkommens- und vermögensgeprüfte Solidarische Mindestrente einführen: Niemand soll im Alter von weniger als 1.050 Euro netto leben müssen!

**Anlage 16**
**Offener Brief von Herrn Kurt Andrae an die Bundeskanzlerin**

**vom 1.2.2018**

Offener Brief an die amtierende Bundeskanzlerin
zur Rentengerechtigkeit

Frau Merkel !

Als fast 90-jähriger Rentner wende ich mich heute mit einer Frage an Sie, an deren Beantwortung sicherlich auch viele andere Rentner in Ostdeutschland sehr interessiert sind. Am 9. Juni 2009 waren sie in Leipzig Gast auf dem neunten deutschen Senioren-Tag. Dort erklärten Sie zur Rentenangleichung (Ost an West):

*„... ich stehe dazu, dass wir eine solche Angleichung von Ost und West brauchen, ich würde, wenn Sie mich nach dem Zeitrahmen fragen, sagen, dass das Thema in den ersten beiden Jahren der nächsten Legislaturperiode erledigt sein wird....".*

Das wäre im Jahre 2011 gewesen!

Auf diese Herstellung der Rentengerechtigkeit und die Gewährleistung der Gleichstellung vor dem Gesetz im Sinne des Artikels 3 des Grundgesetzes warte ich nun schon seit 1990, dem Abschluss des sogenannten Einigungsvertrages.

Neun Jahre nach Ihrem Versprechen in Leipzig muss ich nun leider feststellen, dass ihre damalige Versicherung *„ich stehe dazu"* wie eine Seifenblase geplatzt ist. Als Bürger aus der DDR fühle ich mich bestraft und durchaus nicht gleichberechtigt in diesem Lande. Dieses Gefühl verstärkt sich bei mir, wenn ich erlebe, wie sich Abgeordnete ihre Diäten unverhältnismäßig und selbständig erhöhen, die Regierung die Beamtenbezüge in der Zwischenzeit mehrmals drastisch erhöht hat, aber bei Tarifen, und Löhnen und Gehältern der normalen Beschäftigten, ebenso wie bei den Rentnern, immer noch zwischen Ost und West unterschieden wird.
Immer noch müssen Rentner im Osten ein hohes Renten-Minus in Kauf nehmen. Was mir als ehemaliger DDR-Bürger völlig unverständlich bleiben wird, ist die Tatsache, dass für die

Witwenrente, also für verstorbene Ehegatten, noch nach ihrem Tode, Steuern, sowie Beiträge für die sozialen Versicherungen wie z.B. Kranken- oder Pflegeversicherungen abgeführt werden müssen. Ich möchte wissen, wie meine verstorbene Frau in ihrem Grab „gepflegt" wird. Solche Abgaben wurden in der Deutschen Demokratischen Republik nicht erhoben, obwohl die DDR nicht so reich war, wie heute Ihr Land.
Ich möchte Sie an ihre Worte, Frau Merkel, erinnern, die Sie in Leipzig aussprachen:
*,,...die Rente sei kein Almosen sondern eine Gegenleistung und wer im Leben lange gearbeitet hat, hat auch Anspruch auf eine gute Rente, gleich ob er in Ost- oder West-Deutschland lebt. Sozialleistungen sind keine milde Gabe. In den Versorgungssystemen liegt einiges im Argen. Die Renten müssen gleich wie die Pensionen zum Leben reichen".*

Ich erinnere Sie an ihre Worte und erwarte, dass Sie nun bald in die Tat umsetzen, was Sie damals so leichtfertig dahin sprachen. Ich würde es begrüßen wenn Sie mir Ihre heutige persönliche Ansicht dazu mitteilen würden und Sie keinen Beamten beauftragen, der mir evtl. eine Antwort mit einem ,,Baukastenbrief" zusammenstellt.
Sollten Sie nach Abschluss der Gespräche über die Bildung einer Regierung wieder deutsche Kanzlerin werden, erwarte ich die schnelle Einlösung Ihres Versprechens, welches Sie uns Rentnern aus der DDR 2009 gegeben haben.

Ich würde es zu gern noch erleben.

## Brief an Partner in Polen, die vom Rentenunrecht betroffen sind

Prof. PhD Wiktor Zbigniew
The Lower Silesian University of Entrepreneurship and Technologie
Skalnikow St. No 6 b, 59-101 Polkowice
Mail: z.wiktor@dwspit.pl

Sehr geehrter Herr Prof. Zbigniew,

Sie hatten mir bei Ihrem Besuch in Berlin, ND-Gebäude, Franz-Mehringplatz 1, Münzenbergsaal die rentenrechtlichen Ungerechtigkeiten in Polen zur Kenntnis gegeben. Ich habe Ihre leiden-schaftlichen Ausführungen noch genau in Erinnerung.
Das rentenrechtliche „an den soziale Rand Drängen" ist eine Methode, die polnische, tschechische und DDR-Bürger in unterschiedlicher Ausprägung trifft.

Andererseits haben wir mit Empörung die Rentenzahlung Deutschlands an verurteilte SS-Mörder zur Kenntnis nehmen müssen. **Wir teilen Eure Empörung**.

1998 wurden deutsche Rentenansprüche auch den SS-Schergen in den baltischen Staaten zuerkannt. Diese Menschen erhalten beachtliche zusätzliche Zahlungen zu ihrer „normalen Rente". Natürlich ist die Rente innerhalb Deutschlands ebenfalls „wertneutral". Diejenigen, die Verantwortung für die Grauen des zweiten Weltkrieges, für die mehr als 50 Millionen Tote, für die Zerstörung ganzer Regionen, für viele unsägliche Verbrechen (in wessen Interesse?) tragen, erhielten Pensionen und Renten gezahlt. Sie wurden auf Grund von Gesetzen bevorzugt in der Bundesrepublik wieder in den Staatsdienst aufgenommen.

Ist Ihnen bekannt, dass nach 1990,

- dem Eingliedern der DDR in die Bundesrepublik,
- dem kompletten Austausch der Eliten,
- dem Übereignen aller Werte in die Hände des bestehenden Kapitals,
- dem Vernichten bzw. Ausbluten der sozialen Einrichtungen wie Polikliniken, betrieblichen Essensversorgung, betrieblichen Kinderkrippen und -

gärten, den Sporteinrichtungen, den kulturellen Einrichtungen usw.
- dem erzwungenen zeitgleichen millionenfachen Entlassen von DDR-Bürgern aus dem bestehenden Job auch beim Sozialrecht die Ostbürger betrogen bzw. rentenrechtlich bestraft wurden?

1990 wurden alle ehemaligen Mitarbeiter des Ministeriums des Innern (Polizei, Justizorgane, Feuerwehren, Kriminalpolizei, ...) **[MdI]**, der Nationalen Volksarmee und der Grenztruppen der DDR **[NVA]**, der Zollorgane der DDR **[Zoll]** sowie des Ministeriums für Staatssicherheit [**MfS**] und zudem Personen, die per bundesdeutscher Regelung der Staatsführung **[Funktionäre**] zugeordnet wurden, rentenrechtlich bestraft. Sie erhielten max. 0,7 Rentenpunkte, unabhängig davon, wieviel sie selbst in die Rentenkasse eingezahlt haben. Nachgewiesen wurde, dass bei NVA, MfS, MdI und Zoll die Besoldungsgrundlagen gleich waren. Deshalb waren auch die Einkommen dieser vergleichbar.
In der DDR haben alle Bürger in die Rentenkasse eingezahlt, auch Staatsdiener im Beamtenstatus und Politiker. Die willkürliche Kürzung war der Grund, den Sozialverein ISOR zu gründen. Man versuchte rechtsbeugend mit Rückwirkung neuer Gesetze vieltausendfach gegenüber Einzelpersonen durch Prozesse der DDR als Ganzes Schuld zuzuweisen. Das gelang nicht. Dann begann die mediale Verleumdung, Verdrehung bzw. das Aus-dem-Zusammenhang-Reißen", die bis heute andauern.

Zeitgleich wurde ab 1990 diesem Personenkreis mittels „Überprüfungen" der Weg auf dem Arbeitsmarkt sehr stark begrenzt und politische Mitwirkung gekappt. Das führte zu überwiegend prekären Arbeitsbiografien, zu erzwungenen vorzeitigem „Ruhestand". Die Berechnung der Rente erfolgt jedoch ab 1990 nach Arbeitsjahren wie bei einem Arbeitnehmer und nicht nach beamtenähnlichen Versorgungen. Insofern sind die Biografien stark beeinträchtigt.

ISOR hat auf langwierigem Gerichtsweg erreicht, dass ehemalige Angehörige der NVA, des MdI und des Zolls zumindest von der Rente leben können. Sie erhalten entsprechend ihrer Arbeitsjahre und ihrer Einkommen Renten. Doch eben auch gekürzt! Es wurden/werden bewusst Einkommensbestandteile nicht mit in die Rentenberechnung einbezogen. Bis 2019 ist es auf dem Gerichtsweg gelungen, dass ein kleiner Teil der Bundesländer für eine Zulage von rd.

80 verschiedenen, die Anerkennung als rentenwirksam getroffen hat, jedoch bisher nur für die Angehörigen des MdI.

Für die Angehörigen des MfS wurde die Rente auf maximal einen Rentenpunkt begrenzt. In Verbindung mit dem Bruch der Erwerbsbiografien ist ein großer Teil dieser Menschen heute als Rentner am Existenzminimum. Dies ist unabhängig davon, ob die Tätigkeit Reinigungskraft, Koch, Sekretärin, Kraftfahrer, Wachmann, Arzt, Haustechniker, IT-Spezialist oder was auch immer war.

Soweit zur „Wertneutralität" des deutschen Rentenrechts. Welchen Beleg braucht es noch für die Behauptung „diese Justiz ist auf dem rechten Auge blind". Weshalb haben rechte Kräfte in Deutschland Auftrieb?

So lange es einen solchen Unterschied gibt, dass einerseits verurteilte Mörder Rentenzahlungen erhalten und andererseits tatsächlich unbescholtene Bürger sowohl einem Berufsverbot für eine Vielzahl von Beschäftigungen ab 1990 unterlagen und noch immer unterliegen als auch noch ihre vor 1990 durch persönliche Einzahlung erworbenen Rentenansprüche massiv eingekürzt werden, so lange besteht weder „Wertneutralität" noch „Gleichheit vor dem Gesetz".

Viele andere Gruppen von DDR-Bürgern werden auch rentenrechtlich betrogen. Die Angehörigen der Bahn der DDR erhielten eine Zusage zu einer beamtenähnlichen Altersversorgung. Dazu zahlte die Bahn in die Rentenkasse ein. Mit der Überführung in das bundesdeutsche Rentensystem wurden diese Einzahlungen und Ansprüche ignoriert. So geht es den Krankenschwestern, Postangehörigen und allen Beschäftigten im Staatsdienst bis zum Pförtner in der Gemeindeverwaltung. Sportler der DDR, die zeitweilig oder länger freigestellt waren oder nebenher das Diplom oder die Promotion erworben haben, bekamen entgegen der in der DDR getroffenen Zusagen für diese Zeiten keine Rentenpunkte angerechnet. Die Liste kann fortgesetzt werden.

Gern geben wir Ihnen, wenn Sie möchten, Kopien von juristischen Gutachten, sozialpolitischen Gutachten, Urteile, individuelle Beispiele, Über-sichten bzw. stellen für Sie Verbindungen zu betroffenen Gruppen her. Dieser Unterschied, der allein politisch erklärbar ist, ist Ihnen aufgefallen. Er ist auch nur durch politischen Druck änderbar. Solche sozialpolitischen Unterschiede bereiten den Nährboden für neue

Aggressionen. Die Welt ist seit 1990 deutlich gefährlicher geworden. Seither hat sich die Zahl der Kriegsherde stark erhöht. Seither ist Europa wieder als Kriegsschauplatz auserkoren. Insofern sind Rentenbetrachtungen unbedeutend. Beim Empören über das Belohnen von SS-Verbrechern durch den deutschen Staat nützt der Verweis auf die offenbar politisch motivierten Unterschiede, um solchen formal-juristischen Argumenten, wie „Wertneutralität des deutschen Rentenrechts" zu entgegnen.

Gern nehmen wir Ihre Empörung auf, um diese bei uns in unseren vereinsinternen Medien zu kommunizieren. Wir würden uns über eine Antwort von Ihnen freuen.

Mit besten Grüssen
Joachim Bonatz

## Anlage 17

Offener Appell an Bundestag und Bundesregierung: Endlich ein **gemeinsames gerechtes Rentensystem für OST und WEST** schaffen! Für die gegenwärtig benachteiligten Ostrentner die biologische Lösung verhindern!

HALLE Seniorenrat
Seniorenvertretung der Stadt Halle e.V.
Geiststraße 50 · 06108 Halle (Saale)
Telefon/Fax: (0345) 2900053
seniorenrathalle@t-online.de
AG Renten

Seniorenrat · Geiststraße 50 · 06108 Halle (Saale)

Halle, den 2. Januar 2016

**Offener Appell an Bundestag und Bundesregierung:**

**Endlich ein gemeinsames gerechtes Rentensystem für Ost und West schaffen! Für die gegenwärtig benachteiligten Ostrentner die biologische Lösung verhindern!**

Im Oktober 2015 haben Bundestag und Bundesregierung den 25. Jahrestag der Wiedervereinigung gefeiert, teilweise sogar mit Krokodils Tränen über die große historische Leistung der Ostdeutschen in den Jahren 1989 und 1990.
Die Bundeskanzlerin sagte dazu in ihrer Neujahrsansprache: *„Ist es nicht großartig, wo wir heute, 25 Jahre später, stehen."*

Ist denn wirklich alles großartig, wo wir heute stehen?
Ein absolutes Nein!!!
Denn, gerade die heutigen ostdeutschen Rentner, die damals noch im Arbeitsprozess standen und 1989/1990 an vorderster Front die Voraussetzungen für die Wiedervereinigung mit geschaffen haben, hatten am 2. Oktober 2015 wirklich keinen Grund zum feiern. Sie werden heute, über 25 Jahre nach der Wiedervereinigung, noch immer beim Rentenrecht benachteiligt, ja teilweise sogar diskriminiert.
Das widerspricht ganz eindeutig dem Versprechen des Einigungsvertrags.

Eines der Grundübel dafür wurde bereits mit dem Rentenüberleitungsgesetz gelegt, als die freiwillige Zusatzrentenversicherung (FZRV) und auch alle Zusatzversorgungssysteme der DDR verfassungsrechtlich fragwürdig in die gesetzliche Rentenversicherung der Bundesrepublik geschoben wurden, und dies für alle Beschäftigtengruppen bis hin zu Ärzten und Professoren, anders als dies bei der gesetzlichen Rentenversicherung der Bundesrepublik gehandhabt wurde und für die alten Länder noch heute gilt. Dadurch wird noch heute in der Bundesstatistik vorgegaukelt, dass die Ostrentner höhere Renten bekämen, da die durchschnittlichen Zahlbeträge aus der gesetzlichen Rente im Osten höher liegen als bei der gesetzlichen Rente im Westen. Dass man dabei aber „Äpfel mit Birnen vergleicht", wird einfach verschwiegen. Auch dass die Betriebsrenten, die ja im Westen noch immer einen erheblichen Zuschlag zum Alterseinkommen bilden, im Osten 1990 dagegen ersatzlos gestrichen wurden, verschweigt man ebenfalls tunlichst.
Die tatsächlichen Alterseinkommen der Rentner liegen im Westen wesentlich höher als im Osten!

Bankverbindung: Saalesparkasse · Konto-Nr.: 383 303 378 · BLZ: 800 537 62
IBAN: DE55 8005 3762 0383 3033 78 · BIC: NOLADE21HAL

Das Fatale ist, dass der Wissensstand über die Grundlagen der Rentenversicherung und -berechnung von Ost nach West immer mehr abnimmt, offensichtlich auch bei den Abgeordneten des Deutschen Bundestags, obwohl sowohl die Fraktionen als auch zahllose Abgeordnete seit Jahren von uns und vielen weiteren Initiativen über diese Problematik detailliert informiert wurden.
Außerdem: 25 Jahre nach der Wiedervereinigung scheint die Benachteiligung der Ostrentner kaum noch jemanden „im hohen Hause" zu interessieren.
Im Bundestag spricht man lieber über „Erfolgsgeschichten".

Im Koalitionsvertrag von CDU/CSU und SPD für die 18. Wahlperiode steht zwar, nach den vielen Versprechungen früherer Jahre, etwas zu tun, eine unkonkrete Absichtserklärung, aber die derzeitigen Signale lassen noch nicht erkennen, dass die Bundesregierung ab 2016 wirklich handeln will.

Wir knüpfen deshalb an unsere Forderungen, die wir bereits auf unserer Renten-Ostkonferenz am 18. November 2014 in einem Offenen Brief an alle Bundestagsfraktionen gerichtet haben, an und fordern die Bundesregierung und die im Bundestag vertretenen Parteien auf:

**1. Endlich die Rentenwertangleichung Ost an West auf den Weg zu bringen und bis 2019 abzuschließen,** damit die derzeitige Rentnergeneration Ost nicht noch für viele weitere Jahre deutlich niedrigere Renten erhält als die Rentnergeneration West bei gleicher Lebensleistung.

**2. Im Zusammenhang mit der Angleichung der Rentenwerte Ost/West Lösungen für die Beibehaltung der Hochwertung der Löhne und Gehälter** für die Gebiete **zu erarbeiten**, in denen noch immer niedrigere Löhne für gleiche Tätigkeiten gezahlt werden. Die Anlage 10 in SGB VI sollte für die Tarifbereiche weiter gelten, in denen noch nicht 100% Tariflohn gezahlt wird. Künftige Rentner sollen, wenn sie jetzt bei vergleichbarer Arbeitsleistung noch niedrigere Löhne bekommen, am Ende nicht deshalb auch noch niedrigere Renten erhalten.

**3.** Konkrete Schritte zur **Beseitigung noch bestehenden Unrechts bei bestimmten Berufsgruppen zu beschließen, insbesondere für die Berufsgruppe der technischen Intelligenz.** Hierbei geht es ganz eindeutig nicht um eine nachträgliche Beseitigung ungleicher Zugangsmöglichkeiten zum Versorgungssystem der technischen Intelligenz, wie von politischer Seite immer wieder behauptet wird. Es geht einzig und allein um die Beseitigung des erst in der Bundesrepublik durch die Justiz wider besseren Wissens entschiedenen diskriminierenden Ausschlusses der Chemiker, Physiker und anderer Naturwissenschaftler von diesem Zusatzversorgungssystem.

Dr. Dieter Weißenborn

Dr. Kl.-Dieter Weißenborn

**Vorsitzender**
**der überregionalen AG Renten**

## Anlage 18

### Erklärung

des Ministers und der Stellvertreter des Ministers für Nationale Verteidigung und von Stellvertretern des Ministers der Innern sowie weiterer ehemals leitender Offiziere der Deutschen Demokratischen Republik

Am 28. Juli 2010 hat das Bundesverfassungsgericht den Beschluss seines 1. Senats vom 6. Juli 2010 bekannt gegeben, wonach es die drastische Kürzung der Rentenansprüche für ehemalige Minister der DDR und ihre Stellvertreter auf die Höhe des Durchschnitts aller Versicherten der gesetzlichen Rentenversicherung nach § 6 Abs. 2 Ziff. 4 des AAÜG auch weiterhin für verfassungs-gemäß hält. Gleichzeitig lässt der Senat erkennen, dass er auch für die Kürzung der Rentenansprüche aller anderen in § 6 Abs. 2 des AAÜG benannten Personen keine Verletzung des Grundgesetzes erkennen will.

Wir haben diesen Beschluss mit Empörung zur Kenntnis genommen. Er schreibt erneut
- nunmehr bereits zum dritten Mal, jeweils mit anderen und erneut nicht substantiierten Begründungen und Konstruktionen - eine politisch motivierte Verletzung der Gleichheit vor dem Gesetz und eine Verletzung der Wertneutralität des Rentenrechts fest. Er sucht Rentenstrafrecht für die Betroffenen, dessen Existenz in Deutschland er gar leugnet, bis zu deren Tod zu zementieren.

Eine 2005 vom Deutschen Bundestag normativ behauptete Weisungsbefugnis der betroffenen Personenkreise gegenüber dem MfS als Rechtfertigungsgrund für Anspruchsverkürzungen wird zwar ausdrücklich als ungeeignet verworfen, jedoch werden die tatsachenwidrig gesetzlich fixierten Regelungen unberührt gelassen. Stattdessen werden nun ebenso zweifelhafte politisch motivierte Argumentationen eingeführt, die gleichermaßen untragbar sind. Es wird rechts-auslegend begründet und in den Gesetzestext hinein interpretiert, bei dem erfassten Personenkreis handele es sich
*„um eine kleine Gruppe von Personen mit höchsten staatlichen Leitungsfunktionen, bei denen der Gesetzgeber davon ausgehen kann, dass jedenfalls sie einkommens- und versorgungsseitig von einem System der Selbstprivilegierung profitierten ".*

Es werden „Selbstbegünstigungen" durch vorrangige Wohnungsversorgung, Möglichkeiten zur Pacht eines Gartengrundstücks, Ferienaufenthalte in speziellen Ferienheimen, Gesundheitsversorgungen durch zentrale medizinische Einrichtungen und ohne nähere Untersuchung weitere Feststellungen beigezogen, die rentenrechtlich irrelevant sind. Die Tatsache, dass im Staatsapparat und damit auch in den bewaffneten Kräften der DDR keine überdurchschnittlich hohen Gehälter gezahlt wurden, blieb ebenso unberücksichtigt wie der Umstand, dass durch die Überführung der Versorgungsansprüche in die gesetzliche Rentenversicherung ohnehin schon eine Kappung der möglichen Ruhestandsbezüge eingetreten ist. Das gegenwärtige Rentenniveau eines Generals der DDR liegt in der Höhe unter den Pensionsansprüchen eines Feldwebels der Bundeswehr.

Wir sehen auch im System der Auswahl und des Einsatzes in Funktionen in der DDR keinerlei strukturelle Unterscheidung zu den verantwortlichen Ministern und ihren Stellvertretern in der BRD. Auch sie werden von Regierungsparteien nominiert, ausgewählt und eingesetzt, allerdings - im Gegensatz zu uns - üppig besoldet und mit Pensionen ausgestattet.

Wir sehen in diesem neuerlichen Beschluss des Bundesverfassungsgerichts einen Missbrauch des Rentenrechts als politisches Strafrecht. Wir werden in dieser Wertung bekräftigt auch durch die krampfhaften, nahezu peinlichen Bemühungen des Senats, in seiner Begründung des Beschlusses expressis verbis den Begriff „Rentenstrafrecht" auszuräumen. Eine solche Wertung ist keine Frage advokatischer Definition, sondern ein Problem täglich erlebter Rechtspraxis vieler tausender ehemaliger Staatsbürger der DDR.

Wir erklären noch einmal mit aller Deutlichkeit:
Die Erfüllung unserer Pflichten als Minister und Stellvertretende Minister der bewaffneten Organe der DDR und als leitende Offiziere war uns eine **Herzensangelegenheit, für die wir uns weder zu entschuldigen noch zu schämen haben.**
Wir haben alles getan, dass die bewaffneten Kräfte der DDR dazu beigetragen haben, dass in unserem Land und auf unserem Kontinent **40 Jahre Frieden herrschte.**

Auch bei den Ereignissen 1989/90 haben wir unsere Verantwortung vor unserem Volk umsichtig und wohlüberlegt wahrgenommen. Es ist in erster Linie unser Verdienst, dass diese Ereignisse unblutig, ohne Anwendung von Waffen, über die wir sehr wohl verfügten, verlaufen sind. Noch nie in der deutschen Geschichte ging ein Machtwechsel ohne Blutvergießen, ohne Mord und Totschlag, ohne Einsatz von Schusswaffen vonstatten.
**Wir haben zu keiner Zeit ungesetzlich und völkerrechtswidrig gehandelt.**
Ein nicht geringer Teil von uns hat noch für die Regierung unter Herrn de Maiziere gewissenhaft seine Aufgaben erfüllt und den geordneten Beitritt der DDR zum Geltungsbereich des Grundgesetzes gesichert, so wie es von der Volkskammer beschlossen worden war, teilweise auch über den 3. Oktober 1990 hinaus.

Uns bewegt die Frage:
Ist das die gelebte Einheit unseres Landes, 20 Jahre nach Beseitigung der DDR? Will man damit noch einmal mit der DDR abrechnen, ihre Verantwortungsträger und die Angehörigen ihrer bewaffneten Organe für alle Ewigkeit verdammen? Damit findet dann also der Kalte Krieg seine Fortsetzung, von dem man öffentlich erklärt, er gehöre der Vergangenheit an!

Wir wissen, dass wir mit dieser Meinung nicht allein sind. Zehntausende Bürger der neuen Bundesländer haben 20 Jahre nach dem Anschluss an die BRD die gleiche Meinung, und die Verantwortlichen in Staat und Gesellschaft wissen das auch. Zehntausende Bürger sind empört über die sozialen Ungerechtigkeiten gegenüber den Menschen in den neuen Bundesländern, von denen eines die auf Ausgrenzung und Diskriminierung orientierte Praxis des Rentenstrafrechts ist. Es ist höchste Zeit für die Gleichbehandlung der Bürger in Ost und West.

**Wir betrachten die Andauer des Rentenstrafrechts als Ausdruck permanenten Angriffs auf die Würde und die Gleichheit der Menschen.**
**Wir fordern seine Beseitigung durch politisch ausgleichende Entscheidung**, wenn nunmehr die herkömmlichen Regeln des Staates an ihre Grenzen angekommen zu sein scheinen.

Berlin, 21. Oktober 2010

**Anlage 19**

Beitrag ISOR aktuell 4/2019 - Autoren Peter Ott und Hartwig Müller

Aktuelle Lage beim Kampf um die Anerkennung des Verpflegungs- und Bekleidungsgeldes als Arbeitsentgelt

Das Urteil des Bundessozialgerichtes (BSG) vom 23.08.2007, Az. B 4 RS 4/06 R, gab einem Kläger recht, der neben seinen Arbeitseinkünften im Ausweis für Arbeit und Sozialversicherung (grünes Buch aus DDR) auch die gezahlte Jahresendprämie als Arbeitsentgelt für die Rentenberechnung einforderte. Hier gab das Bundessozialgericht (BSG) auch die Möglichkeit, mit der Entlohnung erhaltene Zulagen und Zuschläge als Arbeitsentgelt einzufordern.
Dieses Urteil des BSG ist der Ausgangspunkt für die Angehörigen der Deutschen Volkspolizei und der Organe Feuerwehr und Strafvollzug, auch das erhaltene Verpflegungs- und Bekleidungsgeld als Arbeitsentgelt zu beantragen.
Die ersten Schritte unternahmen die Angehörigen der Zollverwaltung gegenüber ihrem Versorgungsträger. Im Jahr 2008 gab es im Bundesministerium für Arbeit und Soziales eine Beratung der Versorgungsträger der Sonderversorgungssysteme für die NVA, das MdI, das MfS/AfNS und die Zollverwaltung mit der Absprache, dass Anträge auf die Überprüfung der erteilten Entgeltbescheide nicht genehmigt und Entscheidungen der Sozialgerichte bis zum BSG abgewartet werden sollten. Das bedeutete, dass es keine zentrale Entscheidung durch die Versorgungsträger geben wird. Es blieb nur der lange Weg der politischen und juristischen Auseinandersetzung. Hier gibt es beim Sonderversorgungssystem Deutsche Volkspolizei, Feuerwehr und Strafvollzug die Besonderheit, dass die Innenministerien der neuen Bundesländer als Versorgungsträger wirken und über eigene Entscheidungsbefugnisse verfügen.
Der damalige Innenminister des Landes Brandenburg entschied im Erlass vom 09.07.2009 auf der Grundlage des genannten Urteils des BSG, dass Zahlungen wie Verpflegungs- und Bekleidungsgeld, Geldprämien und Zahlungen zu den Dienstjubiläen nach 20 und 25 Dienstjahren auf einen Antrag nach § 44 des SGB X als Arbeitsentgelt zu berücksichtigen sind.
Damit entstand eine Ungleichbehandlung innerhalb der Anspruchsberechtigten des genannten Sonderversorgungssystems. Das nahmen die früheren Volkspolizisten,

Feuerwehrleute und Strafvollzugsbediensteten nicht hin und richteten unzählige Petitionen an die Landtage der neuen Bundesländer und den Deutschen Bundestag. In den Ablehnungsschreiben verwiesen die Abgeordneten auf die ersten Urteile des Thüringer Landessozialgerichtes, wonach diese Zahlungen als Entschädigungen bzw. Sozialleistungen gesehen werden und nicht als Arbeitsentgelt für die Rentenberechnung berücksichtigt werden können.
Nun blieb nur noch der juristische Weg über alle Instanzen der Sozialgerichte. Voraussetzung für die Klagen war der Abschluss der Widerspruchsverfahren beim zuständigen Versorgungsträger zum eingereichten Antrag in Form eines Widerspruchsbescheides mit der Rechtsmittelbelehrung, dass innerhalb eines Monats beim zuständigen Sozialgericht Klage erhoben werden kann.
Die ersten Klagen vor den Sozialgerichten brachten noch keine gefestigte Rechtsprechung und über Revisionsverfahren landete diese Angelegenheit bei den Landessozialgerichten. Zwischen den Urteilen der Sozialgerichte und den Verhandlungen bei den Landessozialgerichten lagen teilweise mehrere Jahre.

Die Urteile der Landessozialgerichte Sachsen und Sachsen-Anhalt ließen die Revision zu und die Versorgungsträger legten beim Bundessozialgericht Revision gegen 3 Urteile ein. Am 30.10.2014 verhandelte das BSG diese 3 Verfahren und mit Spannung erwarteten die Beteiligten nach einer umfangreichen Anhörung die Urteile des BSG. Das BSG verwies in allen Urteilen auf die bisherigen Entscheidungen zum Arbeitsentgelt, hob mit den erlassenen Beschlüssen die bisherigen Urteile der LSG auf und gab die Verfahren zur erneuten Verhandlung und Entscheidung an die zuständigen LSG als Tatsachengerichte zurück. Das BSG forderte die Feststellung der Zahlungsmodalitäten und die zeitliche und sachliche Zuordnung der jeweiligen Regelungen des DDR-Rechts.
Auf die künftige Beweisführung vor den LSG war die Vorlage des Beschlusses des Präsidiums des Ministerrates der DDR vom 21.04.1960, Geheime Regierungssache Nr. 64/60, über die Einführung von Wohnungs- und Verpflegungsgeld für die Angehörigen der bewaffneten Organe des Ministeriums des Innern von großer Bedeutung. In der Begründung zum genannten Beschluss verwies die Regierung der DDR auf die Notwendigkeit der Verbesserung der Einkommensverhältnisse, damit der Personalbestand gefestigt und die Fluktuation reduziert wird.

In allen Verfahren nach 2014 vor den LSG Berlin-Brandenburg, Sachsen, Sachsen-Anhalt, Mecklenburg- Vorpommern und Rheinland –Pfalz bezogen sich die Richter auf diesen Beschluss und erkannten das Verpflegungsgeld als Arbeitsentgelt an und ließen die Revision nicht zu. .
Beschwerden der Versorgungsträger beim BSG wegen Nichtzulassung der Revision verwarf dieses Gericht und sah keine Notwendigkeit für eine erneute Revision.
Beispielsweise dauerte die juristische Auseinandersetzung eines sächsischen Volkspolizisten um die Anerkennung des Verpflegungs- und Bekleidungsgeldes vom Widerspruchsverfahren im Jahr 2009 bis zur Zurückweisung der Beschwerde wegen Nichtzulassung der Revision, die das Polizeiverwaltungsamt Sachsen beim Bundessozialgericht als Rechtsmittel gegen ein Urteil des Sächsischen LSG eingelegt hatte, 10 Jahre.
Die Länder Mecklenburg-Vorpommern, Berlin, Brandenburg und Sachsen-Anhalt berücksichtigen das Verpflegungs- und Bekleidungsgeld als Arbeitsentgelt und stellen auf der Grundlage der Anträge neue Entgeltbescheide aus. Im Land Thüringen wird eine Entscheidung vorbereitet und das Land Sachsen verlangt weitere Urteile des LSG.
Das Land Sachsen-Anhalt traf jetzt eine weitere positive Entscheidung für das Stammpersonal an den Schulen des Ministeriums des Innern, den Volkspolizeibereitschaften und den Kompanien der Transportpolizei. Für die nicht in Anspruch genommene Gemeinschaftsverpflegung erfolgte die Auszahlung des Verpflegungsgeldes am Monatsende über Auszahlungslisten, die nach den Archivbestimmungen vernichtet wurden. Deshalb werden in Sachsen-Anhalt für diesen Personenkreis die Dauer des Dienstes in der jeweiligen Einheit und der festgelegte Tagessatz für die Vollverpflegung als Berechnungsbasis für die Entgeltberechnung verwendet. Die anderen Bundesländer müssen in dieser Hinsicht eigene Entscheidungen treffen. Hier sind von den Berechtigten neue Anträge zu stellen.
Mit 13 Urteilen der Landessozialgerichte hat sich eine gefestigte Rechtsprechung herausgebildet und die politische Unterstützung der Abgeordneten der Partei DIE LINKE in den Landtagen war sehr hilfreich. Auch die Landesverbände der Gewerkschaft der Polizei, hier besonders die Seniorengruppen, nahmen Einfluss auf die Entscheidung, dass nach den vorliegenden Urteilen für alle Antragsteller verfahren wird.
Vor den Sozialgerichten vertrat Herr Rechtsanwalt Bleiberg aus Berlin die Mehrzahl der Kläger und trug durch seine fundierte

juristische Arbeit zur Herausbildung der gefestigten Rechtsprechung bei, dafür unseren herzlichen Dank.
Unsere Mitglieder interessieren sich natürlich für die baldige Bearbeitung des eigenen Antrages und den neuen Rentenbescheid mit der Nachzahlung. Bei den Rentenstellen in den Innenministerien der neuen Bundesländer liegen tausende Anträge und die Zahl wird weiter steigen. Deshalb muss mit einer längeren Bearbeitungszeit zur Ausfertigung der neuen Entgeltbescheide gerechnet werden und ständige Anrufe bzw. weitere Mahnungen sind für die Rentenstellen bei den Landespolizeibehörden nicht hilfreich. Auch die Berechnung der neuen Rente durch die Deutsche Rentenversicherung dauert ihre Zeit.
Im günstigsten Fall bringt der Bezug des Verpflegungsgeldes für den Zeitraum von 1960 bis 1990 5 Entgeltpunkte. Wenn jedoch die Deutsche Rentenversicherung im Rentenbescheid für ein Jahr das Einkommen auf die gesetzliche Beitragsbemessungsgrenze beschränkt, wird das Verpflegungsgeld für das betreffende Jahr nicht rentenwirksam. Aus den bisherigen Erfahrungen wird sich die Deutsche Rentenversicherung nach § 44 des SGB X auf die Nachzahlung von 4 Jahren beschränken. Hier gibt es viele Besonderheiten. Wer bei der Berechnung der neuen Rente einschließlich der Nachzahlung Unregelmäßigkeiten erkennt, sollte sich an einen Versicherungsberater der Deutschen Rentenversicherung wenden und fristwahrend Widerspruch gegen den neuen Rentenbescheid einlegen. Nochmals der dringende Hinweis, ohne eigenen Antrag bei den Versorgungsträgern gibt es keinen neuen Entgeltbescheid. Jeder Anspruchsberechtigte muss selbst tätig werden.
Insgesamt hat sich die lange juristische und politische Auseinandersetzung für tausende Volkspolizisten, Feuerwehrleute und Strafvollzugsbedienstete gelohnt.

www.ingramcontent.com/pod-product-compliance
Lightning Source LLC
Chambersburg PA
CBHW030013190526
45157CB00016B/2538
*9781093859706*